★ 创新驾驭未来 ★

国家自然科学基金资助项目
北京市教委资助项目

感悟创造
复杂系统创造论

刘 勇 ◎ 著

科 学 出 版 社
北 京

内 容 简 介

本书是作者一次思想远行和感悟经历，既有科学理论推导，又有人生感受。因淡化学科界限，因而能穿梭于自然与社会，行走于历史与现实，徜徉于科学与文化。

通过对“创造”这一原始性问题的深入思考，作者认为人、社会、生态系统等复杂系统都具有相同规律，即复杂系统创造力与其所具有的能量和多样性呈正比，与其适应性呈反比。并从生态系统生物多样性形成机制角度，以中国各省生物多样性有关数据为材料，用统计学方法对这一理论进行了验证。还联系社会、群体和个人创造力进行了深刻思考，提出了提高创造力的途径。

作者认为，通过树立创新精神，增加多样性，保持适当不适应，就可提高创造力；再以问题为核心，经过深入思考将知识融会贯通形成知识复杂系统，便将知识变成了智慧和力量，将创造力化为了创造。

本书适合所有对创造力感兴趣的读者阅读。

图书在版编目(CIP)数据

感悟创造：复杂系统创造论/刘勇著．—北京：科学出版社，2008
ISBN 978-7-03-021014-2

Ⅰ.感…　Ⅱ.刘…　Ⅲ.创造力-研究　Ⅳ.G305

中国版本图书馆 CIP 数据核字（2008）第 014420 号

责任编辑：胡升华　张懿璇／责任校对：钟洋
责任印制：李　彤／封面设计：高海英

科学出版社 出版
北京东黄城根北街 16 号
邮政编码：100717
http://www.sciencep.com

北京厚诚则铭印刷科技有限公司 印刷

科学出版社发行　各地新华书店经销

*

2008 年 1 月第　一　版　　开本：B5（720×1000）
2021 年 8 月第三次印刷　　印张：14 1/4
字数：200 000

定价：58.00 元

（如有印装质量问题，我社负责调换）

献　给

给予我生命，抚养我成人的父亲刘德江、母亲王治芬；

指导我人生与学术方向的恩师沈国舫院士、宋庭茂教授、尹伟伦院士，

John Schenk 教授、David Wenny 教授、Harold Osborne副教授；

与我同甘共苦，增进我人生品味的妻子杜欣。

创造，

是对亲人、恩人及友人的最好报答。

创造，是个人、社会和自然等复杂系统的根本特征。复杂系统创造力与其所具有的能量和多样性成正比，与其适应性成反比。

序

刘勇是我的学生。刚拿到这本书稿时，我多少有些意外，因为这已经超出了林业的范围。以我平常对他的印象，他是一位言语不多、埋头做事的人，他做的事情应该不会超出林业。可是当看完书稿后，我才大为惊讶，一个人的外表和他的内心竟然有如此巨大的差异！在他看似平静无奇的外表下面，居然有如此宽阔的视野和深刻的思考。这倒使我想起十多年前，在他完成博士论文之际，我对他说过的一句话："你要做到既能钻得进去，又能退得出来。"没想到，他不仅退出了那个他曾经钻研得很深的小问题，而且还一退再退，最后退到了复杂系统的高度，从整体和全局来看问题了。

关于人的创造力问题历来是哲学、心理学和社会学等学科研究的内容，而刘勇独辟蹊径，超越学科界限，把人、社会、生态系统等等都当成复杂系统，从系统角度来进行研究，以探索其共同规律，这不能不说是研究思路和方法上的突破。在当今各个学科相互渗透，尤其是自然科学和社会科学交叉融合的大趋势下，这样的跨学科、跨领域研究应该得到鼓励和支持。他发现的复杂系统创造力与其所具有的能量和多样性呈正比，与其适应性呈反比的规律，虽然尚不能用实验方法予以验证，但是，他结合生态系统生物多样性形成机制所做的统计分析，独特而有新意；联系社会、群体和个人创造力所进行的思考，深刻而发人深省。我还了解到，他已将这一研究成果作为研究生课程在北京林业大学连续讲了三年，也在全国各地进行了一些演讲，听众反映不错，并获得北京市2006年度"灵山杯"优秀报告（党课）二等奖。可见他在创造力问题上确有独到见解。

当然，之所以叫复杂系统就是因为它太复杂，不容易研究，更难找到普遍规律。刘勇的研究虽然取得了可喜成绩，但也存在不足，书中也还有一些值得商榷的地方，但是瑕不掩瑜，我为我的学生能写出如此独特的著作感到由衷高兴，并欣然为之作序。

沈国舫

中国工程院原副院长、院士

2007年9月25日

前　言

十多年前，当我开始思考“创造”是怎么一回事儿的时候，我根本没想过会为此提出一个理论、撰写这样一本专著，只是觉得自己搞不清楚，就无法胜任研究生导师这个职位。于是，便对“创造”着了迷，工作之余大部分时间被“创造”占据了。原以为看点儿书、查查文献就能够把问题搞明白；出乎意料，书是读了不少，可是人却越来越糊涂。我这才发现，原来这是一个十分复杂的问题。

人大概都有这样一个特点：越是不清楚的事情，就越想把它搞明白。可当初我自己根本不知道能不能把它搞明白，我反问自己，如果到头来什么都没得到怎么办，会不会是瞎耽误功夫？于是我设想了最坏的结果，大不了什么成果都没有，可至少我可以多读些书，多思考些问题，这不也挺好吗？我欣然接受了这一底线。

经过苦苦寻找、深深思索，没想到灵感和顿悟竟然也会光临到我这个普通人身上。站在复杂系统高度，我能把个人、群体、社会系统、生态系统，甚至整个宇宙放在同一个层面进行比较研究。受生命诞生和生物进化历程启发，我发现它们在创造力方面具有共同规律，而且这一规律可以用一个极其简单的数学模型来表达。最让人惊奇的是，无论是从个人、群体和社会系统的定性角度，还是从生态系统生物多样性形成机制的定量角度，这一创造力模型都能自圆其说，真是太神奇！太不可思议了！

由于有这样独特的研究历程和感悟创造的亲身经历，本书的写作就有点儿与众不同，我把我的感悟经历同我提出的创造理论结合起来写，是我对创造感悟的完整过程。前四章描述了“复杂系统创造论”是如何产生的，创造力模型是如何建立以及如何验证的，这其中包含许多超越传统的东西；从第五章到第十章，是从历史和文化层面，从社会系统、群体和个人角度来进行阐述，并提出了如何提高社会系统、群体和个人创造力的途径，是理论的实际应用；最后一章，即第十一章是结论，以自己亲身体会，讲述了如何通过思考，将知识形成体系，成为复杂系统，从而产生涌现特性，最终使知识变成智慧和力量，将创造力化为创造的过程。整部书既是感悟历程，也是理论推导和构建。如果用一句话来总结我这十多年来的人生感受，我只用四个字：“脱胎换骨”。

然而，在惊喜之余，我也为我的鲁莽吃惊，我自认为打破了学科界限，可这实在是浅薄之极，因为我连自己所在学科都谈不上了解得十分透彻，更不要说别的学科了。在此成书之际，我感到深深的不安和后怕，因为书中所涉及的许多领域已远远超出了我所能把握的范围。现在想来，我所做的一切只不过是为复杂系统画了一幅漫画，画得好不好还需要实践的检验。即使画得不错，也只能说明找对了主要特征，至于细节则惨不忍睹！所以，真诚地请求读者对我这一做法给予包容和谅解，我将十分感谢！

笔者十分感谢民建中央主席成思危在复杂科学方面给我的启迪。真诚感谢听过我专题讲座的北京林业大学的教师和学生、北京邮电大学及北京高校图书馆的教师、内蒙古农业大学的教师和学生、北京科技情报学会的有关领导、全国林业院校图书馆的有关领导、贵州毕节试验区的各级干部、贵州毕节黔西县的各级干部、毕节学院的教师和学生，他们热情洋溢的反馈令我深受鼓舞，尖锐而充满智慧的提问帮助完善了该理论。感谢北京林业大学的博士研究生李国雷、于海群，硕士研究生吕瑞恒、张倩倩为模型的论证收集资料和统计分析，感谢我指导过的所有研究生的无私帮助。感谢中国科学院地理科学与资源研究所的李泽辉高工帮助提供全国气候因子数据。感谢北京林业大学图书馆的全体教职员工所给予的多方面帮助！

衷心感谢中国地质科学院地球物理地球化学勘探研究所的谢学锦院士对书稿进行的审阅和提出的宝贵意见。衷心感谢恩师——北京林业大学的沈国舫院士对书稿的审阅和作序。

本研究在北京林业大学森林培育与保护教育部重点实验室完成，并得到国家自然科学基金项目（30471380）和北京市教委项目（JD100220648）资助，在此一并表示感谢！

刘　勇

2007 年 9 月 25 日于北京亚运村秀园

目 录

第一章

关于创造的困惑

我于1982年大学毕业后留校任教，开始了我的教书生涯。当1995年我成为研究生导师，独立指导研究生时，有一种终于熬出头的感觉，我也能指导研究生了！当时的心情自然是踌躇满志，一副要大展宏图的架势。指导研究生没什么难的，我自己不就是这样一步步过来的吗？再把我以前学到的东西一一教给学生，不就可以了！所以，在指导研究生过程中，我总会对他们说："你们的论文一定要有自己的观点和创造。"可是，当有一次一个学生反问我："怎样才能有创造？创新是如何产生的？"我竟无法回答，只好说："你做前人没做过的事，有突破，不就有创造了吗？"看着学生一脸茫然地离去，我内心受到了深深的刺痛，扪心自问，我回答这个问题了吗？没有，我自己也不知道，怎样才能有创造？创造是如何产生的？创造是不是有什么规律？怎样才能提高学生的创造力？

从此，这个问题就一直折磨着我，作为一名导师，我要求学生有创造，而我自己却不知道创造规律，我无法面对学生那一双双渴望知识的眼睛、渴求创造的心灵。

我开始翻阅相关书籍，查询相关文献，结果发现这个问题太复杂，涉及面太广，从古到今，从国内到国外，都有人在研究这一问题，历史上的伟大思想家、哲学家、科学家们也都有过精彩论述。经过长时间学习，我发现关于创造的研究主要是从两条主线展开，第一是哲学路线，第二是心理学路线。

一、哲学家的创造观

从哲学路线来看，早在三千多年前，我国思想家就开始了对创造规律的探索。大约成书于西周前期（公元前11世纪左右）的《周易》，其理论核心是用阴阳两种势力相互作用、产生万物，这就是创造。在系辞上传第十一章中，"易有太极，是生两仪，两仪生四象，四象生八卦，八卦定吉凶，吉凶生大业。"太极是指宇宙万物创始时的混沌时期，由太极分化出阴阳两仪，阴阳相互作用产生四象（四时，或更广），四象又产生象征天、地、水、火、风、雷、山、泽的八卦包含宇宙万物。这反映了我们祖先对万物发展变化规律的认识，也可以说是对自然界创造规律的认识。

春秋时期的老子（公元前580？～前500年）继承了《周易》思想，在其《道德经》第四十二章中指出："道生一，一生二，二生三，三生万物。万物负阴而抱阳，冲气以为和。"这里的"生"，也就是创造。

两千多年前的古希腊哲学家柏拉图（公元前427～前347年），在其宇宙生成论里（《蒂迈欧篇》）提出了创造是什么："看到整个的可见界并不是静止的，而是处于一种不规则和无序的运动之中，于是神就从无秩序之中造出秩序来。”这一见解十分深刻，他把创造当作是从混沌之中创造出秩序，他的神同基督教的上帝存在本质的区别，因为上帝是从无物之中创造出世界来，而柏拉图的神只是把原来存在的物质进行重新安排，从没有秩序创造出秩序。

但是，创造是如何产生的？柏拉图的答案则是灵感。诗人凭什么写出他们伟大的诗篇？是神灵附到诗人或艺术家身上，使他处于迷狂状态，把灵感输送给他，暗中操纵着他去创作。在柏拉图一篇对话《伊安》里，伊安是一个以诵诗为职业的说书人，苏格拉底追问他诵诗和作诗是否都要凭一种专门技艺知识。讨论的结果是：无论是荷马和伊安本人，尽管在歌咏战争，却没有专门的军事知识；尽管在描写鞋匠，却没有鞋匠的专门知识。伊安也根本说不清楚自己是如何创造诗歌的（朱光潜，2004）。所以，艺术创造不能单凭理智和逻辑推理，也不仅靠知识和技艺。最后就只好把创造理解为神灵附体，灵感来自神的操纵。

从古希腊的科学家和哲学家亚里士多德（公元前384～前322年）开始，对于创造的研究向思维方法、逻辑方法等创造方法方向发展。他是柏拉图的高足弟子，既继承老师的学说，又对其进行批判。他放弃了过去的主观甚至是神秘的哲学思辨，对客观世界进行冷静客观的科学分析，从方法上来考虑创造的问题，他在《工具论》、《心灵论》中就论述过“想象”的思维形式，提出了联想思维，并进一步将其区分为至今人们仍在使用的相似联想、接近联想和对比联想。

英国哲学家培根（1561～1626年）是近代归纳法创始人，又是给科学研究程序进行逻辑组织化的先驱。1620年出版的《新工具》一书，就是对创造的实验方法和归纳方法的总结。他对自己方法的评价是：我们既不应该像蜘蛛从自己肚里抽丝结网，也不可像蚂蚁单只采集，而必须像蜜蜂一样，又采集又整理。由于他对知识科学地采集、整理和归纳，使自己的知识形成了体系，因此他感到了“知识就是力量”。他认为创造想象的特征在于“放纵自由”，“想象既不受物质规律的拘束，可以把自然已分开的东西合在一起，也可以把自然结合在一起的东西分开，这样就在许多自然事物中造成不合法的结婚和离婚。”

法国数学家、哲学家笛卡儿（1596～1650年）在1637年发表了专著《方法学》。他的名言“我思故我在”虽然带有唯心主义的味道，但是，其质疑精神对于科学创造来说是不可或缺的，而且也表现出思维对创造的重要作用。

法国思想家伏尔泰（1694～1778年）1764年出版的《哲学词典》中研究了想象力的概念，并把想象分为消极想象、积极想象和创造想象。

德国古典哲学家康德（1724～1804 年）更是提出了当时最完善的创造理论。他分析了创造过程的构成，认为创造想象力是多样的感性印象与统一的知性概念之间的联系环节，同时具有印象的明显性和理解的综合性，想象是直觉和活动的统一，是两者共同的根源。但是他的问题在于，把内容和形式割裂开来，认为天才的想象力与审美趣味（判断力）不可兼得，把想象力同判断力对立起来，因此得出只有在艺术领域才有天才，而科学领域则没有天才的错误结论。但另一方面，在康德的思想中，已经萌动了将自然创造力和人的创造力相统一的观念。他把人的内在理性看成是一种动态平衡、一种演变，这已经同生物的进化与演变相一致了。

德国哲学家黑格尔（1770～1831 年）把创造分为科学的创造和艺术的创造，他的《美学》一书对艺术创造规律做了较深入的阐述。根据黑格尔的美学观点，艺术是对人心灵的解放。这对于人的创造性非常重要，因为任何一个社会为了维持其秩序和稳定，都会制定出或多或少的规章制度、道德规范，要求社会个体来遵守。那么规章越多，对人的行为规范就越严格，这必然会对人的心灵形成无形的禁锢，而艺术则可起到解放心灵的作用，让所思所想有一个实在化的过程。

一直到今天，哲学家对创造规律的探索还在继续。很遗憾，我不是专门研究哲学的，对哲学的把握很有限。可是哲学对于提高一个人的创造力非常重要，我会在第十章中进行讨论。就普通人而言，我们不可能去阅读大量哲学书籍，但是有几本书对我影响很大。

第一本是罗素（2003）的《西方哲学史》，他按哲学家的顺序来写，不是简单描述，而是包含了自己的理解和思想，充满了智慧，在世界上影响深远。罗素在 20 世纪 60 年代，曾将这套书作为礼物送给毛泽东。后来又出了一本叫《西方的智慧》，是在《西方哲学史》的基础上浓缩、精炼再创造而来的。爱因斯坦曾说过："读这个人的作品使我度过了一生中最快乐的时光。"有人在总结爱因斯坦的成功原因时，其中一条就是他有极高的哲学素养。

哲学的精髓在于提出问题，而不是解答问题。解答问题是科学的事，"科学能够告诉人实现某种目标的最佳方式，却不能告诉人应该追求什么样的目标"。罗素的哲学史告诉我们，哪些问题曾经提出来过，这些问题是如何回答的。

第二本是冯友兰（2004）的《中国哲学简史》，是冯友兰先生 1947 年在美国宾夕法尼亚大学任讲座教授时的讲稿，后来此书成为西方人了解和学习中国哲学的超级入门书。在很长一段时间里，这本书一直没有中文本，是 20 世纪 80 年代，由冯友兰的学生第一次译成中文，由北京大学出版社于 1985

年出版，首版十万册，很快就卖完，成为当时学术界的最大畅销书。也是我们非哲学专业人员了解中国哲学的极好教材。

读了这两本书，就可对西方和中国哲学有一个大致的了解，但是还会感到哲学离我们还很遥远，好在有幸读了台湾大学哲学教授傅佩荣（2005）写的《哲学与人生》，就把枯燥的哲学同丰富多彩的人生结合起来了。这本书是傅佩荣教授根据在台大开设的“哲学与人生”的课程写成的，17 年来，座无虚席，成为大学生社团推介的最优秀的通识课。这本书的一个宗旨就是：“哲学脱离人生，将是空洞的，人生缺少哲学，将是盲目的。”

我过去对哲学没有任何兴趣，但是这三本书完全改变了我对哲学的看法，我的切身感受是，这些书启迪了我的智慧，改变了我的人生。结合创造问题，我感到哲学家对创造的理解主要是从思辨角度来把握的。

二、心理学家的创造观

第二条路线是从心理学角度来研究。自心理学从哲学独立出来以后，关于创造问题的研究大多从哲学转向了心理学。主要的创造力理论有：

1. 创造力的遗传素质论

国际上最早对创造力进行系统研究是英国的生物学家高尔顿（1822～1911 年）。他从英国历史中筛选出 977 个名人，对他们的家谱进行调查。结论是遗传力量在创造力发展中起着决定性的作用，天才是遗传的（张文新等，2004）。由于它无限夸大了遗传因素作用，忽略了后天环境影响的作用和意义，因而这一理论在基调上就是片面的、不确切的（傅世侠，2000）。

2. 一般心理学理论

一方面是创造过程的四阶段说，即提出问题 → 酝酿 → 顿悟 → 求证。王国维在《人间词话》（王国维，1997；陈鸿祥，2004）里用词来概括这几个阶段，令人叫绝。他说古今成大事业、大学问者，必经过三种境界：

第一境界是“昨夜西风凋碧树，独上高楼，望尽天涯路”（晏殊），这是提出问题阶段。如何才能提出问题，则必须不跟风，不跟潮流，不管“西风（如何）凋碧树”，自己独立思考，“独上高楼”，而且还要站在前人肩上，了解前人的成果，即“望尽天涯路”。只有这样才能提得出有价值的问题，否则，就只能提一些低层次问题。

第二境界：“衣带渐宽终不悔，为伊消得人憔悴。”（柳永）这是寻求问题答案的过程。常常是苦苦求索，集中体现在“专注”二字上，为了寻求答案，其他一切视而不见，不管衣着如何，身体是否憔悴，都不重要了，身心进入了入迷状态。

第三境界："众里寻他千百度，蓦然回首，那人却在灯火阑珊处"（辛弃疾）。这是顿悟境界。灵感闪现，解决问题的方法有了。

我想，这是王国维先生对创造的亲身感悟，不然不可能有如此深刻的理解。但他只谈了前三个过程，对于第四过程的求证他没有说，可能是他更偏重于对文学艺术创造的理解。文学艺术创造重在"情"，重在"美"；而科学研究则是探索自然规律，求的是"理"和"真"。顿悟的东西是否是真理，还需要验证。按照王国维的思路，我也用词来诠释第四境界。

第四境界："泪眼问花花不语，乱红飞过秋千去。"（欧阳修）有了灵感，很激动，热泪盈眶，但是灵感是否就是正确答案？在第三境界"蓦然回首"那个"正在灯火阑珊处"的人，是否是你要找的人？你去问她，她能回答你吗？肯定不能，"泪眼问花花不语"。要是始终证明不了，花是不等人的。"乱红飞过秋千去"，花凋谢了。

此种心情就如同陆游的词所描述的一样："无意苦争春，一任群芳妒。零落成泥碾作尘，只有香如故。"（陆游）只好孤芳自赏。对此，到是胡适先生的话更切合第四境界的意境，"大胆假设，小心求证。"虽然少了点诗意，但确在理。

另一方面对创造性人格特征的研究，通过对具有创造性的人的性格特点进行调查，总结出有规律性的东西，但是很多性格特征都与创造性有关。

3. 精神分析理论

精神分析理论是弗洛伊德（1856～1939年）创建的，它对于研究创造力有十分重要的意义，其重要贡献在于，精神分析理论揭示了潜意识在创造中的作用。过去人们只认识到，创造是意识活动的结果，但实际上潜意识参与了大量工作，然而却不为人所知，例如在以上提到的酝酿和顿悟阶段，都是在潜意识中进行，梦中创造的例子比比皆是。

关于创造的动力，弗洛伊德认为是性本能的冲动，当性能量在正常性活动中没有消耗尽时就转移和投入到事业追求中去，成为人类一切创造的动力。

但是作为精神分析学派的另外两个重要代表人物，阿德勒（1870～1937年）和荣格（1875～1961年），均反对弗洛伊德将性本能视为创造行为的根本动力。阿德勒认为，人格的各种动机是追求完美，但每个人都不是完美的，个体因生理缺陷或由社会比较导致的心理自卑感是创造的根源。

荣格虽早年同弗洛伊德合作，后来由于观点不同而分道扬镳。荣格认为，人的心理是通过进化而预先预定了的。个人因而同往昔联结到了一起，不仅与自己童年的往昔，更重要的是还与种族的往昔相联结，甚至还与有机界的整个漫长的进化过程相联结。这一往昔，并不只是个人的潜意识，而主要是“集体的”潜意识。集体潜意识的发现，是荣格的卓越成就，是心理学史上的一座里程碑。因此，不同民族间创造力的差异与集体潜意识有重要关系。

读《荣格自传》（荣格，2005）就可了解，荣格在自己的创造中，如何开发潜意识的作用，把自己的个人潜意识同民族的集体潜意识结合，梦境、幻觉等等潜意识活动为形成他的心理学理论发挥了重要作用。同时他还将个体的创造看成是人格发展、自我实现的必然追求，是人心灵自然而然的过程。

4. 创造动机理论

创造力与需求和动机有关系。人本主义心理学家马斯洛（1908 ～ 1970 年）将人的需求由低到高分成五个层次，即：生理需求、安全需求、归属和爱的需求、自尊和受尊重需求、自我实现需求，最高层次为自我实现者，其创造力最强。而且在对处于最高需求层次的“自我实现者”的研究发现，他们无一例外地都具有创造性，也就是说人人都具有创造性。进一步推论，其结果就是创造性必定源自于人的本质特性。

5. 创造力思维观

格式塔心理学派从创造性思维角度来研究创造力。韦特海默（1880 ～ 1943 年）的格式塔原则以强调思维过程的结构整体性和思维研究的现象学分析为依据，其代表作《创造性思维》阐明创造是创造者创造性地生成新观念的思维。心理学家沙赫特（E. Shacthel）把创造思维的发展分为自我中心阶段和集体中心阶段。满足社会公共需要的倾向就是成人的主要创造动机，是成人创造的最高目标。成人如果为达到自私自利的目的而从事创造，则逆转到儿童自我中心阶段的行为，这就丧失了人生的意义。

6. 创造性的系统模式理论

现代心理学奠基人吉尔福特提出了“智力结构模型”，该模型将人类智力分为运演、内容和产品三个心理维度，使人们的视野超出传统智商范围，看到了对创造性才能发展极为重要的各种能力（傅世侠，2000）。

美国心理学家艾曼贝尔的创造力组成成分理论，认为过去的研究只注重创造性思维和创造的人格倾向，而忽略了创造性有关的技能。她通过整合以往的理论，提出了关于创造性反应和创造过程的一个较为全面的、完整的理论模型。

斯腾伯格提出了“创造力三维模型理论”，第一维度是智力维度，第二维度是智力方式维度，第三维度是人格维度。通过统计学方法进行调查，他发现了创造力与智力、认知风格、人格之间的关系。

奇凯岑特米哈伊（2001）通过对全球91位公认具有创造力的人物的调查，提出创造力的系统模式理论，将创造性与社会背景联系起来，认为创造性并非在人的头脑中发生，而是在人的思想和社会文化环境的相互作用中发生。它不是一种个体现象，而是全方位的现象。创造性的中心总是处于各种文化的交汇点，不同的信念、生活方式和知识在那里融合，从而使人们很容易地看到思想观点的新的结合。

系统模式最重要的意义在于，特定时间、特定地点的创造性水平并不仅仅依赖于个人的创造力。它同样有赖于各个专业和业内人士圈子如何承认和传播这种新颖观点，这对于如何强化创造力具有巨大的实际意义。

总之，心理学对创造问题的理解主要从人的心理、行为乃至社会关系等方面来进行，这就比哲学层面要深入、细致多了。

三、我对创造的困惑

对以上有关创造理论的学习和研究，我发现哲学家们虽然不是专门研究创造理论的，但是对创造的认识仍然十分深刻，尤其是两千多年前的先贤们，可以说是站在最高层次，对创造进行了哲学思考。这一时期由于科学尚未分化成后来的各个学科，因此，这些思考是原始性的，是对问题最根本的追问。先贤们还不至于使自己的思想陷入后来无限膨胀的学科细节之中，还能从整体上来把握宇宙、生命、创造等等根本性问题，这实在是人类的幸运。

比如，根据《周易》和老子的思想，就可以总结出以下至今还闪耀着智慧光芒的关于创造根源的深刻理解：

（1）矛盾的对立统一，或称阴阳相互作用，是万物产生的根源，也就是创造的起源。在李政道（2000）先生主编的《科学与艺术》一书中，著名画家吴作人用画形象地诠释了这一思想。画名为“无尽无极”，寓意世界是动态的，宇宙的全部动力、所有物质和能量都产生于阴阳两极的对峙。现在这幅画已成为北京正负电子对撞机的标志。

（2）创造是由简单到复杂的过程。现在我们看来十分复杂的东西，都是由简单产生的。“一生二，二生三”，“太极生两仪，两仪生四象，四象生八卦”。生命进化的过程，就是由最简单的单细胞生物，发展到人这样极其复杂的智慧动物。

(3) 创造历程不是匀速的。“一生二，二生三，三生万物”，在中文里，三者为“众”，说明在系统还是简单的时候，创造力还比较低，可是到多样性增加以后，创造力就会突然爆发，是非匀速的。

(4) 要成为创造出来的东西，必定要和谐统一。“万物负阴而抱阳，冲气以为和”也就是说，万物都包含阴、阳两个对立面，它们互相冲荡而达到和谐统一。没有对立冲撞，不可能产生创造，然而这一创造要能够保持下来，必须达到和谐统一。

虽然哲学路线关于创造的论述深刻而有哲理，但是太宏观，不具体。我无法将其应用在我的教学和科研之中，这对我个人修身养性固然有好处，可我无法抓住实在东西，用来指导我所带的研究生。

心理学建立以后，这才有了系统研究创造力的学科。纵观心理学对于创造的研究历程，可以发现它是从单因子决定论开始，例如高尔顿的遗传因子决定创造力、弗洛伊德的性能量、马斯洛的需求层次等等。然而，仅用单因子就想阐明创造规律，实践证明不可能。这才进一步发展出多因子综合理论，例如吉尔福特的“智力结构模型”、艾曼贝尔的创造力组成成分理论、斯腾伯格的“创造力三维模型理论”，到后来奇凯岑特米哈伊的系统模式理论，把整个社会文化、生活方式等等都包括进去了。

可以说，心理学路线目前存在的主要问题是因子越来越多，可是这些因子之间的相互关系并没有找到。就以个性为例，与创造力有关的个性那么多，例如想象力、有灵感、耐心、专注力、勤奋、毅力等等，是人们普遍认为创造性人才应具备的个性特征。有人对专业文献统计发现具有特殊创造能力的人所表现出来的鲜明人格特征多达200多种，当然这是指有利于产生创造性想法的性格，它们与创造力的关系仍然不清楚，怎样协调这些关系？

至此，我陷入了深深的困惑！

我读这些书，原本是想了解创造有何规律、创造是如何产生的、怎样提高创造力、使我可以去指导研究生。而结果却是越来越困惑，面对不断增加的影响创造力的因子，面对众多创造力理论，我无法理出一个清晰的头绪，也就是说，我提出的问题没有得到满意答案。所以，我不敢将这些理论用在我指导的研究生身上。

这时，时任中共中央总书记的江泽民同志，提出了“创新是一个民族发展的灵魂，是一个国家兴旺发达的不竭动力，也是一个党永葆生机的源泉”的精辟论述。创新在社会上成为广泛共识，全社会都对创新和创造充满着强烈的渴望。可是，创造的规律是什么？我们清楚吗？如果不知道创造规律，而又要采取措施去促进创造力的提高，其结果有可能是可怕的，为什么？我们可以结合实际来看看这个问题。

通过媒体，我发现有的大学为了培养学生创造能力，提出要采取措施培养学生的超强适应能力，以“适应科技发展的新趋势、适应国际发展潮流”，天哪，这恰恰把事情搞反了！试想，当一项科技成为“潮流”，成为“趋势”的时候，说明已有人在前面引领潮流多时，而且很多人已经开始跟进，否则不可能成为潮流。这时去适应它，无异于去跟着别人屁股后面追，先不说从后面追到前面有多困难，最要命的是，当你好不容易追到前面，准备有所创新超过别人的时候，人家却改变了方向，新的潮流又开始了。那我们岂不永远处于追赶潮流的适应之中。这里的关键是：适应能力同创造力的关系是什么？要培养创造能力，为什么又要培养学生的超强适应能力？适应能力同创造力是呈正比吗？

现在科技界常听说一句话，叫做“有所为，有所不为”。如果从财力出发，国家有重点地扶持一些对国计民生有重要影响的方面，形成一些战略重点是可以理解的，而且也十分正确。但是如果不真正理解党中央的意图，把这话当作科学研究的指导方针，就存在问题。因为科学发现的重要性常常一开始看不出来，有的发现或发明要几十年甚至上百年才能显现出重要性，而当时就看得出来重要性的常常只是考虑了眼前的利益或作用。我们能够看出来的，大家也都看到了，因此我们常常在这些领域跟着别人走，而不去从事看不出重要性领域的探索，可是等到别人在原来一些不被人重视的方向上做出成绩，其重要性显现出来以后，我们再从头去搞，就已经大大落后了。这样一来，我们将永远落在别人后面，不可能有真正的原始创新！

我国科技界对此有过深刻的教训，生命科学有几个方面，中国原有一点基础，当世界重新在这些方面有突破时，中国并没有发挥应有的作用。用蛙做模式研究胚胎诱导就是一个例子。从20世纪20到40年代，两栖类研究达到发育生物学的高潮。这个时期培养的一些中国留欧学生如庄孝僡、童第周等把两栖类研究带到中国。这个模式在20世纪40年代到80年代中期进展很少而且做的人不多，在20世纪70年代末，因为庄孝僡、童第周在上海和北京分别领导一个研究所，中国的研究人数不会比其他国家少太多。但是20世纪80年代这个领域研究再起高潮，中国却没有份。1997年Wilmut克隆多莉羊以后，我们大家才觉得这是不得了的高科技。其实以核转移技术为核心的动物克隆，中国以前学国外在低等动物（两栖类和鱼）中做过。这是长期冷门的项目，世界上做的人很少。把这个技术从低等动物推到高等动物，在实际操作上没有本质区别，靠不断的改进可以做到。但要在思想上认识到哺乳动物克隆的重要性，就要有耐心。这样一来，虽然中国长期维持了一个领域，却没有在科学发展上得到回报。究其原因，长期维持是因为两位老科学家的地位，而其后不再支持是因为他们去世了（饶毅，2003）。

这就是我们紧跟潮流的结果，冷门时看不到重要性，不被重视，可当其成为热门，成为潮流的时候，我们已经落后好远了。因此，不了解创造力规律，就可能出现这种情况，主观上想提高创造力，但是所采取的措施恰恰是抑制创造、与创造背道而驰。这是多么可怕！是我们完全不想看到的结局。

于是，在我心中萌生了一个大胆念头，我要找到创造的规律！

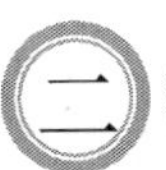

第二章 我的创造观

一、为什么创造规律至今还是个谜

当我决定要找创造规律后，我第一件想到的事情，就是要看看心理学家为什么没有总结出一些关于创造的简单规律？在我心目中，越是简单规律，其实用性越宽广。宇宙天体运动如此复杂，可控制这些运动的牛顿万有引力定律竟如此简单（$F = m_1m_2/r^2$）。爱因斯坦的质能公式只有三个字母（$E = mc^2$），却能揭示宇宙物质和能量的本质。而心理学关于创造力理论的相关因子却越来越多，可是都并没有触及创造本质，问题在哪里？

于是，我从最基础的事情做起，翻看字典，对“创造”一词的解释是“想出新方法、建立新理论、做出新的成绩或东西”（中国社会科学院语言研究所词典编辑室，1978）。看得出来，这个概念是把“创造”限定在人类社会范畴，只有人才能创造。看来社会学的解释无可挑剔，可是我心里总觉得有点别扭，但一时又说不出来。

接下来看看心理学如何解释创造：心理学的解释可谓多种多样、异彩纷呈。有意思的是，1982年6月，日本创造学会曾有过一次很有意义的学术调查，即向其全体会员征集对创造概念的定义。次年，在该学会会刊《创造学研究》上发表了83位学者的83种定义。有的说“创造，是以人类大脑左右半球的信息交换为基础产生的新的文化的行为”，有的说“创造，是人类的传奇，因为它体现了一个人的个性，所以是意志的具体表现”等等（傅世侠，2000），不管这些概念如何变化，想象如何丰富，它们都有一个共同的特点，就是把创造当成人类所特有的。这大概在心理学上是一个不可动摇的基石，因为心理学毕竟是研究人心理生活的科学（黎黑，1998）。

可是，我对社会学和心理学关于创造的解释均不满意，怎么能把创造仅仅限定在人类社会的范畴，仅仅是人所特有的呢？三千多年前的《周易》还知道“易有太极，是生两仪，两仪生四象，四象生八卦”，其阴阳理论中矛盾的对立统一是创造万物的根源，而不仅仅是创造人。两千多年前老子的“道生一，一生二，二生三，三生万物。万物负阴而抱阳，冲气以为和”也说的是创造万物的规律。柏拉图对创造的见解同样明确而深刻：“看到整个的可见界并不是静止的，而是处于一种不规则和无序的运动之中，于是神就从无秩序之中造出秩序来。”可是，为什么到了现在，“创造”一词就成为人的专利，只有人才有创造，其他的就不算创造。那么，我要问，除了人以外的万物是如何而来的？是人创造的吗？人又是如何而来的，是自己创造自己吗？

随着这一连串追问，我恍然大悟，为什么到目前为止，我们仍然搞不清创造规律的根本原因，就在于把创造限定在了人类社会范畴，而把自然的创造排除在外。其结果必然是，研究创造的人只要研究人脑的思维就够了。然而，创造作为一种自然现象，从宇宙诞生之日起就开始了，在宇宙150亿年的历史中，人类的出现只有几百万年，因此仅仅以人类社会作为研究对象得出来的结论无法包括创造的全部内涵。实际上，创造是一个很广泛的概念，它不仅可以用于社会各个方面的发明、创造、探索，也可以用于自然界各种事物的变化。所以，要研究创造，首先要拆掉人为划定的学科界限，摧毁我们头脑中的固有观念，不带任何偏见地放眼社会、自然，乃至整个宇宙。

当我把人为强加在“创造”上的限制除掉后，放眼地球和宇宙，创造无处不在。

二、一切自然系统都是创造的结果

我们今天所能见到的一切自然系统，包括地球、太阳系、银河系，甚至宇宙，都是创造的结果。首先来了解一下，宇宙是怎样来的？我不是搞物理学的，不可能从专家角度来探讨。但是，有一本书非常值得一读，这就是斯蒂芬·霍金（Stephen Hawking，2004）的《时间简史》。几年前在朝鲜，瑞典的一个国际组织聘请我当咨询专家时，我住在使馆区的公寓里，国际组织的习惯是给你钱，自己解决吃饭问题，没有人陪伴，一个人晚上没事，就找书看，在公寓里发现一本英文书《A brief history of time》，看上就放不下，一口气读完，霍金用非常浅显的语言，机智而清晰地阐述了宇宙物理的奥秘，太迷人、太清澈。书里的一个重要观点是，宇宙由演化而来，而演化在我看来则是无数创造的综合。

1. 宇宙源自创造

在一百多年前，关于宇宙的讨论多少都与上帝有关，就连牛顿这样的大科学家，在追问宇宙起源时，先认识到一切都是运动、变化而来，但最后面对运动是如何起源的问题则无法解释，不得不认为是上帝最先推了一把，然后宇宙就开始了运动。

对宇宙起源在认识上的重要突破发生在1929年，美国天文学家埃德温·哈勃利用红移现象来研究星系的运动规律。根据多普勒效应，可见光是由多种颜色的光组成，最长的波长出现在光谱红端，而最短的波长在光谱蓝端。一个相对于地球静止的恒星发射出固定波长的光，该波长和我们平常观察的光相同。但是，如果该恒星向着离开我们的方向运动，则两个波峰之间的距离会增加，从光谱上来分析，就是光谱向红端移动（红移）；而当恒星趋近我们而来，光谱则蓝移。当时大部分人相信，这些星系的运动相当随机，所以预料发现红移和蓝移光谱会一样多。可是令人十分惊异的是，不管往那个方向看，远处的星系都正急速地远离我们而去，而且星系越远，离开我们运动的速度越快！这表明宇宙不是像原来人们想象的那样是处于静态，也就是说，宇宙正在膨胀。这是一个具有里程碑意义的发现，它意味着在早先星体之间的距离是更加靠近的，这暗示存在着有一个大爆炸的可能。于是在1946年美国科学家伽莫夫提出“大爆炸”理论，认为大约在200亿年前，构成我们今天所看到的天体物质都集中在一起，密度极高，温度高达100多亿度，被称为“原始火球”。后来，“原始火球”发生了大爆炸，组成火球的物质飞散四面八方。

在爆炸后的初始阶段宇宙肯定是混沌一片，没有生命，没有天体，没有天体起源于其中的星云，同样也没有组成原始星云的分子和原子。而是一个基本粒子及其相互作用的世界，这是大爆炸后第一秒内的情况。然后是原子核生成于爆炸后3分钟内，但这个辐射时代持续了大约几十万年到一百万年之久。之后进入使原子核能够拉住电子而结合成稳定原子的原子时代，这就是我们今天仍然生活于其中的普通物质时代。随着物质的形成和不断运动、变化，致密的星云凝结成了星球，小陨石被大星球所吸去，各个星球形成自己的运行轨道，有固定轨道而且不会与别的星球碰撞的星球保存了下来，而轨道不定、随空漫游的星球早晚会与别的星球相撞。如此经过无数岁月的运动、变化，剩下来的星球，达到了秩序、和谐、统一，便组成了当今的宇宙。

宇宙达到了高度的秩序与和谐，近乎完美。看一看人类所居住的地球及周围，月球围绕地球转，地球同另外的8大行星一起围绕着太阳转，太阳又围绕银河系转，同时各个星球又有规律地自转。

宇宙的和谐统一被牛顿精确地计算出来。$F = m_1 m_2 / r^2$，其理论的精确性实在令人惊奇。牛顿引力假说的正确性在1846年由于有人预测有一个未知行星存在而受到最后的考验。这是把牛顿的万有引力方法倒过来加以运用。当时观测到天王星有脱离自己轨道的摄动，无法用已知其他行星的作用给予充分解释，要说明这些不规律的摄动，便需假设有一个新行星存在。这个行星的必然位置由剑桥的亚当斯（J. C. Adams）与法国数学家列维烈（Leverrier）各自独立地计算出来。柏林的天文学家加勒（Galle）依照列维烈所指方位，用望远镜去寻找，果然发现一颗行星，命名为海王星（丹皮尔，1975，第260页）。

于是，我们面对这样一个问题：宇宙从大爆炸后的无序发展到今天高度精确的秩序、和谐，这算什么？这算不算创造？按照柏拉图的观点，从无序创造出秩序来就是创造。没有创造，秩序是如何出来的？由此可以看出，宇宙的形成和发展是一个从无序到有序、从混乱到和谐、从简单到复杂的过程。这就是一个不断变化和创造的过程。当然，人类对宇宙起源的认识是不断深入的，不管有多少种关于宇宙起源的假说，也可能现阶段的认识还很浮浅。但是，无论宇宙的真正起源如何，物质不断运动引起变化、不断变化产生创造，是今天我们所能看到这一和谐统一宇宙形成的根本原因。

2. 地球生物圈是创造的产物

地球生物圈是地球区别于宇宙中众多星球的一个主要标志，它是生命存在的基本环境，可以说没有地球生物圈，就不可能有生命，自然也就没有人的今天。然而，今天人们对地球生物圈的认识又更进一步，生命不仅是被动地受环境控制，它同样具有强大的力量，它在地球生物圈的形成过程中发挥了极其重要和关键的作用。同样可以说，没有生物的参与，地球生物圈是无法形成的；是生命对地球环境的改造和调控作用，才给地球带来了活力、生机、复杂性和多样性（张昀，1998；James Lovelock，2003），才使地球变得如此不同于其他星球。如今的地球生物圈是一个十分完善的自我调节系统，其环境处于一个相对平衡、适宜各种生物生存的状态。例如，与其他星球相比，地球生物圈的温度变化不大，氧气相对稳定，太阳紫外线得到臭氧层的过滤，水分、养分得以不断循环等等，是自然界所能达到高度协调统一的完美体现。其复杂程度、协调机制、平衡稳定的内在规律至今人类尚不能完全认识。人类虽然能够制造复杂的电子计算机、发射航天飞机，甚至人工克隆动物和人，但是，却还不能人工制造能够自行调控的生态系统，美国曾在20世纪八九十年代人工建造了模拟地球生物圈的环境，想让几个科学家不借助外界帮助，在人工生态系统内生活下来，但却以失败告终。

但是，地球形成之初，并不适宜现在的生物生存。根据康德和拉普拉斯关于星系形成的星云假说，我国戴文赛教授发展了这一理论，认为整个太阳系是由同一个原始星云形成的，该星云原先有自转，在自引力作用下收缩，星云中心部分形成太阳，外面部分形成扁扁的星云盘，行星和卫星在星云盘形成（李宗伟，2000，第2页）。可以想象，刚刚形成的地球，温度很高，没有大气层，没有氧气，自然没有水。随着温度降低，地球物理和化学的不断变化，水分和大气得以产生，逐渐形成适宜生命产生的基本条件，接下来便是从无机物产生有机物，生命诞生。自从有了生命，便出现了生命与环境的交互作用，也就是所谓的协同进化，逐渐形成生物圈。

地球生物圈的形成过程，同样是一部运动、变化、创造的过程。没有一步一步的创造，宇宙永远是大爆炸留下来的一片混沌，太阳系可能永远只是一片星云。由此我们也更进一步理解了创造，创造不仅是与过去的不同，不仅只是同一水平的不同变化，而是向着更高层次递进，也可以理解为，自然的创造是简单向复杂迈进。试想，太阳系从原来的一片星云，发展到由 8 大行星、2000 多颗小行星、60 多颗卫星，还有无数彗星、流星和固体微粒组成的大家族，而且其中一颗行星——地球上还出现了千千万万种生物，以及具有智慧的人类。这种由简单到复杂的巨变，仅用运动和变化似乎不能完全解释。这实际上是一种进化，由简单到复杂、低级向高级的进化，其中包含有许许多多的突变，也就是从低层次向高层次的变化，即重大创造。因此，我对将宇宙作为进化产物的看法很是认同。

3. 生命来自创造

据估计，地球上现存的生物有 200 万～450 万种，已经灭绝的种类更多，估计至少也有 1500 万种。如此种类繁多的物种是从哪里来的？对此神创论者认为物种是上帝按照一定的目的创造出来的。著名瑞典生物学家林耐就在其 1735 年出版的《自然系统》一书中写到，物种的数目和全能者在开天辟地时所创造出来的不同类的数目是同样的；这些类型按照生殖规律又产生其他的但永远与自己相似的类型。

是达尔文的进化论把人类从神创造一切的思想禁锢中解放出来，使我们认识到生物的进化过程就是一部从无到有、从简单到复杂、由一般和谐逐步升级到高级和谐的漫长史书。《物种起源》为我们读懂这部史书提供了工具，进化论的核心便是一切物种皆由变化而来。

对于这种变化，达尔文认为是微小变化的长期积累所致，他指出：“自然选择只能通过积累轻微的、连续的、有益的变异而发生作用，所以不能产生巨大的或突然的变化，它只能通过短且慢的步骤发生作用。因此‘自然界没有飞跃’……总之我们可以了解，为什么自然吝于革新而奢于变异。”（达尔文，1972，第 310 页）

达尔文认为，生物界普遍存在高生殖率现象，其增长速度按几何级数增加，而食物的增长是按算术级数增加。长此下去，生存空间容纳不下和食物短缺，会造成生物物种之间的生存竞争，尤其以需要相同环境的种内竞争最为激烈。竞争的结果，那些出现有利变异的生物个体生存下来，并将其变异遗传给后代，而没有变化或者出现不利变异的生物，由于不适应而被淘汰，即所谓优胜劣汰。这种适者生存、不适者淘汰的过程，就是达尔文进化论的核心——自然选择。

自然选择是生物在进化过程中，通过生存斗争，对物种个体微小变异的选择，使对生存有利的变异得到积累，随之逐渐发展成为显著的变异，先是形成亚种。这种获得性遗传给后代，就可由亚种进一步发展成为新的生物物种。

但是，达尔文的渐变观点不能解释自然界为什么有的新种是突然出现的现象，而且按照“自然选择”和“适者生存”理论，生物是不会由低级走向高级的，因为从适应性角度，低等生物的适宜性最强，单细胞生物、地衣、细菌等低等生物的适应性远比高等动植物以及人的适应性强得多。

生物的适应性主要体现在它的繁殖力和忍耐力两个方面。无处不在的细菌，仅有3～5微米大小，繁殖方式为二均分裂，其分裂速度十分惊人。如大肠杆菌在适宜条件下，20分钟就能分裂一次，在8小时内即可产生1600万个体，如果没有限制地继续分裂下去，在24小时内，就将重达500吨。霍乱细菌在适宜条件下，24小时内，一个细菌可以分裂成47×10^{27}个，总重量可达2000吨。细菌忍耐不利环境的能力更是不可思议，当外界条件恶劣时，其原生质收缩，外层生成一层厚膜，成为休眠孢子。这种休眠孢子对不良环境的忍耐能力，超过任何其他生物在各种状态的抵抗力。例如炭疽病杆菌所形成的孢子在液体空气（－190～－180℃）中数日还不致死。休眠状态的细菌还可忍受140℃以上的高温。原生动物、低等植物也都具有繁殖力和抵抗力强的特点，而且由于其细胞分化程度低，对于外界压力的适应性比较强。地质历史证明，在生物进化的过程中，凡是进化越高级、分化越甚的动植物就越娇嫩，适应范围越窄，很容易被外界压力所破坏而失去生命。在古生代，三叶虫差不多经历了3亿年；中生代的恐龙也经历了1亿年；而哺乳动物从白垩纪开始延续的时间就更短了。马平均100万年出现一个新种。100万年前的哺乳动物的种几乎很少有和现在的种是相同的。这说明这些哺乳动物的寿命一般只有几十万年，而真菌、藻类、藓类、滴虫类、根足虫类等等，这些属于地球上最原始居住者的生物，却能够得以保留至今。这是达尔文“自然选择”、“适者生存”、“优胜劣汰”的生物进化观完全无法解释的（裴新澍，1998）。

生命为什么不永远停留在适应性最强的单细胞阶段？而总是沿着从简单到复杂、由低等到高等的方向进化。虽然在地质年代有过多次高等动植物的大灭绝，但是保存下来的低等生物仍然痴心不改，继续向复杂化、向高等方向进化。正如多格尔·迪克逊在《人类之后》一书中指出的，“凡是在一个时代进化最高级的，它必然最先灭亡；而一些低级类型乃成为下一时代进化的祖先”。既然最低等的生物适应性最强，最适宜地球环境，那生命为什么还要不断地从简单走向复杂发展，从低等进化到高等呢？在几次生物大灭绝之后，为什么没有出现大量生物逆向进化呢？

答案只有一个：进化，这一自然现象是不以人的意志为转移的。而进化的本质是什么？《现代汉语词典》（中国社会科学院语言研究所词典编辑室，1978）对进化的解释是“事物由简单到复杂，由低级到高级逐渐变化”。对呀！这不就是创造吗？从无序到有序是创造，那么从简单秩序到复杂秩序同样是创造。因此，进化的本质就在于创造。因为有了创造，事物才会变得越来越复杂；因为有了创造，生命才会从低级走向高级。如果没有创造，事物就只能在同一水平变化，从简单到简单的变化，从低级到低级的变化，永远不会向复杂和高级变化。

4. 创造者是谁？

根据人的思维习惯，既然是创造，必然有一个创造者的问题。那么一切自然系统的创造者是谁？我们当然不能再把这一切归功于上帝，因为上帝已被人类请走了！我们只好另找原因。

当我将宇宙演化、地球生物圈形成、生物进化等不同层次、不同性质的问题放在同一层次进行审视时，我发现它们都有一个共同的变化和发展趋向，即由简单到复杂，由低级到高级，呈现一种不断上升的生物进化的特征。这是为什么？其根本原因就在于，它们都是自组织、自协调、自适应系统，这种系统的发展方向是平衡、和谐、统一，其内在动力是运动、变化、创造。

所有生物，不管是单细胞生物还是最复杂的人类，都具有自动调节能力。生活在淡水中的一种单细胞生物——变形虫，依靠体内可以伸缩的液泡来调节细胞质渗透压，细胞质的水可以进入液泡，当液泡胀大到一定程度，液泡就与细胞膜融合，将里面的内容物排空，这样的过程不断重复，变形虫就不至胀破（张惟杰，1999）。人的身体一旦受到病毒侵袭，就会头疼、乏力，体内平衡和谐的体系被打破，随之体温升高，自身防御系统就会启动，白细胞数量急剧增加，对病毒进行围剿；当病毒被杀灭，体温正常，身体恢复平衡。

地球生物圈同样具有这种调节功能，例如，在人类工业化以前的漫长岁月中，人为活动、森林火灾、火山等等都向大气中释放二氧化碳，但这并没有引起大气二氧化碳浓度急剧增加，造成系统不平衡，这是因为以森林为主体的植被群落，通过光合作用，可以有效地吸收二氧化碳，释放氧气，将二氧化碳固定在森林中。据测定，森林每生产 10 吨干物质，就能吸收 16 吨二氧化碳，同时释放出 12 吨氧气。与此同时，森林还能有效地吸收其他温室气体和有害气体，松、柏、杉等针叶林对二氧化碳的吸收能力为每公顷 215 公斤，阔叶林为每公顷 88 公斤，女贞、泡桐、刺槐、大叶黄杨等吸收氟化物的能力很强；构树、合欢、紫荆对氯的吸收能力较强（魏殿生，2003）。但是，自人类工业革命后，一方面大量燃烧石油、煤炭、天然气等化石燃料，增加大气中二氧化碳浓度；另一方面，又过度砍伐森林，破坏能够吸收、固定二氧化碳的森林生态系统，也使长期储存在森林中的二氧化碳被释放出来。如此双管齐下，才使大气中的二氧化碳浓度积累速度加快，出现了温室效应，对地球生物圈的自动调节能力产生了不利影响。

这种自组织、自调节、自适应系统，其运动发展的方向必然是趋向秩序、和谐、统一，因为只有与万物形成和谐统一才可能独立保存下来，这就是适者生存的道理。那么由于运动必然引起变化，变化必然导致原来的和谐被打破，众多因素被改变，要再回到原来的和谐已不可能，正如古希腊赫拉克利特及其弟子们最强调的："你不能两次踏进同一条河流，因为新的水不断地流过你的身旁。"这时，系统自身也将产生变化，这种变化可以向三个方向发展：一是退化，即系统向着简单化方向发展。这种情况必须在变化超出其自身调节能力时才能发生，对于生物来说就是走向死亡，对生态系统而言是逆向演化，系统越来越简单的退化。第二种情况是同一水平的变化，这只能是变化太小，不足以引起系统自身的改变，自我调节能力完全能够调节。第三种情况，是创造，是向更高层次的变化，当变化较大，但是又不至于超出自身调节能力时，系统就会产生创造，即更高层次的变化，使系统在新的高度形成新的和谐，达到新的适应。所以在创造的引领下，系统的和谐统一不断升级，便将自然系统和生命一步步地由低级引向高级，由简单推向复杂。

由此可以得出，是运动、变化引起的创造，推动了一切自然系统进化，宇宙、星系、生命等系统的进化无一例外。其中，创造是进化的关键，因为变化的三种形式中，退化、同水平变化不可能导致进化和升级，只有创造，这种趋向于复杂化的、向高级化的变化，才会推动自然系统向更高层次发展和变化。因此，创造者就是这些自组织、自调节、自适应系统。

三、社会系统同样是创造的产物

对这一议题大概没有人反对。用不着我过多解释，我这里只将其稍作讨论，是想将社会系统和自然系统进行一下对比，找到两者的相同处，为后面研究建立一个共同基础。

回顾人类社会发展史，无疑是一部不断创造的历史。社会每前进一步，都包含了创造的力量。创造不仅创造了生命，推动着生物进化，同时也推动人类社会不断发展，从无序到有序，从低级到高级，从简单到复杂。其发展变化规律同自然进化十分相似。这里仅从生产工具的创造、思想发展和对美的追求三个方面做一个简单讨论。

1. 生产工具创造带动社会进化

从人类出现开始，经历了原始社会、奴隶社会、封建社会、资本主义社会、社会主义社会等，由低级向高级逐渐发展。在推动社会制度演变的各种因素中，有两个十分重要的方面，一是生产工具，二是生产组织方式。由于社会在这两个方面不断创造，极大地提高了劳动生产力，改变了人与人之间的关系，从而使得社会制度得以进化。从猿到人，再从低级社会到高级社会的过程中，生产工具的发展经历了以下五个重大创造。

第一，是对天然工具的创造性使用。在原始社会，是从猿到人的过渡时期，这些正在形成中的人已经从树上下到地面，能够直立行走，可是却面临着比森林更为变幻莫测的生存环境。同各种动物相比，人就某一方面来看，都不如其他动物，无优势可言。例如，比速度不如马、羊，比凶猛不如狮、虎，比游泳不如鱼、虾，比飞翔不如飞禽。人之所以能够成功，关键在于创造性地使用工具，有了工具使人能够在各种环境下生存。开始人虽然不会制造工具，而只是把石块、木棒等天然物体作为工具，但是，这一关键创造使人走上了与动物不同的进化道路，人和动物的进化在此分叉。经常使用天然工具是一个漫长过程，据估计大概经过上千万年的时间。

第二个重大创造是能够用双手制造工具。会制造工具是完全形成人的重要标志，开始是一些简单石器，例如用石英、石英岩、熔岩、燧石等打制的石片和石核，作为切割、砍砸之用。后来发展到用两种不同质地材料制成的复合工具，例如在木棒上装上矛或渔叉等。随着弓箭的发明，这对于奔跑速度远不如动物的人类是一个决胜武器，它极大地促进了狩猎经济的发展。木锄、石锄的发明也促进了原始农业发展，使采集经济向种植业转变。这是母系氏族公社的繁荣时期，婚姻制度由群婚转入对偶婚。

第三个重大创造是金属工具产生。以上时期虽然已开始制造工具，但是工具的材料是天然物质，如石、木、骨等，工具效率受到制约。而金属工具的产生是在掌握了冶炼技术之后，首先是青铜，然后是冶铁。同天然材料制作的工具相比，金属工具的效率得到很大提高，例如将石锄换成金属犁，效率大增，农产品产量增加，出现剩余，因此剩余产品在部落之间进行交换，形成了商人，出现了货币，手工业和农业分离，私有制和国家产生，即奴隶社会形成（刘家和，1984）。

封建社会在生产工具上与奴隶社会没有本质的差异，主要还是使用比较原始的手工工具，如犁、锄、镐、锹、镰等。所不同的是生产组织方式不同，一切封建社会的生产都是个体性小生产，这是封建社会区别于古代奴隶制社会和近代资本主义社会的主要特点之一。生产规模和个体性质决定了封建经济必然是自给自足的自然经济，全部劳动产品都是由生产者个体劳动创造出来，它就必然要求生产资料和劳动产品归个人所有（朱寰，1985）。

第四个重大创造是以蒸汽机为代表的复杂机械工具的诞生。以前的工具都是简单的手工工具，以人或畜作为动力，因此劳动生产率低下。詹姆士·瓦特 1769 年研制成功的蒸汽机，如同给资本主义的发展装上动力强劲的发动机，解决了大工业发展所需的动力问题，并带动了棉纺织机等其他复杂机械的发展。生产工具的创造，使社会生产率有了惊人的跨越。工业革命时期的英国，从 1770 年到 1840 间，每个工人的日生产率平均提高 20 倍（刘祚昌等，1985）。机器主导的工业生产，使封建家庭手工业迅速崩溃，生产组织方式由封建社会的个体生产发展为资本主义的社会化大生产，社会制度也发生了根本性转变。

第五个重大创造是计算机的产生。自从 1946 年第一台计算机出现以来，短短几十年时间，计算机就遍及社会各个行业，甚至世界各个角落，彻底改变了人类的生产方式和生活方式，劳动生产率出现了前所未有的提高。其关键在于以前的工具是对人手的延伸，而计算机则是对人脑的延伸。光是手的延伸就已使人类达到了今天的高度文明，可以肯定，随着脑的延伸，人类的发展不可限量。

总之，生产工具的创造，促进了劳动生产率提高，进而改变了社会生产组织方式，推动社会向前发展。当然，社会进步是由多种力量推动的，工具创造只是从一个侧面揭示了创造是社会发展动力的主题。

2. 思想创新促进社会发展

生产率提高带动物质生产，而思想上的创造则促进整个社会改变。社会在物质和思想两个方面不断创造的推动下向前发展。从西方哲学的发展历程可以看出，思想上的创造必定带来社会发展。思想保守，定会抑制社会创造力的充分发挥。

早期的希腊哲学建立在直接反对宗教神话的基础之上，是唯物论，认为世界万物都由物质构成，而不是神创造的。赫拉克利特更是明确指出，万物是由于事物内部有矛盾、有对立的东西组成，对立的东西进行斗争，就产生运动和变化。这种朴素的唯物主义思想、包容万象的唯物主义精神，为古希腊各种哲学思想的产生奠定了基础，才有可能产生毕达哥拉斯学派以数概括世间万物的思想和德谟克利特的万物由原子组成的思想。从苏格拉底、柏拉图到亚里士多德，他们虽同为唯心论，并存在师徒关系，但却不因循守旧，学生可以与老师有不同的观点，并都在老师的基础上有了极大创造。因此，柏拉图能在苏格拉底基础上形成自己的哲学体系，写出了西方思想史上堪称第一部思想著作的《理想国》，亚里士多德更是超过自己的老师柏拉图，并对柏拉图的"理念"理论进行批判，由于敢于在思想上创新，才成为西方史上第一个创立科学体系的人。由于希腊哲学这种丰富的内含与不断创新的精神，才使古代希腊人能够吸取埃及和西亚的先进文化，创造了欧洲最古老的文化，对欧洲乃至世界产生了巨大影响。

欧洲中世纪封建社会在长达一千年的时间里，由于思想领域的创造远远落后于希腊的奴隶社会以及文艺复兴以后的资本主义社会，因此在历史上被称为是黑暗时期。其主要原因就是以神来统治人们思想，一切都围绕着神而展开，只要符合神的意志，再荒谬也能成为真理。教父哲学的最早代表德尔图良（约150～222年）竟赤裸裸地宣称"正因为它荒谬，所以我才相信"。在这种背景下就只能产生一种哲学，这就是为封建社会建立神学体系的经院哲学，它的主要工作就是用一套繁琐的方法来论证整个世界是上帝活动的产物，整个人类受上帝的意志支配。他们把托勒密（2世纪时埃及天文学家）的地球中心说和宗教教义结合起来，说上帝"按照自己的形象"创造了人，人所住的地球是宇宙的中心，月亮、太阳和行星都是围绕地球转动，世界万物都是上帝按照一定的目的创造出来的。上帝创造太阳是为了给人光和热，创造猫是为了吃老鼠，地震是上帝给人的惩罚。这一切都是永远不会变的。按照这种理论，人就不需要研究客观世界的必然规律，不需要进行任何创造，因为创造是上帝的事情（汪子嵩等，1972）。并且对任何进步思想轻则斥为"异教"或"异端"，重则实行绞刑。由于欧洲中世纪宗教的强力统治，唯物论的哲学和科学都受到窒息，任何在思想上敢于挑战神权的创造都被扼杀了。极大地阻碍了社会进步，使黑暗时期延续了长达千年。

要是没有思想上的创造，人类可能还在处于黑暗时期。因此，当资本主义形成时的"文艺复兴"时期来临时，创造首先从思想领域得到突破。其中一个最重要的创造就是以人为中心的"人文主义"，一切为了人的利益，要求重视现实生活，重视物质享受，要求个性发展，把人的思想感情和智慧从神学的束缚下解放出来。"人文主义"者的口号是："我是人，凡是人的一切特性，我都具有。"并认为人能创造自己的一切，强调人的思想自由。随着但丁通过《神曲》提供的通俗语言文字，使那些不懂拉丁文的普通人（非教士）也能读写书面文字，教士的神秘面纱被揭下。受人文主义影响而出现的马丁·路德的宗教改革，更是直接使人感到“人人都是传教士”，每个人都可以直接与上帝接触，基督教不需要代言人（罗素，2004）。这实际上也把神降到了人的地位。没有了神的桎梏，科学才得以发展起来，人们在古希腊哲学与科学体系的基础之上，逐渐将自然科学从哲学分出来，从哥白尼发现太阳中心说以来，科学取得了巨大的发展，科学的进步不仅带来了物质文明，更重要的是它促进了人们的独立思想，用罗素的话说：“它本身也是独立思想的一个伟大的推动者。”这样一来，神便没有了位置。从此，人类社会进入了一个前所未有的伟大创造和快速发展时期。

3. 美的创造促进社会螺旋式发展

追求美是人的天性。人在追求美的过程中，不断创造美，也推动社会螺旋式的向前进化。中国历史博物馆于2002年编辑出版了一套精美的大型画册《中国历史博物馆——华夏文明史图鉴》，共4卷1200多页。精美的图画向人们展示了中华文明灿烂的历程。我以最快的速度，一口气从第一卷第一页，看到第四卷最后一页。当合上书、闭上眼时，华夏文明的见证物件——文物，便如同幻灯一样，一张张逐渐连接起来，一种看动画片的感觉油然而生，中华文明的发展史生动快速地在我眼前闪现。给我留下深刻映象的便是两个字——创造。

从人类的进化历史看，“劳动创造人”这是不容争辩的事实。但是，更确切地说，应该是创造性劳动创造了人，因为没有创造的简单劳动、重复劳动并不能对文明进步有多大促进。从几万年文物的变化可见，文物由简单到复杂，由实用到美化，是对美的不断追求激励人类不断创造，创造又提升了美的标准，标准的不断提升，创造也就逐渐升级，社会就在默默的创造中得到了美化，得到了发展。

距今1.8万年，旧石器时代晚期的山顶洞人用兽牙串成项链，作为配饰颈部的装饰品，可见人类很早就有了对美的追求，这种追求不仅体现在装饰品，更重要的是融入几乎每一件事情，例如生存环境选择、配偶选择、对实用工具美化等等，无不浸透着对美的追求和创造。

盛水壶是伴随人类进化的最主要用具之一。距今约六千多年，新石器时代仰韶文化的船形彩陶壶（第一卷，第29页）的壶身两侧均画有鱼网纹装饰，学者认为当时原始人已有划船撒网捕鱼的能力，渔网成了最便利的装饰图形。

距今三千多年的西周颂壶（第一卷，第177页），虽然是纪念用品，但也反映了当时的制壶工艺和水平，不仅在所用材料上有创造，在装饰图形上更是富于想象和创造，有兽形耳，腹部饰有一头双身蛟龙，精美而雄浑。

距今2000多年的西汉浮雕兽纹釉陶壶（第二卷，第124页），釉陶是汉代制陶业的一项新发明，用普通陶土烧制，胎呈红色，器表施铅釉，呈黄色、黄褐色或绿色，这件釉陶壶，腹部上做出兽纹浮雕。

东汉时期的黑釉鸡首瓷壶（第二卷，第251页），在装饰上虽没有花纹，却直接将壶做成鸡的形状，东汉晚期开始出现深褐色釉的瓷器，这件瓷壶表现出烧造黑瓷的技术开始成熟，黑瓷和青瓷一样，都以釉料中的铁元素作主要呈色成分。黑瓷釉料中铁元素占4%～8%，青瓷器最多占3%，故烧成后釉色不同。

从隋朝白瓷双把龙柄鸡首壶（第三卷，第32页），直到辽代鱼鳞纹银壶（第三卷，第251页），基本上就形成了现代壶的模样。此银壶腹部中间为代状纹匝，上下布满鱼鳞纹，肩部前后鼻钮上有弓形提梁。壶盖中部隆起，有钮，以银链将壶盖系于壶肩钮上，造型优美，更实用。

清代的江千里制黑漆嵌螺钿执壶（第四卷，第134页），在满足使用的基础上，更是注重了装饰，从形态上已变成了鸡的写意，壶身为黑色锡胎，方形，有盖；四面开光，嵌红玛瑙、珊瑚、绿松石、螺钿，构成一幅精致的花鸟蝴蝶梅花图案。

从水壶的演化我们看到，美的创造同方便实用一起推动了水壶的演化。社会其他方面何尝不是这样呢？追求美、创造美同样是推动社会向前发展的动力之一。对美的追求越强，创造动力就越大，创造的东西就越多，审美力也同样得到提高。动物与人在对美的追求上存在巨大差别，人具有在意识指导下对美的强烈追求和创造，而动物则没有。动物虽然也会劳动，但多是本能的简单劳动和重复，例如工蜂，所以蜜蜂不会成为同人一样的智能生物。

因此，由于工具创造促成劳动生产率提高，生活水平极大改善；思想创造使社会组织形式更趋合理；美的创造使社会得以美化和完善。社会就是在人类的创造性劳动中，由低级到高级，由简单到复杂地向前发展。

四、创造是自然界和人类社会中发生的普遍现象

通过以上不分学科界线、不设人为框框、全景式地审视宇宙变化和人类社会发展后，我看到一条普遍规律，即无论是自然界还是人类社会，都遵循着从无序到有序、从简单到复杂、由低级到高级的变化规律。

为什么会是这样？其根本原因就在于“创造”！由于有了创造，自然界才会从无序变成有序，否则只能是从无序到无序的变化。柏拉图早在两千多

年前就看到了这一点，所以他的神就从无序中创造了秩序。因为产生了创造，事物才会从简单到复杂，否则只能是从简单到简单的变化，哪儿还会有如此复杂的地球生物圈出现。从老子的思想来看，就是因为有了创造，“一”才会生“二”，“二”才会生“三”，“三”才会生“万物”；正是由于创造，事物的发展方向才会由低级走向高级，才会产生人类这样高级的智慧生物，否则生命只能永远停留在单细胞的低级阶段。

于是，我认为，创造是自然界和人类社会中发生的普遍现象，是不以人的意志为转移的自然规律。

然而，多年以来，人们在研究创造时，只是对人和社会进行研究，从人的心理、行为乃至社会关系及社会背景等等方面进行探讨，而不考虑其与自然创造有何关系，把创造限定在一个狭小的范围。而研究自然科学的，也只从宇宙演化、生物进化角度来看问题，并不把其成果与人类的创造相结合起来。自然科学与社会科学在创造规律的探索上各行其道，这就难怪我们至今没有真正揭开创造的秘密。比如在心理学中，人类是用自己的思维研究思维，用自己的意识研究意识，用自身的创造来理解人类创造，可我们都知道“不识庐山真面目，只缘身在此山中”的道理，相处同一维度内的物体无法完全看清该维度内一切事物的规律。

那么更高的维度在哪里？我认为在于宇宙，在于自然科学与社会科学之上，因为创造贯穿了整个宇宙，宇宙源自于创造！

综上所述，创造是自然界和人类社会中发生的普遍现象，创造是一种变化，是相对于原来物质形态或生命形式的一种新变化，例如，从无序到有序，从简单到复杂，从低级到高级的新改变。

第三章

创造是复杂系统的根本特征

一、灵感闪现，我找到了“塔尖”

在确立了我的创造观后，我对创造问题的研究便走出了社会学与心理学范围，进入了自然科学的宽广领域，开始大量阅读各种书籍、文献，不管是历史、地理、人文、社科、天文、物理、量子力学、化学、进化论、分子生物学甚至数学等等。有的虽然看不懂，但也感兴趣。可是，虽然我已经积累了很多材料，还是感到不能把它们很好地归纳出来、形成规律，总感到没有抓住问题的关键。非常困惑，当时是一种迷途不知出路的感觉。

我开始反思，知识无穷无尽，我不可能将所有知识都掌握后才来总结创造规律。应该有一种理论，它贯通自然与社会，各个学科虽然研究不同领域，应该有一个学科来研究所有领域的共同点。科学史家萨顿曾将真、善、美所对应的科学、宗教与艺术比喻为一个三棱塔的三个面，他说：“当人们站在塔的不同侧面的底部时，他们之间相距很远，但当他们爬上塔的高处时，他们之间的距离就近多了。”

萨顿的话给我以极大启发，使我有了目标，就是要先找到研究创造规律的塔尖！虽然在我的创造观中，我已将研究创造的维度定在宇宙，定在自然科学与社会科学之上，可是这是一个极其宽广，以至无法把握的领域。应该有一个落脚点、制高点，或者说塔尖。什么理论能把自然和社会贯通起来呢？

我陷入了深深的思索、苦苦的寻找之中！整个人进入了入迷状态。这一阶段我最想做的事，就是躲开所有人，独自一人，要么看书，要么思考。以至于与同事见面，他们总会对我说：“好久不见，你又出国了吧？”与邻居见面则更有意思，他们问我：“你家搬哪儿去了？”

这时，我无意中阅读了一本叫《复杂——诞生于秩序与混沌边缘的科学》的科普性报告文学（米歇尔·沃尔德罗普，1997），这是一本描写美国复杂科学的先驱们如何开创性地进行复杂科学研究的报告文学。一帮获得诺贝尔奖的物理学家，以及对美国核物理（原子弹）研究做出过重要贡献的科学家，感到经典物理学在对付现实问题时不灵，当他们把各方面的问题归并起来时，发现了相似的规律。例如经济学问题、气象学问题、国际象棋、积木块、计算机等等问题，这些问题一开始只有几个简单的规则，可是却演化出极其复杂的系统，有很多特征是原来根本没有的，是新涌现出来的，由于这些涌现特性使得系统越来越复杂。为此他们自筹资金成立了圣菲研究所（SFI-Santa Fe Institute），没有一个专职研究员，而是聘请各方面的客座研究员。从各个不同的方向向同一个目标迈进、交流碰撞的结果，复杂科学得以兴起和发展。

书的内容像一道闪电划过我的大脑，感觉真是妙不可言，有一种“众里寻他千百度，蓦然回首，那人却在灯火阑珊处”的切身感受，灵感闪现。这就是我需要的理论，一下子就把我所有关于创造的知识点连通起来了。

我这才了解到，20 世纪 70 年代兴起的复杂科学就是这样一种科学，它不分自然还是社会，只要符合复杂系统的条件，就是复杂科学的研究对象，我把创造和复杂系统联系起来看，发现包括生命在内的复杂系统就是研究创造规律的这个塔尖。生命贯穿于自然界和整个人类社会，生命从最根本的组成物质和运动形式来看，它是物质存在和运动的一种特殊形式。生命本质上就是不断创造的复杂系统。当我抛开一切观念的束缚，淡化所有不同学科间的人为界限时，我清晰地看到，从宇宙诞生、地球形成、生命出现、人类社会发展等等的背后，有一个共同规律，它们都是复杂系统，创造推动着它们从无序到有序、从简单到复杂、从低级到高级的不断发展和演化。

终于找到了我梦寐以求的“塔尖”！研究创造规律的理论基础和制高点，就是以复杂系统为研究对象的复杂科学。

二、复杂系统与创造有何关系？

根据复杂系统理论，无论是自然系统，还是人类社会都属于复杂系统，什么是复杂系统呢？对此有多种解释，1999 年 4 月美国《科学》杂志的解释是：“通过对一个系统的组成部分的了解，不能对系统的性质做出完全的解释，这样的系统称为复杂系统”（Richard Gallagher，1999）。然而，对于一般人，只要知道古希腊哲学家亚里士多德的名言“整体大于各部分之和”就足够了。可是要形象深刻地理解复杂系统，莫过于两千多年前的庄周。他在《庄子》一书的“应帝王”篇中讲到，南海之君叫儵，北海之君叫忽，中央的君主叫混沌，儵和忽常常到混沌的领域会合，混沌待他们很友好，儵和忽商量报答混沌的恩德，说：“人有七窍，用来看、听、饮食、呼吸，惟混沌没有，我们试着给他凿开。”于是一天凿一窍，到了第七天混沌就死去了。复杂系统就如同混沌，他是一个整体，其特性是各个部分相互作用而表现出来的，当把他分解开成为单独的各个部分时，复杂系统也就不存在了，就如同混沌一样死去了。

对于复杂系统，整体的性质不等于部分性质的和，由此体现出整体与部分之间的关系不是一种线性关系（戴汝为，2000），而是一种非线性的关系。为什么会出现这种整体性质大于各部分性质之和的现象呢？其根本原因就是产生了创造，各部分通过相互作用产生创造使整体涌现出新的特征，因此，整体不是各部分简单相加。在人类社会与自然界，能够称得上复杂系统的比比皆是，生态系统、社会系统、人体系统、人脑系统等等都是典型的复杂系统。

复杂系统之所以特殊，关键就在于各组成部分相互作用产生了创造，有新特性涌现。

而近代科学的研究方法恰恰是尽量搞清楚各个部分，这就是所谓的还原论，把一个整体还原成它的各个组成部分，把人分成生物学、遗传学、细胞学、解剖学、心理学、行为学、社会学等等各种学科来研究，所以学科越分越多，越分越细。可是到目前为止，我们仍然不清楚作为一个整体的人所表现出来的许多特性，例如人是如何做出决策的？人的创造性思维是如何出现的？等等。

因此，要理解人是如何创造的，社会是如何创造的，仅仅从心理学、社会学角度来研究远远不够。就必须从复杂系统角度，把人看成是一个完整系统，从系统和整体角度来研究，这就是整体论。

关于系统，一般可分为三种，即孤立系统、封闭系统和开放系统。孤立系统与其环境间没有物质和能量的转移。封闭系统与环境间虽无物质的转移，但可以有发热、功和辐射等的转移，处于一封闭容器中的物质构成了一个封闭系统。开放系统是一种能与环境发生物质和能量转移的系统。我们这里所指的复杂系统就是一个开放系统，是与环境不断进行能量和物质交换的系统。

针对于复杂系统研究，这是世界上最尖端和最热点的研究领域之一。从 20 世纪 70 年代以来，虽然取得了巨大成绩，但是其理论体系尚未形成，在很多关键方面尚待突破。目前世界上已初步形成三个学派（车宏安，2000）。

第一，以普利高津等为代表的欧洲学派，用耗散结构理论来解释复杂系统。根据热力学第二定律的克劳修斯表述："热量不可能自发地从低温物体传到高温物体。"其实质是，能量的传递是不可逆的。用熵增加原理来解释，就是不可逆的热力学系统是朝着熵（无序的程度）增加的方向发展。克劳修斯把墒增加原理应用到无限的宇宙中，从而提出"热寂说"，他于 1865 年指出，宇宙的能量是常数，宇宙的熵趋于极大，也就是越来越无序，并认为宇宙最终也将死亡。这在当时让人感到心灰意冷。

可是，薛定谔则不这样看，他在其名著《生命是什么》一书中指出，生命并不都是越来越无序，相反是越来越有序，生命就是靠"吃"进负熵为生，"新陈代谢的本质就在于使有机体成功地消除了当它活着时不得不产生的全部的熵"。这说明自然界并不完全像克劳修斯所描述的那样，最终一切都将变为死寂，而是同样有一种力量，使无序变成有序，使简单的序变成复杂的序。

普利高津将没有生命的无机物体作为研究对象，把源自物理系统、化学系统的系统概念和理论拓展到生物系统、经济系统和社会系统。在研究过程中，他将热力学和统计物理学从平衡态到近平衡态再向远离平衡态推进，发现一个开放系统（不管是力学的、物理的、化学的，还是生物的系统），在到达远离平衡态的非线性区时，一旦系统的某个参量变化达到一定的阈值，通过涨落，系统便可能发生突变，即非平衡相变，于是，由原来无序的混乱状态转变到一种时间、空间或功能有序的新的状态。例如系统的状态呈现出随时间的周期性的变化或空间的花纹图案。这种有序状态需要不断地与外界交换物质和能量才能维持，并保持一定的稳定性，且不因外界微小的扰动而消失。这种在远离平衡的非线性区形成的新的稳定的有序结构，称为耗散结构。这种系统能够自行产生的组织性和相干性，被称作自组织现象，因此，这一理论又被称作非平衡系统中的自组织理论（普利高津，1998a，沈小峰，1983）。

一个有趣的例子是关于木星上大红斑的发现与认识过程。早在四百多年前，伽利略发明望远镜后，天文学家在观察木星时，就发现木星表面有一块瑕疵。随着望远镜越来越先进，看清了这是一块红斑，但还是无法解释到底是什么。因此各种假说层出不穷，有的说是岩浆的流动；有的说是一个即将离开行星表面的新的月亮；还有的说是一个火山口喷出的气体，上升而形成气柱的顶部，等等。直到 1978 年美国的太空探测器旅行者 2 号飞过木星，从太空中发回了照片，才看清楚红斑就是像飓风一样的涡流系统。美国宇航局把这些相片保存在全国五六处档案库里，其中有一处在康奈尔大学。20 世纪 80 年代初期，一位叫马库斯的年轻天文学家和应用数学家，用计算机模拟出了大红斑。这才揭示出，“大红斑实际上是一种自组织系统（复杂系统），它是由造成在它周围的不可预言的骚动的同样的非线性扭曲造成和调节的。这是一种稳定的混沌。”（詹姆斯·格雷克，2004）

这就是复杂系统的奇妙之处，它没有人为操控，却能自行从无序中创造出有序。随机涨落在耗散结构形成过程中起着重要作用，由于内部或外部原因，系统的状态如温度、压力、浓度、密度、粒子间的作用力等，均可能发生一些小的起伏涨落。涨落的产生是必然的，涨落的大小则带有偶然性。对于平衡结构来说，这些涨落是一种破坏结构稳定和有序的干扰，是一种消极因素。热力学表明，系统在平衡态，由于这些涨落可正可负，因此可以通过求统计平均的方法加以消除，维持宏观系统的热力学平衡。而在近平衡区，涨落使系统离开定态，但是在这个区域，系统具有抗干扰的能力，涨落造成的偏离会自行衰减趋于消失。系统经过一个微干扰过程之后又回到稳定状态，叫回顾原理。所以在平衡态和近平衡线性区即热力学分支点以前，涨落不可能使系统由一个定态跳到另一个定态上去，即不能形成新的有序结构（普利高津，1998b；沈小峰，1983）。然而，在远离平衡的非线性区，在热力学分支点之后，涨落则起着完全相反的作用。此时，系统处于一种不稳定的定态，某种随机的小的涨落可能通过相干效应迅速放大，形成宏观整体上的“巨涨落”，使系统由不稳定的定态跃迁到一个新的稳定的有序状态，形成耗散结构。这种由于物质和能量交换，在不稳定之后出现的宏观稳定有序，是由增长得最快的一种涨落决定的，因此叫做“通过涨落的有序”。

在生态系统、生物进化乃至社会文化等诸多复杂系统中，都具有涨落现象。在生物进化中这就如同突变，不断发生突变（涨落），有的突变消失了，有的突变被放大了，从而出现了新种。而在社会系统中，这种涨落便是创造，不断涌现出来的创造，有的创造被历史锁定，得以放大，从而影响了社会发展的历史进程。

第二，以圣菲研究所为代表的美国学派，强调适应性在形成复杂系统中的作用。霍兰提出了CAS（复杂适应系统），并引入了“涌现”概念，他把源自于生物系统的系统观念和理论加以扩展和体系化，并扩大其适用范围。他从几个简单规则入手，例如国际象棋、积木块、计算机模型等，却演化出极其复杂的系统，其涌现特性使得系统越来越复杂，他们始终强调适应性是产生复杂性的根源之一（霍兰，2001；车宏安，2000）。由此得出，涌现就是由简单的行动组合而产生的复杂行为，这里组合实际就是一个相互作用的过程。

与欧洲学派不同的是，美国学派强调把系统的元素看做是活的、有主动性的、具有适应能力的个体，这就使得向具有生命的复杂系统的研究又进了一步。霍兰（2001）在《涌现》一书中总结到：涌现现象出现在生成系统之中，这些系统是由那些种类相对较少并遵循着简单规律的一些基本元素组成，由于涌现现象的出现，使得生成系统的整体大于各部分之和，也就是说系统各部分间的相互作用是非线性的，因而系统的整体行为无法通过相对独立的各组成部分行为的简单叠加得到。生成系统中一种典型的涌现现象是组成部分不断改变，但是其涌现模式则处于稳定状态，这使人想起湍流的小溪中不断冲击石块的水流形成的驻波，虽然水分子不停地变化，而驻波的形状基本不变。在这里，涌现出来的稳定模式是由其所处的环境决定的。随着环境变化，稳定模式必然增加，模式间相互作用带来的约束和检验使得系统的功能也在增强，特别是随着相互作用者的数量增长，可能的相互作用的数量以及可能引起反应的复杂程度也非常迅速地增长。当稳定模式间相互作用涌现的宏观规律可以用公式清楚地表达时，对整体模式行为的表述就不必再借助那些决定组成个体行为的微观规律。因此存在差别的稳定性是那些产生了涌现现象的规律的典型结果，更高层次的生成过程可以由稳定性的强化而产生，由于相互作用，常常会给某些组成部分模式带来稳定性的强化，当这些具有强化稳定的模式满足宏观规律时，新的生成过程就会取代原先的生成过程。

美国学派注重采用计算机模型来探索复杂系统的这一“涌现”特性。通过建立一些简单规则，计算机在不断运行中，就会产生极其复杂的涌现特性。记得 IBM 的深蓝计算机曾战胜过国际象棋世界冠军卡斯帕罗夫，虽然比赛主办者更关注商业效益，更看重该公司股票的升值情况，而且比赛过程对卡斯帕罗夫也有失公正，但深蓝计算机所表现出来的，的确是某种智慧，这就是简单模型中各个部分相互作用、相互适应后所产生的涌现特性，这就是系统的创造。

第三，以钱学森为代表的中国学派，倡导将社会当成开放的复杂巨系统来看待，把人作为系统的元素，是一个有人的因素的系统，其基本路线是“从复杂巨系统按级作的特例来分化出其他系统理论”，“从开放的复杂巨系统学建立系统学”，在大力开展工程应用的同时努力建立系统科学体系（车宏安，2000）。注重层次性是中国学派的特点之一。钱学森认为，一个系统在某个层次上的混沌运动，是高一层次有序运动的基础，宏观有序的形成是靠微观的频繁变动为基础的，也就是宏观有序是建立在微观混沌的基础之上的。运用系统科学的层次概念，中国在 CIMS（计算机集成制造系统）开展制造系统前沿课题研究，1986 年至今，取得了重大成就，进入了世界先进行列。这是运用系统科学的成功范例，因为 CIMS 是系统，它包含各种单元技术，在发展策略上，一种是先发展好了单元技术，再去发展系统技术；另一种是在一定单元技术的基础上，强调发展系统技术，并以系统技术带动单元技术的发展。中国走的是后一条路，实践证明这是非常正确的，因为总体和局部是不同的层次，系统技术强调的是总体，单元技术强调的是局部，先进的单元技术不一定都能解决系统问题，反过来说，不是最先进的单元技术也有可能达到系统总体目标。采用“系统发展模式”，不仅能在相当程度上，在相当大的范围内解决系统所要达到的目标，而且反过来有助于促进单元技术的发展。

从系统的观点来看，用不一定最好的零件，却能组成最好的系统。社会系统何尝不是如此，2005 年 6 月 10 日的《人民政协报》刊登的松下公司的

“70 分人才”观，就是对这一系统观点的很好诠释。我们一般的企业在招聘员工时，总是要百里挑一：比如年纪越轻越好，学历越高越好，能力越强越好，如此选来的自然都是顶尖人才了。然而许多企业却无法让这些人才发挥作用，一大批能人谁也不服谁，形不成合力，甚至互相拆台，演出了“千里马，窝里斗”的闹剧。松下公司同样十分重视人才，却偏偏尽可能地不用顶尖人才，而是大量选用中等的、可以打 70 分的角色。松下认为，企业用人，固然素质越高越好，但是，那些出类拔萃的顶尖人物往往自我感觉过于良好，不太愿意与人平等沟通、默契合作，还容易抱怨环境影响了自己才能的发挥，计较企业给予的职位、待遇与其才识本领不相称，动不动就摆谱、“撂挑子”、要待遇，这对企业绝非有利。而 70 分的人才，则一般较少骄躁习气，他们多数对于待遇、环境容易满足，内心很看重企业交付的信任和委托，常常有一股要与顶级人才比试身手、较量高低的念头。他们特别富有竞争激情，乐于团结合作，如果使用得法，这些 70 分人才同样能形成很有创造力的群体。

综上所述，欧洲学派通过研究非平衡态各组成部分的相干行为导致涨落，形成稳定的有序结构；美国学派把系统各元素看成是活的、有主动性的、具有适应性的个体，通过相互作用，产生涌现现象；中国学派以系统的层次观念，认为低一层次的混沌运动是高一级有序运动的基础，也就是说宏观有序产生于微观混沌基础之上。这实际上是从不同侧面来看待复杂系统，各自的着眼点虽然不同，但是对复杂系统本质特点的认识是一致的，即复杂系统具有“非线性”、“自组织”、“涌现”、“整体大于各部之和”等等特性。成思危（2000）总结出复杂系统之所以有上述特点，是由以下几个方面决定的：（1）系统各单元之间的联系广泛而紧密，构成一个网络。因此，每一项单元的变化都会受到其他单元变化的影响，并会引起其他单元的变化；（2）系统具有多层次、多功能的结构，每一层次均成为构筑其上一层次的单元，同时也有助于系统的某一功能的实现；（3）系统在发展过程中能够不断地学习并对其层次结构与功能结构进行重组及完善；（4）系统是开放的，它与环境有紧密的联系，能与环境相互作用，并能不断向更好地适应环境的方向发展变化；（5）系统是动态的，它不断处于发展变化之中，而且系统本身对未来的发展变化有一定的预测能力。

当我从创造角度接近复杂系统时，无论是“整体大于各部分之和”、“非线性”，还是“自组织”、“涌现”等等特性都集中在一个焦点上，即复杂系统具有创造能力，创造是复杂系统的根本特征。之所以出现“整体大于各部分之和”，就是因为系统产生了创造，在整体层面上新特性出现了。

之所以“非线性”，就是因为各组成部分相互作用，创造了无法预测的结果。“涌现”就是不断冒出新特性，创造不断产生。“自组织”说明系统本身就是创造的主体，用不着上帝或人给它发指令，系统自己能够组织、能够创造。

随着我把目光转向人类自己，便有了一个全新发现，人同样是复杂系统。这一发现一下子消除了我过去对人的神秘感，人为什么会有思维？能创造？其根本原因就在于组成人脑复杂系统的各个神经相互作用，产生了涌现特性，这种特性恰恰是在整体层次上产生，是把每一根大脑神经的特性搞明白后也不能认识的。而人的创造就是将人脑涌现特性付诸实现的结果。

研究至此，创造对我已不再神秘，创造并非人类所特有。只要是复杂系统，就会有创造，创造是复杂系统的本质特征。我想起心理学上的一句名言“人人都具有创造力”，可是心理学没能说明为什么，我想我找到了答案，即人人都是复杂系统。放眼望去，宇宙为什么会从无序到高度秩序演化？生命为什么会从简单到复杂进化？人类社会为什么会从低级向高级发展？最根本的原因在于它们都是复杂系统，创造是它们最本质的特性，没有创造就没有一切！

三、复杂系统为什么能创造

确定了复杂系统与创造的关系，也就明确了要研究创造就必须研究复杂系统，那么复杂系统为什么会出现涌现特性？复杂系统为什么会是非线性的？产生创造的规律是什么呢？等等问题便接踵而来，涌入我的脑海，我感到如果不搞清这些问题，关于创造的研究就无法深入。然而，当我翻阅大量关于复杂系统文献后发现，这正是复杂科学研究的前沿课题，目前尚无定论，没有现成理论可以直接应用。下面是我从能量转化、多样性相互作用以及适应性这三个方面进行探讨的感悟。

1. 能量转化、聚集与膨胀

众所周知，能量是宇宙万物运动的根本动力和源泉。现在更进一步的认识是，“能量是宇宙乃至整个大自然的一切存在对象的本原，是最为基本的存在形式”（高隆昌，2004，第 88 页）。也就是说，我们所能见到的一切物质结构，比如岩石、树木、水以及人和动物的躯体等等都是能量的不同形式。例如当原子核结构受到破坏发生裂变时，就会由重元素变成它种轻元素，或者发生聚变，由轻元素变成它种重元素时，都会产生能量的巨大变化。铀矿浓缩后能发生裂变就说明物质的结构本身也是一种能量形式。从爱因斯坦的

著名质能公式 $E = mc^2$，可以知道，能量是由物质构成的；反之，物质同样是由能量构成。这一对能量的深刻认识，导致了原子弹爆炸、核能利用等等，各个各样的能量利用形式。

根据热力学第二定律，在一个孤立系统（同外界没有物质和能量交换）内，能量向着熵增的方向发展，最终达到熵最大，即达到热力学平衡。

按照这一理论，对于宇宙这个孤立体系的发展方向，必然是向着熵增的方向、向着无序的方向发展（实际上熵就是无序的程度），最终达到热力学平衡，成为一片死寂。所幸的是，普利高津的耗散结构理论让人们看到了一丝希望，他发现，有一类很重要的体系，在远离平衡条件下，体系中出现了以时空相干行为为特点的物质状态，他把这种状态称为“耗散结构”，这种结构通过在非平衡条件下能量和物质的交换而形成和维持。这个理论的主要结论之一是，认为存在显示出两种行为的一类体系；在一种情况下趋向最大的无序状态，而在另一种情况下有相干行为。有序的破坏总是发生在热力学平衡附近（普利高津，1998b）。

在复杂系统中，这种“耗散结构”实际上就是生命形式，在非平衡条件下生命通过与环境进行能量和物质交换而阻止了熵增，并发展为有序。这里的关键是所谓“相干行为”。从能量角度看，相干行为就是能量的转化与储藏，孤立系统之所以趋向最大的无序状态，关键就是其能量无法转化和储藏，因此随着能量不断消耗，体系趋于热力学平衡，趋向无序状态。

生命的出现，其本质是能够转化、储藏和有效利用能量，生命将太阳能转变为化学能，一方面促进自身生长，用于自身消耗；另一方面将多余能量储藏起来。随着转化利用储藏太阳能生命形式的迅速扩大，这种具有新功能（将太阳能转变为化学能）的耗散结构就改变了原有的地球环境，局部改变导致整个宏观空间结构的改变，这又反过来决定未来涨落的范围。根据耗散结构理论，功能、空时结构和涨落三者的循环相互作用，是理解进化的基础（图 3-1）。

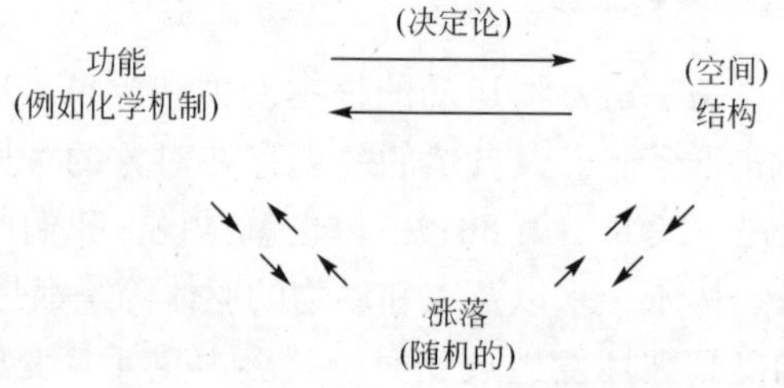

图 3-1　功能、空时结构和涨落三者的循环相互作用图

从创造角度看，生命形式的出现就是系统最大的创造。它改变了系统的功能，使得系统具有了能量转化和储藏的能力，从而也改变了系统空时结构，在此基础上进一步创造实际上就是能量利用形式发生改变。由于能量转化与利用方式变化，导致系统出现层次结构。在生态系统中表现为能量金字塔，绿色植物通过光合作用吸收太阳能转化成化学能，并将能量固定在植物体内，食草动物吃植物后，能量也随之流入动物体内，食肉动物捕食食草动物后，能量流入食肉动物体内，最后能量流入最高层（塔顶）人体内。能量沿着绿色植物→食草动物→一级食肉动物→二级食肉动物等逐级流动，这就形成了生态系统能量的各种层次结构（图 3-2）。通常，后一层次获得的能量约为前者的十分之一，也就是说，在能量流动过程中，大约十分之九的能量损失于各营养级的新陈代谢活动，这被称为“十分之一定律”。

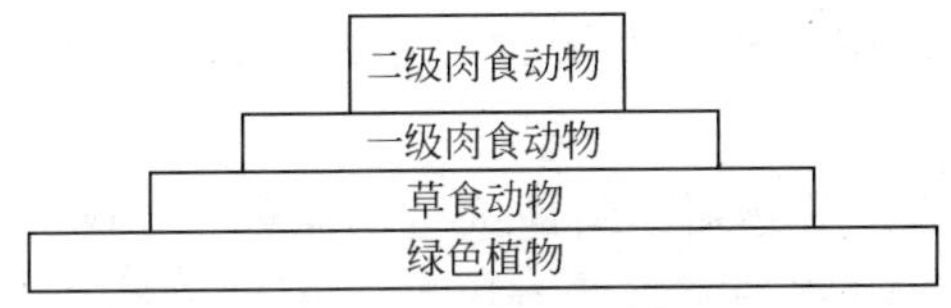

图 3-2　生态系统能量金字塔模式图

由于能量层次的出现，使得生态系统由简单向复杂演化，层次越多，系统越复杂。但是，因为十分之一定律，一般食物链的层次不超过四级或至多五级。而且，生态系统中能量流动是单向的，能量以光能形式进入生态系统，以热能形式从各层次食物链消耗到环境中，食肉动物从食草动物获得的能量不能返回给食草动物，同理，食草动物从绿色植物获得的能量也不能返回绿色植物，能量单程流动，只能一次流过生态系统，并按前进方向流动，是不可逆和非循环的。

由此，我推导出这样一个结论，即能量经转化和聚集（储藏）为耗散结构（复杂系统）形成奠定了基础，随着能量利用方式发生变化，系统形成能量的不同利用层次（能量金字塔），能量层次结构又受到能量利用效率制约，十分之一定律使得能量层次不超过 4 ～ 5 层。因此复杂系统的涨落程度、涌现特性或者说创造能力，就必定受制于能量状况。能量影响创造力便是我得到的一个重要结论。

对于一个有机体而言，到底需要转化和聚集多少能量才能算够用？对此，生物自己无法估计，而生物对这个问题的解决方法则是不停地转化和聚集能量，无限膨胀便是生物适应环境的策略之一。因为能量如流水，单向、不可逆地流动，太阳能处于不断地消耗过程中。所以，生命——这一自组织，从起源开始就和能量的转化、利用、储存和做功紧密相关。关于自组织，哈肯

（1988）给出的定义是："如果一个体系在获得空间的、时间的或功能的结构过程中，没有外界的特定干涉，我们便说该体系是自组织的。这里'特定'一词是指，那种结构或功能并非外界强加给体系的，而且外界是以非特定的方式作用于体系的。"对此，圣菲研究所的斯图亚特·考夫曼（2004）把自组织（他称为自主主体）定义为是能够繁殖而且能完成至少一个热力学功循环的自动催化系统。他以卡诺循环为例，在获得机械功时，系统就包含了有组织的热能的释放，整个卡诺引擎就是一个总的组织，它随时准备接受热能的再一次输入，并准备完成另一个功循环。这的确是一个深刻的见解。由此，可以认为，自组织实际上就是一个能量循环组织，其中功的组织是最根本的，也是最核心的。能量是自组织形成的根本条件之一，在生命组成的能量和物质中，物质可以变化，而能量则无法替代，没有能量任何系统都无从谈起。因此，生命或自组织在形成和发展过程中，必然要遵循自然界有关能量的法则。

自组织一旦形成，就必须不断地进行功循环，不断地转化、储存和利用能量，才能保证自组织处于远离平衡状态，处于有序状态。一旦能量循环停止，自组织便进入热力学第二定律的范围，不断地向熵增方向发展，最终达到平衡，达到无序状态，生命也就停止了。所以，不停地做功循环，便成为自组织或生命的标志。那么，自组织无限做功的结果自然便是无限膨胀。这种无限膨胀体现在两个方面，一是体积膨胀，二是多样性膨胀。从单细胞生物开始，有机体体积就在不断地增大，陆地上早已灭绝的恐龙和海洋中的鲸都达到了动物的最大体积，据估计，一只最大的霸王龙，体积起码相当于3只大象，一只马门溪龙，每天进食量至少是300公斤。植物方面，分布在北美的红杉树，高达100多米。但是体积膨胀受到自身结构和生存环境制约，达到一定程度后就会停止再增长，红杉树要不是水分和养分运输距离太长受到限制，还会无限地增高。而多样性的膨胀，则没有止境，至少从现阶段来看是如此。一方面是数量增加，另一方面是种类扩大，以植物为例，无论何种植物，只要给予它适宜的生长条件，如果没有限制，它将占领所有适合于自己的生境。

例如，紫茎泽兰是一种多年生草本或亚灌木，原产中美洲，可有性和无性繁殖，每年可产瘦果1万粒左右，随风传播。而且根状茎发达，可依靠强大的根状茎快速扩展蔓延。它还能分泌化感物质，排挤邻近多种植物。1935年经缅甸传入我国云南南部，随后一路北上，侵占一切可以侵占的领地，于20世纪70年代末传入四川凉山州，目前正以每年30公里的速度向北、向东扩散蔓延。它常形成单优群落，排挤本地植物，影响天然林的恢复；还侵入农田和经济林地，影响栽培植物生长；堵塞水渠，阻碍交通；并且全株有毒，危害畜牧业。为此，凉山州政府专门下发红头文件，并通过广播、电视和报纸广泛宣传动员，层层建立专门工作班子，将防除任务落实到乡、村、农户和机关单位，采取了人工挖除、生物防治、化学防治和工程防治等措施，但是都未获成功。据估计，在不到10年的时间里，除了海拔2500米以上的严寒地区外，凉山州其他地方都有紫茎泽兰的危害（李振宇等，2002）。

不仅紫茎泽兰，我们常见的许多所谓的杂草，都具有种种无限扩大的繁殖能力。小小一株草，每年能产成千上万粒种子，成熟以后随风飞舞，能传到很远的地方。如果没有相应制约，任何一种植物都能把地球上适合它生长的地方全部覆盖。好在种类不断增加也是生物无限扩大的一个方面，随着种类增加，各种生物之间便出现了相互依存、相互制约的相互作用关系。因此，物种多样性制约了每个物种无限增长的趋势，使每个物种的数量处于一种相对稳定的状态，但是，一旦这种制约机制解除，生物的无限增长能力就会表现出来。

总之，由于能量的流动性、单向性、不可逆性，自组织要保持自身有序状态，就必须不停地进行能量转化、聚集，进行功循环，自组织无限膨胀就成为必然结果。斯图亚特·考夫曼（2004）认为应该有一条热力学第四定律，其中“以自组织临界方式向相邻可能的膨胀”可以作为候选定律之一。这种无限膨胀，在我看来便是自组织或生命等复杂系统无限创造力的源泉和动力。

2. 多样性及其相互作用

找到了能量转化、聚集和膨胀是复杂系统创造的源泉和动力，那么这种创造是如何实现的呢？多样性及其多样性之间的相互作用，就是复杂系统创造的重要条件。多样性既是复杂系统创造的结果，又是复杂系统创造的条件。多样性既是果又是因。这种看似矛盾的循环解释，恰恰说明了复杂系统的“自组织”特性。这实际上也是一个循环过程，初始条件经创造后，条件随之也改变，创造结果不断变成创造条件，犹如滚雪球一样，越滚越大。多样性之间的相互作用，使复杂系统创造成为可能。从系统角度来看，复杂系统产生创造也就是整体新特性的涌现，而整体特性涌现则是组成整体各部分相互作用、相互制约的结果。

多样性起源于什么呢？当然我们不能简单地说，多样性起源于多样性，这等于什么也没说。对此，斯图亚特·考夫曼（2004）的答案是对称性破缺，他假定有一根杆垂直于地平面上，在某个时候，它会受引力的作用倒下；

在倒下之前，它所能倒下的各个可能的方向围成了一个圆圈，一旦它倒下去了，它便指向了某个特定的方向。正是因为倒下，使得杆打破了系统圆形对称而有了一个特定的取向。“随着对称性的破缺，物质和过程的种类也增加了，随着其种类的增加，成对的物质和过程的多样性就会大致以多样性的平方增加。因此很有可能是特殊的自发过程与非自发过程以各种方式联系起来，捕获了自发过程的能源，然后这些能源又以受限制的方式流向非自发过程，从而产生了各种新奇结果。在这些新奇的结果中也包含了能够测量能源的新结构的构建。而在其他结果中，则会有新奇的非平衡能源的产生以及能与这些能源耦合的结构和限制的产生。反过来，这种耦合和限制又引导能量以某种特定的方式释放，而能量的释放可以形成功，通过做功又可构建更加新奇的能源、测量结构、耦合和限制。简而言之，这就是不断多元化，不断构建结构和过程，不断传播和完善组织的宇宙。”（斯图亚特·考夫曼，2004，第106页）

对称破缺实际上是构成复杂世界的一个重要原理。从宏观上来理解，对称概念很广泛，有几何图形对称，有修辞含义对称，例如正负、男女、阴阳、黑白、战争与和平等等，《现代汉语词典》对“对称”的解释是：“指图形或物体对某个点、直线或平面而言，在大小、形状和排列上具有一一对应关系。如人体、船、飞机的左右两边，在外观上都是对称的。”可是从客观意义上讲，任何两个事物的对称比较关系都是多元的，也就是说是多因素、多维的，外观对称并不等于内部结构也一一对称，形状对称并不等于大小也对称，例如人的左右手、左右眼就不一样大，这就是对称性破缺。所以从科学角度，完全对称是相对的、有条件的，而不完全对称——“对称破缺”才是绝对的、无条件的。

从微观上来看，关于对称破缺的理解经历了艰苦努力。1956年杨振宁、李政道先生对“宇称守恒定律”（微观粒子在演化前后其宇称总量不变，所谓“宇称总量”是指微观粒子的波函数经对称变换后是否改变符号分别赋予的+1，-1量）发起了挑战，提出“宇称守恒的破缺”。经过吴健雄实验验证，微观粒子在弱相互作用中是不完全对称的，具有破缺性。这一发现的重大意义在于，“破缺”不仅在宏观上存在，而且在构成物质的微观粒子上也存在，这说明一切物质都存在“破缺”。由基本粒子世界产生的任何一点“破缺”将导致整个物质世界的相应“破缺”。这就是多样性的根源。

“破缺”听起来很玄乎，但我理解，多样性产生于差异，没错，就是差异！这一简单而普通的现象。当我们每个人放眼四方，你必定会看到差异，可以说差异无处不在，差异无时不有。李政道先生在参观西安博物馆时，看到汉代竹简文中，将“左右”写为“左[illegible]”，颇受启发，有感而赋诗一首：

汉代[illegible]系镜中左，近代反而写为右；

左右两字不对称，宇称守恒也不准。（李政道，2000，第 147 页）

我们知道，物质的性质取决于构成粒子的能量和密度，而宇宙中许多演化过程表现为物质从某一状态跃迁为另一状态，在某一具体状态下物质的丰度随着时间而变化，这各种各样的状态正呈现出宇宙的演化。在最初始时，物质处于原始火球状态，原始火球的膨胀、引力收缩、强作用和电磁作用，使粒子处于不同的温度和能量状态，从而形成所有的其他物理状态。宇宙从大爆炸开始，就一直处于非平衡态，就存在能量和密度的差异，大爆炸中心的能量、密度和边缘肯定存在巨大差异，这也就出现有的部分在膨胀，而有的部分在冷却。伴随着差异，或称一系列对称性破缺，从而分离出了四个基本力，产生了夸克胶子汤，而夸克胶子汤冷却后就形成了其他基本粒子，然后是原子、简单分子、引力块、银河系、巨分子云以及第二代恒星等。可以说是因为有了差异，才会形成今天这样的宇宙。差异环境下形成的物质，其差异同样十分明显，以宇宙中物质的密度范围来看，高密度物质和极稀薄物质的密度相差 40 多个数量级，宇宙中巨大体系的平均密度是 $10^{-28}kg/m^3$，而中子星内部的密度高于 $10^{17}kg/m^3$（李宗伟等，2000）。再比如我们天天打交道的天气，地球生物圈这变幻无常的天气和气候，虽然已经有了运算能力为每秒几十亿次的巨型计算机，但是我们仍然无法准确预测一周以后的天气情况。其主要原因就是天空中无处不在的气压差异，导致气流变化无常。

前面指出，自组织在形成过程中以及形成后，就必须不断地进行功循环，不断地转化、储存和利用能量，才能保证自组织处于远离平衡的状态，处于有序的状态。自组织所做的功实际就是受限制的能量释放，但同时又得消耗功来构建限制。以植物为例，植物生命过程是叶子里的叶绿素利用太阳能生产碳水化合物，将太阳能转化为化学能，碳水化合物被用于植物生长，这个过程便是做功，其结果便形成植物的结构也就是根、茎、叶。这一做功的过程就是将叶绿素转化所得的能量进行释放的过程，这个过程不是随意的，而是受限制的，这种限制也就形成了各种植物结构，特定的结构就是特定的限制，这些结构又对能量转化产生影响，能量转化状况又反过来影响结构，这又是一个循环过程。这一过程的每个环节都受到差异的影响，每个植物所处位置与其他植物都存在差异，这种差异体现在接受太阳能的大小、温度差异、水分差异、二氧化碳浓度差异、生长空间受限制程度等等。这些差异通过影响叶绿素转化能量的多少，能量释放时的受限制程度等，影响植物形成时的结构，结构不同也就有了多样性，微小的差异不断积累、放大，产生变异，达尔文的新种也就产生了。千姿百态的物种便构成了地球生物圈的物种多样性。

差异产生了多样性，多样性的相互作用为复杂系统创造提供了条件。生态系统的生态位就是这样被循环地创造出来的。生态位（niche）最早是J·克利莱尔（J. Grinel）于1917年提出来的，指生物种群所占据的基本生活单位。简言之，生态位说明物种在什么位置、什么时间以及如何与其他物种进行竞争（Spurr, 1980）。它有两层含义，一是对生物个体或种群来说，它在种群或群落中的地位与功能，包括空间、时间、营养及其他生物个体或种群的相互关系；二是环境所提供的资源谱和生物对环境的生态适应度。由此可见，对于物种而言，生态位本身就是一个差异极大的生存空间，从空间位置差异看，有垂直空间差异和水平空间差异，从时间看有长期和短期的差别，从功能上看，物种之间形成不同的相互关系。根据以上阐述，这些差异必然形成生物多样性，而生物多样性的产生又促进生态位进一步分化。根据研究发现，在自然生物群落中，如果两个种在同一个稳定的群落中占据了相同的生态位，一个种终究将消亡，所以在一个稳定的群落中，物种之间趋向于相互补充方向发展，而不是直接竞争，只有这些种在生态位要求上不一样，才减少了它们之间的竞争，从而保证生物群落的稳定。因此群落就是一个相互起作用的、生态位分化的种群系统，这些种群在它们对群落的空间、时间、资源的利用方面，以及相互作用的可能类型，都趋向于互相补充而不是直接竞争。由此可见，生态位不是固定不变的，而是随着物种间相互作用关系而发生变化，可以说在生态系统中，每增加一个新种，与其相邻的物种间的相互作用关系随即发生变化，生态位进一步分化，生物多样性越多，生态位分化也就越丰富，而且，可能的生态位数要比实际占有生态位的物种数增加要快得多。这表明，生态位是创造出来的，一种生物为另一种或多种生物创造了生态位。

如果我们把生物多样性当成生态系统或称复杂系统的创造成果，就会发现这种创造是一种自动催化的循环过程。初始生态位差异，产生了最早的生物多样性，生物多样性又进一步促进生态位分化，更多的生态位为更多的多样性提供了条件，由此不断把创造成果当成进一步反应的条件，多样性就不断增长，生态系统从简单走向复杂。因此，地球生物圈在过去40多亿年的时间里，就是被这一自动催化的循环过程所推动，创造了千姿百态的生物。所以，是多样性相互作用为复杂系统创造提供了条件。

3. 适应性

Drake, J. A. （1996）根据耗散结构理论做了一个形象的比喻；一粒粒沙子（或者说生物上的种）组成沙堆（群落），当达到某一个关键点或阈值后，再加一粒沙子便会造成沙的坍塌（物种的灭绝）。如果在沙堆中加水，便会增加沙粒之间的凝聚力，水起到集合胶的作用，使沙堆在达到新的阈值点之前能够到达更大的反应角度。与此类似，一个高度集合的系统将能够容纳更多的物种（沙粒），而凝聚力（胶）的消逝将意味着物种的灾难性丧失。所以，集合度的增加和降低，以及反应的机制与结构，是生态系统组织和持续的基础。

从生态系统角度来看，每增加一个新物种，就相当于在沙堆上增加了粒沙子，不管是在沙堆里加水或是胶，凝聚力虽然增强，能够容纳的沙子更多，但随着沙子增加，总会达到一个最大容纳量的阈值，这之后就会出现沙堆坍塌现象。生态系统同样如此，随着生态位不断分化，生物多样性不断增加，同样会出现一个最大容纳量阈值，随之而来是物种大量灭绝。从地球生物圈进化的 40 多亿年中，生物大量灭绝事件已发生过多次，大约每隔 2600～2800 万年，生物界就要发生一次大规模的物种绝灭（沈银柱等，2002，第 210 页）。据推测多是环境剧变所致。实际上这反映出适应性问题，是物种在同环境的相互作用中，生物不能适应剧烈变化环境而付出的代价。可是，从另一个角度来看，旧物种灭绝为新物种产生创造了条件。

从创造角度来看，复杂性起源于创造，复杂系统是创造的产物。而创造则是在能量推动下，因差异导致运动和变化而出现初期多样性，多样性又相互作用产生更多的创造。可是这些创造出来的东西能否保存下来，则取决于适应性。系统适应过程实际上就是多样性相互作用过程，它以不断分化和融合的形式表现出来。

（1）专门化

生态系统中，随着物种多样性增加，生态位分化就越细、越窄，物种适应性也就出现专门化趋势。所谓自然选择，实际上就是适应性专门化。生态位分化→物种多样性→生态位进一步分化，这一自动催化过程，带动物种向专门化方向发展，物种适应性变得越来越窄，越是专门化，物种间依赖性就越强，相关性就越复杂，使得整个生态系统向复杂化发展。

一个典型例子就是，由蚂蚁或蜜蜂组成的社会将这种专门化推向极致，个体已成为确定实行某种行为的机器。例如，大多数蚂蚁群起源于一个交配后的蚁后，它在合适的土壤下挖出一个单室形态巢穴，把自己藏在里面，然后就产下第一批工蚁。蚁后的任务就是产卵，其能力向产卵方向发展，只要交配一次就能终生产卵，在温度适宜时，每天可产 1000 个卵，一年大约 30 多万个，其寿命在 10～20 年。其他工作如建立巢穴、喂养幼蚁等均由工蚁完成（Jack McClintock，2005）。工蚁的能力向干活方向发展，不仅能够举起比自身体重重得多的物体，而且计算本领也十分高超。英国科学家亨斯顿做过一个有趣的实验。他把一只死蚱蜢切成三块，第二块比第一块大一倍，第三块比第二块大一倍，然后将其放在蚂蚁出没的地方。在蚂蚁群发现这三块食物 40 分钟后，聚集在最小一块蚱蜢处的蚂蚁有 28 只，第二块有 44 只，第三块有 89 只，后一组差不多都较前组多一倍（纪江红，2004）。

与生态系统相类似的是人类社会中科学发展的过程，在古希腊哲人那里，科学还是尚未分化的一个整体，希腊哲学家是以整体眼光来看世界，正如恩格斯指出的："在希腊人那里——正因为他们还没有进步到对自然界的解剖、分析——自然界还被当作一个整体而从总的方面来观察。自然现象的总联系还没有在细节方面得到证明，这种联系对希腊人来说是直接的直观的结果。这里就存在着希腊哲学的缺陷，由于这些缺陷，它在以后就必须屈服于另一种观点。"但随着科学的不断进展，人类逐渐深入认识客观世界的各个局部和细节，力学、天文学、物理学、化学、生物学等科目逐渐从包罗万象的哲学中分离出来，并日益发展，形成独立的学科。这就是科学生态位的分化，造就了科学的多样性，而科学多样性又进一步促进科学生态位分化，这同样是一个自动催化的循环过程，发展到今天，科学已成为具有上千个学科的复杂体系。在这个复杂体系的形成过程中，科学家的适应性也在向专门化方向发展，科学家从事的领域越来越窄。在希腊哲学家那里，一个人便可掌握所有的科学知识，文艺复兴时期以达·芬奇为代表的一大批杰出人才，更是在多个学科门类都展现了非凡的才华。而到现代，这样的人已是凤毛麟角。这不是当今世界的能人减少了，而是科学多样性增加，科学生态位极度分化，科学家适应性专门化的结果。

社会结构也同样经历这样的分化，"在原始社会中，每个成员几乎可以完成他与全体有关的一切预期的事情，在高度分化的社会每个成员被确定于某一行为或某些行为。"（贝塔兰菲，1987）社会经济中，从简单到复杂过程十分明显，经济生态位不断分化，商品和服务多样性不断增长，把今天北京街头各大超市的商品数量同 25 年前百货公司的商品数量作一个对比，把现在的行业数量同几十年前的对比一下，我们会惊叹数量增加如此巨大。而各行业从业人员的行为却变得越来越专一。

但是从整个复杂系统角度看，系统却随着生态位分化和多样性增加而变得越来越复杂，系统中每一个元素的适应性却越来越专门化。由此出现一个此消彼长的关系，系统越复杂，元素的适应性越是分化；元素适应性越分化，系统又更进一步复杂。在如此循环过程中，我们看到一个现象，创造是由于把原先统一的行动细分化为专门的各部分的活动而实现的。创造来自分化。贝塔兰菲（1987）把这种现象称为“逐渐机械化”，即原来处于整体状态的系统，扰动将导致系统进入一个新的平衡状态。但若系统分解为各个因果链，这些过程便独立进行。机械化增加是指元素更加决定于只决定于他们自己的功能，结果就失去了整个系统中由于相互作用而产生的可调节性。各部分越是以某种方式专门化，它们就越不能替代，这些部分的损失就可能导致整个系统瓦解。

分化是适应性专门化的结果，这在自然界是十分普遍的现象。一般说来，有机体更倾向于适应特别的生态位，成为这一生态位的“专家”，而且自然选择也对这种专门化适应方式更有利。但是，专门化带来的创造，多是在同一个层次而产生变化，不能完全解释生命这个复杂系统为什么会从简单向复杂，由低级向高级不断发展。高层次性是如何出现的呢?

（2）自组织系统化

创造同样来自融合和自组织。我们看到在生态位越来越分化的过程中，系统变得越来越复杂。系统复杂性来自于各元素的不断分化，不断创造。但是对于各元素而言，分化的结果是专门化和单一化，也就是说变得越来越简单，可是这与生命的进化不相符合，对于生物圈这个复杂系统来说，不仅系统越来越复杂，而且其中的元素或个体也越来越复杂，如果分化是创造的唯一方式，那么生命个体从简单向复杂，从低级向高级的现象如何解释?

问题进一步深入，我发现专门化现象的前提是在系统已经存在的情况下发生的，那么系统是如何形成的呢? 更高层次的创造是如何出现的?

根据自组织理论，生命现象、生态系统、社会等等都是自组织的结果，是通过大量因子相互作用，出现涌现特征，形成自组织系统。这是一个从无系统到有系统的过程，一个无组织到有组织的过程，一个组织程度低到组织程度高的过程。哈肯于1977年在普利高津耗散结构理论基础上，创立了协同学自组织理论，认为复杂系统是由大量子系统组成的。这些子系统可以是电子、光子、原子、分子、细胞、植物、动物、机器的部件、工厂的车间，甚至社会团体。系统有序结构的出现，关键不在于热力学平衡还是热力学不平衡，也不在离平衡有多远，关键是在一定条件下，由于系统之间相互作用和协同，使系统形成空间的、时间的和功能的有序结构。也就是说系统的开放性只是产生有序结构的必要条件，而非线性则是有序结构的基础，只有子系统之间的协同性才是产生有序结构的直接原因（杨士尧，1986）。这个自组织包含了三个本质上有区别的过程：第一过程，是从非组织到自组织，是从混沌的无序状态到有序的演化，它意味着组织的起源；第二过程，由组织程度低到组织程度高的过程演化，是一个组织层次跃升的过程，是有序程度通过跃升得以提升的过程，是更高层次的创造；第三过程，在相同组织层次上由简单到复杂的过程演化，标志着组织结构与功能在相同组织层次上从简单到复杂的水平增长（吴彤等，2000）。

所谓自组织系统化是指复杂系统是由大量子系统组成，系统之间既有平行关系，也有层次关系。在同一个系统内部，进行着如上面所述的专门化的功能分化，系统自身越来越复杂，这是同一层次或向下层次的创造。而子系统之间进行着相互作用和协同，出现涌现现象，形成在空间上、时间上和结构上的有序结构，这是向上一层次的创造。这种创造推动系统从低级向高级发展。在这一自组织系统化过程中，存在以下几个特点：

第一，各个系统均是开放系统，具有物质和能量交换。

第二，层次性是复杂系统的基本特征之一，系统越是复杂，层次就越多。每个系统既有自己的子系统，同时又成为更上一个层次系统的元素，系统具有层次性，没有任何一个开放系统独立于其他系统，因此，系统在创造过程中，既有内部专门化的向下的创造，又有系统之间相互作用和协同而涌现出非线性特征的向上创造。

社会系统在创造活动方面也同样表现出明显层次性。从个体、群体、行业、国家，地区，乃至人类社会，层次逐渐上升，范围逐步扩大。层次与层次之间具有本质区别，群体不是个体简单组合，一旦多个个体组成一个群体，就会形成群体心理，其行为方式便和个体完全不同。个体一旦加入群体，自己的行为方式也会发生改变，甚至产生判若两人的感觉。

层次又具有相对性，对于社会系统而言，群体是一个局部，是社会创造活动的一个元素。但是对于个体而言，群体又是一个系统，具有独立进行创造活动的功能。而且个体在创造活动中本身就是一个系统。社会系统就是这样由不同系统分层次形成的，每一个系统，每一个层次都有其特殊地位、特殊规律、特殊内容，它们之间是相联系的，但并不能相互完全包容（陈禹，2000）。从社会创造活动就可以看出，各层次都可能产生创造，既有个体创造，也有群体创造、行业创造，甚至国家创造。

第三，系统不可各态历经性。上面分析了创造来自分化的过程，我们现在讨论的自组织系统化则正好相反，创造来自多元素经相互作用形成的融合、组合。但是系统在复杂性层次上是不可各态历经的。简言之，系统的创造不可能等到所有可能的组合出现后，再来选择最佳组合。斯图亚特·考夫曼（2004）甚至把“宇宙的不可各态历经性”作为他发现的宇宙新定律的候选。他以长度为200的所有可能的蛋白质的数量阐明了这一特性。“蛋白质是由

20种氨基酸以不同的编码组成的，将200种氨基酸组成线性链，就可得到长度为200的蛋白质。因此在200个位置上，每一个都有20种选择，那么长度为200的可能的蛋白质的数量就是20^{200}，相当于10^{260}。而现在的宇宙中可估计到的粒子数大约是10^{80}。这样，不考虑粒子间的距离，在任意时刻可发生的成对粒子的碰撞的最大数目是粒子数的平方，即10^{160}。最快的快速反应发生在飞秒层次上，即10^{-15}秒。这样，以140亿年前的大爆炸为起始时间，可发生的成对碰撞和反应的数目是10^{160}乘以爆炸以来的飞秒数10^{33}。于是即使在飞秒的时间标度上，总的反应数也不会超过10^{193}。尽管这已经是一个非常惊人的数字了，但相对于长为200的可能的蛋白质的数量（即10^{260}）而言，10^{193}近乎是一个无穷小量。简而言之，自大爆炸以来，宇宙没有足够的时间来创造长度为200的所有可能的蛋白质。事实上，仅创造一次长为200的所有可能蛋白质的时间等于可能的蛋白质与宇宙寿命内所发生最大反应数之比，相当于10^{67}倍于宇宙的寿命。”

同样，社会系统也不可能把所有可能的社会制度都经历一遍以后才来选择。

第四，系统的创造具有对初始条件的敏感依赖性。既然系统不可各态历经，那么系统在进入相邻状态时具有混沌特性，这种混沌特性的基本性质就是“对初始条件的敏感依赖性”。早在20世纪初，法国数学家庞加莱（J. H. Poincare）因在理解n体问题以及相关动力学的基本问题中的突出贡献而获得奥斯卡国王奖。他从动力系统和拓扑学的全局思想出发，指出可能存在混沌特性，从而成为世界上最先了解存在混沌可能性的人。数学家是从数学角度证明，在某些函数或方程中，微小变化，经过多次迭代后，便会出现不可预测的巨大变化。这种现象对于数学来说，无异于潘多拉盒子，至少在100年前的数学家是无法认可的，因为对于数学而言，只要有了初始条件，就能预测其未来，计算出最终结果，而混沌现象则是看似简单的行为却不可预测其长期行为。所以，庞加莱是偶然打开了这个潘多拉盒子，发现了其中的秘密，但是他个人的哲学观不容许他继续探索下去（迪亚库等，2001）。随后的进一步研究发现，混沌特性是系统的普遍现象，不仅数学、物理、化学中存在，而且在气象系统、生态系统，甚至社会系统也存在（张建树，1998）。

最经典的例子是美国气象学家洛伦兹的“蝴蝶效应”，他在研究气象模型时发现，在一组特定的方程组中，小误差会引起灾难性的后果，由于计算机存储量的限制，他把数据精确到1/1000，然而就是这看似微小的差异，却可产生完全不同的两套天气变化系统，他因此指出，在气候不能精确重演与长期天气预报者无能为力之间必然存在着一种联系，这就是非周期性与不可预见性之间的联系，一串事件可能有一个临界点，在这点上，小的变化可以放大为大的变化。1972 年，洛伦兹在美国科学促进会上发表演说，把混沌系统对初始条件的敏感依赖性做了形象比喻，在巴西的一只蝴蝶翅膀扇动所引起的气流变动，有可能会在美国得克萨斯引起一场龙卷风（詹姆斯·格雷克，2004）。实际上，中国人对此也早有认识，“失之毫厘，差之千里”就是最好的总结。

由于复杂系统具有对初始条件敏感的依赖性，才为复杂系统创造提供了不竭源泉，因为微小差别无穷无尽，当差别处于临界点时，就可以被放大，这一放大的结果经多次迭代，也就是被各级系统反复强化，最终出现系统的创造结果。这其中一个重要原因是自组织系统化，即自组织复杂系统是由无数个子系统经多层次组合而成。在系统运行中，最低一级子系统受微小差异的影响产生变化，当然这种变化很多，但是大多数微小差异产生的变化都可能被系统的自动调节功能所调节，使系统恢复到原来的平衡状态，然而，如果这一变化发生在临界点上，则被固定下来，在子系统结果中表现，子系统的结果又成为上一级系统的初始条件，进入系统进行反应……就这样不断把初始条件变为结果，结果又成为初始条件，反复加强，逐级放大，就可能将最初不起眼的小变化，放大为无法预测的大变化，复杂系统的重大创造也就随之而产生了。

1919 年 5 月，当中国共产党的创始人之一李大钊先生以《我的马克思主义观》一文在《新青年》上将马克思主义介绍到中国的时候，那的确是一件小事情，因为当时介绍和宣传的各种主义内容极其庞杂，除了马克思的科学社会主义外，还有施蒂纳的“无政府主义”、浦鲁东的“社会无政府主义”、巴枯宁的“团体无政府主义”、克鲁泡特金的“无政府共产主义”和“无政府工团主义”；有武者小路实笃的“新村主义”、欧文等人的“合作主义”和托尔斯泰的“泛劳动主义”，以及潘蒂等人的“基尔特社会主义”，还有伯恩施坦、考茨基的“议会主义”等等（北京师范大学历史系，1983，第 29 页）。可谓主义满天飞，在这种情况下，多一个主义，少一个主义，并不是一件大不了的事情。倒是“主义”太多反而让人不免有些担心，以至于胡适不得不撰文，提倡“多研究些问题，少谈些‘主义’”，并指出：“现在舆论界大危害，就是偏向纸上的学说，不去实地考察中国今日的社会需要究竟是什么东西。”（胡适，1998，第 324 页）可就是这一件小事，却发生在了中国历史的临界点上，改变中国现代史走向的五四运动正好在这时发生，这是一个从旧中国走向新中国的起点，人们的思想已经打开，正在急切寻找适合中国的道路。随后发生的中国共产党成立、红色革命根据地建立、长征、遵义会议、抗日战争、解放战争等等一列事件，将李大钊开创的这件小事逐级放大，最终演变成中国革命，中国共产党夺取政权，永远改变了中国的历史发展轨迹。

对于这一结果，在事情刚刚开始的时候，李大钊肯定没想到，胡适更没想到，这就是社会创造中对初始条件的敏感依赖性。在临界点，看似不起眼的小事，却能引发天大的大事。这表明社会创造中一切都是相互联系，其关联敏感性到达令人吃惊的地步，在适当条件下，小事会改变整个系统的发展方向。这也可以看出社会创造结果的不确定性或不可预测性。

第五，我认为系统还具有测不准关系。复杂系统具有无法精确预测其发展方向的特点，这一方面是由于复杂系统具有对初始条件敏感依赖性所决定的；另一方面，从物质构成的微观层次上看，构成复杂系统的基本粒子本身就具有不确定性关系，即微观粒子的位置和动量不能同时被精确测定（曾谨言，2003，第 12 页）。发现这一关系的海森堡说："粒子的位置测定得越精确，它的动量就知道得越不精确，反之亦然。"有人形象地把这一关系比喻为：一个人可以用左眼看世界，也可以用右眼看世界，但是，当他睁开双眼时，他就会头昏眼花了。由于不能同时精确测定粒子的位置和动量，人们所能做的仅仅是谈论几率，例如，在适当的实验条件下于某个位置找到粒子的几率，或者说发现粒子速度为某一值的几率是多少（高山，2004，第 47 页）。因此，由基本粒子构成的复杂系统同样带有其不确定关系的性质。

所以，自古以来，人类虽然在预测复杂系统发展方向上尽了最大努力，但是其预测的精确度仍然不高。例如我们现在仍然无法准确预测长期的天气情况，更无法准确预测一个人一生的发展状况。虽然如此，但是人从来就没有放弃预测未来的理想。

中国古代的《易经》就是一本试图预测复杂系统变化规律的书，一般人都知道这是一部用来占筮、算卦的。算卦的本质就是预测未来，这在《系辞传》里说得很清楚，其目的在于求得没有灾祸，通过研究《易经》能辨凶险，使你能避免天下一切凶险，消除忧虑（雾灵叟，1989）。为了能辨凶险，就要知道事物发展的规律，《易经》的理论基础是阴阳太极理论，也就是矛盾的对立统一，世界或宇宙就是由阴阳两极不断变化而来，经过实践证明这是完全是正确的。《易经》实际上就是在这一理论的基础上，建立了一个模型，即六十四卦，三百八十四爻，来定量解释复杂系统的变化规律，也就是说要预测凶吉。这一套理论和技术，经过近五千年的检验和修正流传至今，已成为博大精深的"易学"，对中华文明产生了根本性的影响，是中华文化的重要源头。而且，现在正受到世界上越来越多科学家的赞赏和推崇。

任俊华（2001）从儒学与易学的关系看出，“儒学是借易学立论的学派，易学是靠儒学弘扬的学科。”他讲了关于孔子与易经的有趣事情。孔子在晚年勤奋学习《易》，有“韦编三绝”的故事，说孔子将《周易》随身携带，刻苦学习，这是因为孔子看到了《周易》的哲学价值，他说：“对占卦有兴趣而对文字内涵没有兴趣，那是一般老百姓沉迷《周易》的缘故。《周易》的哲学可以令刚正的人知道如何提防危险，软弱的人渐渐变得坚强起来。《周易》也可以使无谋的人不会去大胆妄为，奸狡的人去掉诡诈之心。”可以说《周易》对儒学的形成起了关键作用。

问题是，为什么《易经》用正确的理论做指导，但是其预测并不准确呢？有人估计其预测准确率大于30%。孔子说他的灵验度是70%，于是孔子在给学生讲《周易》的时候，学生让他给自己算一卦，通过六次演算，结果是贲卦。贲卦卦辞说：“亨，小利有攸往。”亨者通也，通达顺畅之意。为什么能通达顺畅呢？因为贲卦上为“艮”，下为“离”，“艮”属山，“离”属火。山为刚，火为柔，刚柔相济，所以说亨。既然亨，为什么小利而无大利呢？这是与泰卦比较说的。泰卦是六十四卦中最为吉利的卦，而贲卦与泰卦上下各相差一爻，叫做“去之不远”。所以说小利而无大利。

可是孔子不太高兴，学生子张（张师）很不理解，问道：“我听卜师们说，如果卜得贲卦，是吉利的征兆，您为什么反而不高兴呢？”

孔子回答说，都是因为下体是离的问题，离者饰也，丽也。离下艮上的贲卦，有山上有火之象。大火焚山，火光映天，使周围物件在强烈火光的照映下失去了本来的色彩。这种借火光反衬出的颜色不是画龙点睛色。色贵在正，要么纯黑，要么纯白，不能又黑又白，非白非黑。这牵涉到事物的本质，质地好的不必文饰，需要文饰的一定质地不好。所以丹漆不必另调颜色，白玉无需加工雕琢。我不需要文饰，也不喜欢雕琢。今以贲卦像我，所以使人不高兴。可见孔子对算卦的准确率不满意。

可是现代科学技术对复杂系统的预测同样不可能很准确，尤其是对最为复杂的人，人一生的发展更是无法准确预测。当然理论和技术问题是一个方面，然而，最根本原因是复杂系统具有测不准关系，无论理论和技术如何发展，都不可能完全准确、无误地预测复杂系统的变化。

（3）适应与不适应

无论是系统专门化，还是自组织系统化，实际上都是系统的适应性行为。对于一个系统而言，适应则生存，不适应则消失或被改变。这种适应方式是通过两种途径而实现的，一是专门化，即随着生态位分化和变化，系统不断专门化以适应新的生态位。对于复杂巨系统而言，这种创造是同一层次的创造，例如植物、昆虫种类的增加，商品的不断丰富，学科的细化等等。这是改变自己、适应变化的一种适应性方式。二是自组织系统化，系统化是自组织适应环境的根本方式。贝塔兰菲（1987，第 176 页）明确指出，“任何有机体都是一个系统，是一个相互作用的各部分与各过程的动态秩序”。只有形成系统，才能保证有机体能够进行物质和能量交换；才能在系统内部不断分化，形成多样性，由简单到复杂；系统的调节功能能够保证系统具有稳定的形态和功能，在系统受到一定扰动之后，能够自动调节，恢复到原来的相对平衡状态。但是这种恢复不是简单地回到与初始状态完全一样的状况，如果生命在外界扰乱之后只是简单地回到所谓的内部自动平衡，那么它就永远不会比变形虫进步，而变形虫是世界上适应性最强的东西，它从原始海洋到今天已经存在几十亿年了。好在系统化的一个重要特性是对初始条件的敏感依赖性，在临界点时，系统受影响产生的微小变化，会被系统逐级放大，最终形成大的变化，产生重大创造，从而保证自组织系统会沿着由简单到复杂，由低级到高级的方向发展。这是一种改变环境，使其适应自己的适应方式，这种创造是更高层次的创造。系统就是在这种既改变自己，又改变环境的相互作用中相互适应着。

然而，从创造角度来看适应性问题，我们会得到一个意想不到的视觉。没错，在创造的两条道路上都是适应的结果，不断专门化是为了适应，不断系统化也是为了适应，不适应就不可能保存下来，也无创造可言。可是反过来看，如果一个系统同环境达到完全适应，没有任何不适应之处时，会出现什么情况呢？结果是系统自身的特点完全消失，系统完全随环境变化而变化，自身没有必要再作任何主动改变，或者说完全按照环境已形成的规律运动就足够的了，就能达到圆满的适应，各个部分都不会再有其他不可预见的变化。一旦出现这样完全适应，其结果自然是创造消失，因为不会再出现新的变化。就以同为复杂系统的两个人，A 和 B 为例，如果 A 完全适应 B，这就意味着 A 必须在爱好、兴趣、思维方式、行为方式等等各方面都同 B 一样，才能达到完全适应，这样一来，A 就无任何创造可言，因为他同 B 完全一样了。

所幸的是，复杂系统中不存在完全适应，这是由系统能量性质决定的。因为能量是单向、不可逆的，能量在流动过程中必定会造成能量梯度，产生差异，从而造成系统运动，运动就是不适应的外在表现。运动必定造成变化，新的变化就孕育着创造，而创造又由于相对适应得以保存。因此，是由于系统对环境的不适应推动了变化，而新的变化由于重新适应了环境而成为创造。适应是相对的，而不适应才是绝对。完全适应与完全不适应之间的状态是创造产生的条件。而且，系统越是复杂，能量越高，就越不会同环境形成完全的适应。

四、复杂系统是研究创造规律的最佳切入点

复杂系统的本质特点就在于系统内各个组成部分之间相互作用，不断出现涌现特性，使得其整体大于各部分之和。换句话说，复杂系统之所以特殊，就是因为它不断地有创造，有新特性涌现。只要是复杂系统就一定会有创造出现，没有创造的系统则不能称为复杂系统。

于是，我坚定了这样一个信念，复杂系统是研究创造规律的最佳切入点。只有站在这个制高点上，我们才能抛开一切观念的束缚，淡化所有不同学科间的人为界限，找到真正适合于自然界和人类社会的创造规律。

由于复杂系统的创造机制与系统的能量特性有关，与系统内多样性相互作用有关，与通过专门化和自组织系统化的适应性方式有关，自然这三个方面也就是我们研究创造规律的关键环节。

第四章

复杂系统创造力模型

一、各种复杂系统的创造力有差别吗

当我决定从复杂系统角度开始对创造规律进行研究后，我并没有完全按照国际上流行的三个学派的方法进行研究。因为我目的很明确，是要通过找到创造规律，用来提高学生的创造力。我要解决的首要问题是创造力问题，宇宙和生命既然是自组织系统创造的产物，那它就存在一个创造力大小问题。不同自组织创造力大小是否有差别呢？

答案显而易见，以生态系统为例，如果把生物多样性作为其创造成果，那么，不同生态系统生物多样性差异巨大，因此创造力也有天壤之别；从人类社会系统来看，中国的春秋战国时期，古希腊、意大利文艺复兴时期、17～18 世纪的英国、18～19 世纪的法国、19～20 世纪初的德国以及当今的美国等等社会或时期的创造力，远远大于其他社会，以及他们各自社会的其他时期；再比如我们个体的人，谁也不会否定柏拉图、达·芬奇、牛顿、爱因斯坦等人的创造力远远大于我们普通人。

现在关键是能否找到一个适用于所有复杂系统的创造力规律，因为既然他们都是复杂系统，根据逻辑推理，他们就必然有相同的规律，他们在创造力上有差异，就必然存在形成这些差异的规律。

可是，从哪里开始寻找这一规律呢？最能体现复杂系统创造力差别的地方不在别处，就在我们人类居住的地球，地球生物圈的生物多样性就是复杂系统创造力的最好例证。如果进行两趟旅行，分别从地球的南北两极逐渐向赤道靠近，我想沿途给人最大的印象一定是动植物种类越来越多，生态系统种类越来越丰富。这种随地域不同而在物种多样性上表现的差异，实际上就是自然创造力差异。因此，就可以根据生物多样性的形成机制来探讨复杂系统创造力问题。

遗憾的是，关于生物多样性形成及变化机制受人们关注时间很晚，可以说到了 20 世纪 90 年代以后才成为生态学家们研究的热点问题。短短二十多年的时间，对这一问题的认识不断深入，提出了很多理论和观点，诸如生物多样性与生产力及竞争原理的讨论；生物多样性与纬度的关系及面积效应；物种特性随演替梯度变化的机制；时间、空间及无维度梯度对生物多样性形成的机制；还有在热带雨林的生物多样性动态问题上，研究了扰动、斑块、协同进化、群落异质性、遗传多样性等等对形成生物多样性的作用。蒋有绪等人（2002）在总结国内外研究基础上，开展了对我国海南岛热带林生物多样性及其形成机制的研究，提出了生物多样性形成理论框架体系，主要由基因多样性、种群多样性、物种多样性、群落多样性、局地生物多样性、区域生物多样性6个层次构成。每个层次又同时受相应生物过程和非生物过程的影响。生物过程包括遗传变异、遗传结构变化、竞争、生态位分化、群落自然演替过程、生态灾变爆发性物种过程、区系发生历史。非生物过程包括生存环境因子演变、生境破碎、生境干扰、生境分异与梯度、资源总量及格局、全球及大范围地质过程气候变迁等。看得出来，随着研究深入，因子越来越多，这个理论框架是想将所有可能的因子都包括进去。

在涉及人这一复杂系统创造力时，人们研究得最多，可同样发现与很多因子有关，例如一个人的知识水平、观察力、想象力、记忆力、注意力、操作能力、好奇心、求知欲、兴趣、进取心、责任感、人格、意志、毅力等等，多达几十种，如果更细划分甚至上百种。研究越是深入，得出的指标也就越多，结果是有的人这方面突出，有的人那方面更好，可是这些因子到底在影响创造力方面发挥什么作用，因子之间又有何联系，这还是一个并不十分清楚的问题，因为因子越多，越无重点，给人的感觉便是什么都重要，其结果是什么都不重要。

我想，在理解复杂系统创造力时，如果我们将所有可能的因素都装进一个“大袋子”里，恐怕结果跟“没有袋子”无多大差别，因为影响因子实在是太多了。这使我们要么不得要领，要么会得出生态系统创造力在不同地方有不同机制，人的创造力影响因子因人而异的结果。这对理解问题帮助不大。

之所以出现这种情况，我认为是因为我们各自仅局限在自己的研究系统内，以还原论的手段来分析单一系统。然而，复杂系统的特点恰恰是在搞清楚各部分特性后仍然不能理解整体特性，这便是问题的关键所在。

既然创造是所有复杂系统最根本的特征，要研究复杂系统创造力，就不能仅靠还原论的方法一个系统一个系统地去分解，还应该跳出单个复杂系统的局限，把所有复杂系统放在同一层面上，来研究它们的共同点，找出普遍规律，从而更好地指导各个复杂系统的研究。根据这一思路，我把宇宙、生命、生态系统、人类社会以及个人等等复杂系统进行横向比较，切入点则是生命诞生和生物进化历程。

二、生命对创造的启示

生命对于创造具有极大启示，因为生命的出现本身是太阳系甚至整个宇宙系统的一个重大创造。这种启示主要体现在两个方面：一是生命诞生，二是生物进化。

1. 生命起源的启示

目前我们虽然还不能真正了解生命的起源，但是，促成生命形成的一些条件还是可以推测的。生命实际上起源于宇宙的形成过程。从宇宙大爆炸开始，先是元素演化，逐渐形成了生命所必需的碳、氢、氧、氮、磷、硫等元素。然后是化学演化，其核心是无机小分子形成了有机小分子。在地球演变早期，温度高、火山活动频繁，大气中充满着氮、二氧化碳、氢等气体和水蒸气，太阳紫外线、宇宙射线、闪电等很强烈，能量充足，在这种情况下各种气体成分必然会发生各种化学反应。根据美国科学家米勒 1953 年的试验，以电火花模拟自然雷电，在真空环境的烧瓶中，用甲烷（CH_4）、氨（NH_3）、氢（H_2）和水（H_2O）反应一周后得到了 11 种氨基酸。其中甘氨酸、丙氨酸、天冬氨酸等是普通蛋白质中含量最多的几种氨基酸。虽然不能说地球生命就是这样诞生的，但是至少说明在这样的环境下可以产生生命。

20 世纪 70 年代末美国伍兹霍海洋研究所的阿尔文号海洋考察潜艇，在太平洋东部洋峙上发现了“硫化物烟囱”（水热喷口）的特殊生态系统。这里水深两三千米，压力 $265 \times 10^5 \sim 300 \times 10^5$ Pa，水温高达 350℃，发现了各种化能自养的极端嗜热的古细菌生存，表明此处可能有非生物的有机合成。因此有人提出“生命水热起源模式”，认为地球早期高温热水环境是生命起源的条件，嗜热微生物可能是生命的最初形式。因为海底喷口的热水水温高达 350℃，与周围海水热交换后形成一个温度由 350 ～ 0℃的温度渐变梯度。同样喷出的物质（如甲烷、氢气、氨气、氩气、一氧化碳、硫化氢、铁、镁、铜、锌、钡、硅等）浓度也从喷口向外逐渐降低，形成一个化学渐变梯度，正是这两个渐变梯度，提供了满足各类化学反应的条件，水热系统就像一个流动的反应器一样，有非生物有机合成的原料（各种气体）、有催化物（重金属），以及充足的热能。有趣的是，1992 年美国的詹姆斯 · 莱克在大洋底“烟囱”附近找到了在黄石公园热泉里生存的嗜硫细菌，说明这一理论有其可取性（沈银柱，2002）。

从各种关于生命起源的假设中，我发现无论是何种假设，都有三个关键因素在起作用，即能量、多样性和适应性。

能量是一切生命和物质起源的动力，宇宙起源于大爆炸，首先就是巨大能量在发挥作用，没有能量也不可能有生命，生命本身就是能量的一种存在方式。

多样性是如何起作用的呢？生命起源的环境至少表现出温度梯度多样性、化学元素多样性，才有可能催化各种化学反应，为生命出现提供多种可能的组合。多样性提供了一种创造条件。

适应性对生命诞生十分重要。因为，在有能量和多样性的条件下，系统就会出现各种运动和变化。生命诞生之初的化学反应肯定是多种多样，可是，并不是所有的反应结果都能保存下来，只有那些与环境相适应的结果才能保存下来形成生命，而不相适应的，自然就消失了。因此生命是适应的结果。

从创造角度我找到了影响复杂系统创造力的三个关键因子。它们从宇宙大爆炸到生命诞生的各种创造过程中无处不在，没有它们，世间一切创造不可能发生。这一发现让我激动不已，感到好像快摸到创造的脉搏了。于是我继续追问：这三个关键因子与创造力有何关系？

可是，从哪里来找这个关系呢？切入点在何处？幸运的是，关于生命诞生和生物进化的书籍和文献常常是分不开的，我的目光自然投向了生物进化历程。这才发现，生物进化能告诉我很多很多。

2. 生物进化的启示

生物进化实际上就是不断创造。从生命早期的单细胞生物，到目前最复杂的人，这种天壤之别，只有创造才能将其实现。为简单起见，我们不必进入生物进化的漫长历程，只要看看进化成果，就可以领略生物进化的启示。那么生物进化的成果是什么呢？是生物多样性！现在地球上的亿万种生物就是进化成果。地球上现存的生物有 200 ～ 450 万种，有人认为有 1300 万至 1400 万种，还有的甚至估计达到 5000 万种，但已科学描述过的有 175 万种。已经灭绝的种类更多，估计至少也有 1500 万种。

什么是生物多样性呢？生物多样性是指生物本身，以及生物与环境形成的生态系统，还有与此相关的各种生态过程的总和。它包括动物、植物、微生物的各种物种和它们所拥有的基因，它们与其生存环境相互作用的生态系统，以及形成的生态过程。

看一看今天地球上生物多样性的分布情况，我们同样可以发现能量、多样性、适应性这三个关键因子在起主要作用。

（1）能量

随着纬度降低，温度越来越高，能量越来越充沛，生物多样性也在增加，从寒带、温带、暖温带、亚热带、热带，生物多样性是逐渐增加的，其中热带雨林的生物多样性最高。以蚂蚁种类为例，从热带到寒带，随着温度的梯度递减，蚂蚁种类明显减少（表 4-1）。

表 4-1　北美蚂蚁种类随纬度变化情况

国家名称	纬度（北纬）	蚂蚁种类
巴西	～0 度（亚马逊）	222
特里尼达	～11 度	134
古巴	～22 度	101
美国犹他州	～40 度	63
美国爱荷华州	～40 度	73
美国阿拉斯加	～60 度	7
美国阿拉斯加北部	～70 度	3

数据来源：Krebs，2003，第 438 页

不仅蚂蚁和鸟类，地球上的大多数动物、植物和微生物数量都表现出随纬度增加而减少的趋势，而纬度差异的核心是温度，即能量。这充分体现了能量在自然创造力中的主导作用。

（2）多样性

能量是复杂系统创造力的动力，而多样性则是复杂系统创造力的条件。生命进化史，就是生物圈这一复杂系统展示其非凡创造力的一幅画卷。纵观生命进化历程，我们发现有几个趋势值得探讨。第一，生物个体结构复杂性和多样性增长的趋势，以植物来看，从最早的原核生物→单细胞真核生物→多细胞藻类植物→维管植物→裸子植物→被子植物；以动物来看，从最早的原核生物→单细胞真核生物→软躯体无脊椎动物→外骨骼无脊椎动物→内骨骼脊椎动物→两栖爬行类动物→哺乳动物。与之同时发生的是生态系统复杂性和多样性也同步增加。第二，从时间顺序上看，生物圈的创造力不是匀速的，而是呈加速度方式发展，具体体现在两个方面：一是具有复杂结构的生物类群在生命史上出现较晚，生物结构越复杂，进化出现的时间越晚；二是生物多样性在生命史早期较为单调，越到晚期越丰富。在生命进化的 38 亿年中，长达 30 亿年的时间是被相对简单、单调的微体原核生物占统治，这大约是生命史 4/5 的时间（张昀，1998）（图 4-1）。

这说明一个问题，生命简单的时候，多样性不高，创造力不强，而当多样性逐渐发展积累到一定程度后，创造力就会突然爆发，复杂性和多样性会以突发的形式，非匀速地爆涨。最典型的例子是云南澄江动物群。1984 年 7 月 1 日，中国科学院南京地质古生物研究所的侯先光先生，首次发现深埋在地下 5.3 亿年前的大量动物化石。这一发现被美国《纽约时报》列为 20 世纪最惊人的科学发现之一。因为，澄江动物群所展示的演化模式与达尔文的进化理论所预示的模式完全不同。它不但证实了大爆发式演化事件在 5.3 亿年

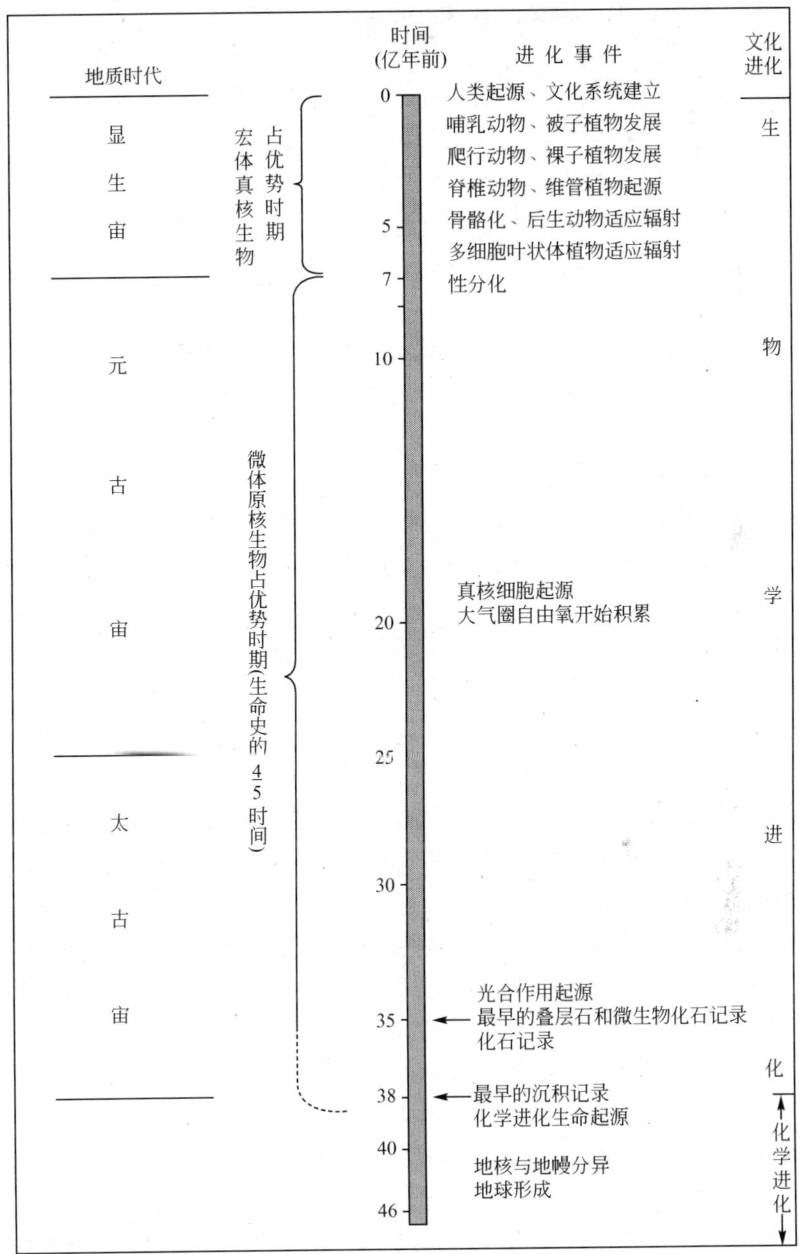

图 4-1　地质时代及生命史的划分（张昀，1998）

前确实发生，最令人震撼的则是几乎所有现生动物的门类和许多已灭绝的生物突发式地出现于寒武纪地层，而在更老的地层却完全没有其祖先型的生物化石发现（沈银柱等，2002，第204页）。

（3）适应性

对于一个系统而言，适应则生存，不适应则消失或被改变。因此，达尔文将“自然选择、适者生存”作为物种进化的动力。同样在人类社会中，民族也好，个体也好，越适应自然环境和社会，生存才越容易。可是，适应是一个被动过程，是改变自己适合环境的过程，是一个抹杀个性的过程。没有个性还有创造吗？如果自然进化的动力真是“适者生存”的话，就不可能进化出人类，因为，人类在早期既没有尖爪利齿攻击猎物，又无厚皮硬壳防护自身，也不像马那样擅长奔跑，根本不是很多猛兽的对手。而真正适应环境的是细菌和一些低等植物，它们才应该是自然选择的对象，因为它们具有适应各种难以想象的恶劣环境的能力，这是人类所无法相比拟的。可是进化的结果却恰恰选择了人，人成为地球主宰。

现在，我们越来越进入问题的关键，即适应性。在研究生物进化的时候，我们实际上把适应性简单化了，要么适应则生存，要么不适应则淘汰，而大量的生物是处于适应和不适应之间的状态，这种状态被我们忽略了。适应性是对客观条件或环境的适应程度，既然是程度，就有从适应到不适应质量上的差异，甚至可以在完全适应和完全不适应之间划分出无数个梯度。对于生物生存来说，越是偏向于完全适应，越有利与生存。但是，对于创造力而言呢？也是如此吗？如果一个物种完全适应其生存环境，它还有必要改变吗？它还有变化的内在动力吗？生活在土壤中的线虫一亿年来其形态几乎没有多大变化。对两种线虫的基因组测序结果发现，*Caenorhabditis briggsae* 和 *C. elegans* 在形态特征上非常相似，并且还有非常相似的生物学习性，甚至其发育过程都几乎一样，然而令人吃惊的是它们的基因组却相差很大。*C. briggsae* 具有19 000个基因，而 *C. elegans* 则拥有24 000个基因（Blaxter，2003）。与此相对的是，人和老鼠在形态上存在如此巨大的差异，然而，两者却有99%的基因相同，据估计两者在8500万年前开始分道扬镳。这就是分子生物学上著名的C值佯谬和N值佯谬，目前尚无完满解释。

有趣的是，如果我们从适应性角度来研究C值佯谬，则可以得到意想不到的启发。两种线虫经过近亿年进化，虽然在基因上发生了很大变化，但是其形态和生物学特性还极其相似。这说明一个问题，就是它们对其所生存的环境有极高的适应性，以至于当两者在基因上已有明显变化时，形态上仍然不产生大的改变，这是因为形态已经与环境高度适应。从创造力角度理解，则可以认为线虫作为一个复杂系统，其创造力不高。相反，人在8500万年前还和老鼠同一个祖先，至今在基因组上的差异也只有1%，却出现了如此巨大的形态差异，说明人作为一个复杂系统具有很高的创造力。为什么人会变化如此之快、如此之大呢？其中一个重要原因则是适应性差。远的不说，就以分子生物学资料表明的人和猿共同祖先出现在600万年前这一实事为依据，与各种猿相比人的变化是非常巨大的。可以想象，当人被迫从森林下到地面上生活的时候，其适应性肯定很差，与很多动物相比既没有快速奔跑能力用于避害，又没有锋利獠牙进行攻击，随时挣扎在被自然淘汰的边缘。然而，也正是这种对生存环境的不适应，促进了人的快速变化，因为不变则被淘汰。

可人是如何变化，如何适应的呢？人为什么没有进化出像马一样的奔跑速度，或像虎一样的攻击威力呢？而是进化出了一个大大的、能够思维的脑袋！这是适应与不适应共同作用的结果。

在进化生物学上，生物的宏观进化可以分成三种：一是复式进化，也叫全面进化，这是一种由简单到复杂、由低等到高等的进化，是生物体形态结构、生理机能的综合的、全面的进化过程，其结果是生物体各个主要方面比原有的水平都要高级和复杂。二是特化式进化，也叫特异适应，是指由于生物对各种不同生活环境的适应，从而出现的多方向的分化，表现在生物体形态结构、生理功能等方面并没有质的提高和改变，其进化水平属于同一等级。三是简化式进化，又称为退化，是生物复杂的结构转变为简单结构的进化方式（沈银柱等，2002）。可以说，人的进化直到猿以前，都是采取特化式进化的方式，以适应森林、树上的生活，直观地说，就是采取专家型发展道路。这是适应性辐射的结果，有什么样的环境，就会产生与之相适应的动物。哺乳动物因此出现了善于陆地上奔跑的鹿和马，能飞翔的蝙蝠和飞狐，水陆两栖的海豹，完全适应水生生活的鲸、海豚和海牛，还有善于打洞的鼹鼠等等。总之，动物进化多数沿着这条特异适应的道路进行。因为从理论上讲，对某一个特殊生境的高度适应，会抑制其多样化的能力而对其他生境的适应性降低。Buckling 等人（2003）对细菌（*Pseudomonas fluorescens*）的试验证明，特异性适应会导致适应多样性能力减小。从分子水平来说，就是适应一种环境的基因变异，对另一种环境可能会是有害的。再者，专家型进化更快，因为固定环境更容易同专一的等位基因相对应，使得有害基因负载更低（Santiago F. Elena et al.，2003）。人的进化，直到600万年前也是沿着这条道路前进。

专业化适应的最大问题是，过分专业化以后，对其他环境的适应性降低，一旦原有环境发生重大变化，就有可能造成物种大量灭绝。在地质历史中，这样的事件屡次发生。例如古生代的三叶虫，中生代的菊石类和巨大恐龙类，以及新生代的巨大兽类的灭绝，主要都是由于它们分化太甚，适应太专业化的结果。由于每一个地质时代的环境条件在激烈变革之后，往往是朝着一定方向逐渐变化。这对于某些动植物种类的生存由不很适合到最适合，然后又慢慢变得不适合。于是，这些动、植物的种就开始发展起来，由勃兴到旺盛，最后则沦到全部灭绝。这样也就表现了类似于抛物线曲线向前演进。不同物种在不同时期内，是相互交迭着的。这在生物发展中是一个普遍现象（裴新澍，1998）。

三叶虫在它生活最适宜的时期，种类逐渐加多，而构造也逐渐趋向分化而复杂化。晚期的种类发展了一些奇异的刺状物。三叶虫的发展是伴随古生代相始终的，从寒武纪到奥陶纪发展到最高峰。那时各种环境条件对三叶虫为最适宜。以后气候变得渐渐对它不利了。最后古生代告终，三叶虫也就全部灭绝了（裴新澍，1998）。

可是，自从人离开森林到地面上生活以后，这种进化方式发生了根本性的变化。由于没有森林的保护，人面临各种威胁，食物也不能保证只是树木的果子和叶子。在这样一个多变、复杂的生存环境中，人的自身条件使得他无法再还按过去的特化方式进化，不得不走上一条全面进化的道路，也就是要变专一适应一种生境的途径到适应各种生境。这是一条充满挑战的进化道路，因为，普遍适应的结果有可能导致对每一个生境的适应性都不高，远不如这一生境的“专家”，有可能会导致整个种群灭绝。

也许恰恰是对地面生存环境的极其不适应，促使人类的祖先拿起了木棍和石块以进行自卫和狩猎，就是这不经意的动作，改变了人类进化的方向。工具的使用促进了大脑进化，大脑进化又使得从简单地使用天然工具发展到制造工具。因此，人手越来越灵活，大脑越来越发达，脑容量从300多万年前南猿的400ml，200多万年前能人的700 ml，100万年左右直立人800～1200 ml（北京直立人，距今50万~20万年，脑容量915~1200 ml），克罗马农人的1300 ml，智人1300 ml，一直到现代人1450 ml，神经细胞多达100亿～140亿个。脑容量的迅速增加和神经细胞的急剧扩大，使人的大脑成为一个更为复杂的复杂系统，能够对外界各种复杂环境进行反应，从而保证人能够通过制造和使用工具，去适应各种环境。

动物的适应靠增强其本能而实现，这就是专一化适应。而人是靠改造环境来适应环境，不管环境如何变化，人都是通过对其进行改造使其适合人的生存，这就变成了普遍化适应。这种适应恰恰是因为对环境不适应而引起的变化。所以不适应才是引发创造的根源。

这说明，当一个物种完全适应某一个环境，或者说不管环境如何变化，这个物种都能完全适应的时候，那么，这个物种就没有必要产生重大变异来适应环境，这就是变形虫几十亿年来，不管地球环境如何变化，其形状基本不变的原因。但是人则不行，因为人很不适应环境。

总之，适应性包含了从适应到不适应的全部内容，生物进化是因为自身对环境的不适应而引起的向适应方向迈进的过程。生物越是不适应，其要求变化的内在压力就越大，也就会引起快速的和较大的变化，由此逐渐向适应方向过渡，各种创造也就随之产生。相反，当生物对某一环境达到完全适应后，求变的压力便减少或消失，自身就会长期保持不变。因此，不适应才是进化的内在原因，不适应也就是创造的内在根源。

从创造角度来说，系统越适应，创造力越低。相反，系统对环境不适应，就能造成一种促进变化的压力，系统变异会越多，创造力就越强。因此，一个复杂系统在完全适应和完全不适应之间，随着适应性的降低，变异越剧烈，创造力越强。适应是被动地随环境变化而变化，而不适应则引起创造，这种创造有可能使环境改变。

通过生物进化，我找到了创造力与能量、多样性和适应性之间的关系。于是我便可以为复杂系统创造力建一个模型了。

三、复杂系统创造力模型的构建

模型实际上就是宏观地、抽象地来看问题，抓住主要的大方向，忽略细节。这就如同欣赏一幅油画，当你离得太近时，看到的只是一堆堆彩油，只有当离开到能够观察油画全貌时，才能欣赏到油画的整体美。这一由近到远的过程，就是细节逐渐模糊、整体逐渐显现的过程，也是从线性过渡到非线性的过程。M. E. Fisher 说得好："一个好的复杂系统理论模型就如同一幅好的漫画，它应该突出那些最重要、最关键的特征，而忽略非本质的细节。"(Herz et al. 2006)

通过前面两节的分析和推理，我找到了影响复杂系统创造力的关键因子。为使模型建立在可靠基础之上，有必要对参与建模的因子或概念进行重新定义。

(1) 复杂系统：是指通过对一个系统组成部分的了解，不能对系统的性质做出完全解释，这样的系统称为复杂系统（Gallagher，1999）。这是因为系统各组成部分之间通过相互作用，在整体层次上涌现出了各组成部分所没有的新特性。能称为复杂系统的有生态系统、人类社会系统、人体系统、生命系统等等。

(2) 复杂系统创造力：是指复杂系统涌现新特性的潜力。它受能量、多样性和适应性三个关键因子的影响，缺一不可。

（3）能量：可以定义为物质做功或系统运动的能力，它是复杂系统最根本的组成部分。没有能量加入，任何创造都不可能发生。一般来说，一个系统所拥有的能量越高，它所涌现新特性的能力就越强。

如果把生物多样性当作生态系统的涌现特性，大量研究表明，地球生物多样性的分布与生态系统拥有的能量呈正比（Turner 1988，Root 1988，Hawkins et al 2003，Scheibe 1987，Mittelbach et al 2001，Kerswell 2006）。

（4）多样性：是指复杂系统在整体特性上表现出来的多样和复杂性，由于复杂系统是开放系统，它与环境不断地进行物质、能量以及信息交换，实际上与环境形成不可分割的整体，因此，多样性既包含系统自身特性的多样性，也包含所处环境的多样性。生态学研究证明，生态系统所处的物理环境越是复杂、空间异质性越丰富多样，动植物群落就越复杂，生物多样性也就越丰富（Krebs 2001，Manuel 2002，Hawkins et al 2003）。

（5）适应性：可以把适应性定义为复杂系统适应的程度或状态，而适应则是指系统完全适合而无任何变化（Gove 1976）。据此可见，适应性是从适应（无变化）到不适应（最大变化）的一个状态区间。由于创造必须有变化，大创造更是包含大变化，因此，适应性就与创造力呈反比。

根据以上定义，可以得到这样一个关系，即复杂系统创造力与复杂系统所具有的能量（e）和多样性（d）成正比，而与其适应性（a）成反比，如果用创造力指数（CI）反映复杂系统创造力，就可得到如下关系式：

$$CI = f(e,\ d,\ a^{-1}) \tag{4.1}$$

在这个模型中，能量和多样性是可以测定或统计的，但是适应性却不容易量化。为此，我们来分析适应性这一因素的特点。从生态系统角度来看，适应过程就是一个调节和变化的过程，生物为了适应环境不断地发生变化，这是以上几章所反映出来的复杂系统的共同特征。从空间上看，如果一个系统从一种环境迁移到另一种环境，或者从时间上看，一个系统从过去发展到现在，其原有的特征都不发生改变，那就说明这个系统完全适应，没有任何变化；但是如果发生变化，有新的特性出现，就说明这个系统对新环境或者随时间变化有某些不适应，为了适应而出现了变化。这样一来，适应性越强，变化率就越低，就可以用变化率的倒数来反映适应性（a）

$$a = 1/(N-n)/n = n/(N-n) \tag{4.2}$$

其中，n 是在时间 t_1 时系统原有的特征数量，N 是在时间变化到 t_2 后系统具有的特征数量，系统经历了从时间 t_1 变化到 t_2 的过程（$\Delta t = t_2 - t_1$），那么 $N-n$ 就可以理解为在 Δt 时间内系统所涌现的特征数量，（$N-n$）$/n$ 自然就是系统特征在 Δt 时间内的变化率。

将公式（4.2）代入（4.1）则得到

$$CI = f(e, d, a^{-1}) = f[e, d, 1/n/(N-n)] = f[e, d, (N-n)/n] \quad (4.3)$$

从公式（4.3）可见，对于一个复杂系统而言，能量越充足，多样性越丰富，系统创造力就越强；相反，适应性越强，即系统在一定时间内特征变化率越小，系统的创造力就越低。

虽然得出了这样一个适合所有复杂系统的关系式，但是尚无法直接计算，因为因子之间还可能有无数种组合的形式，例如，e，d，a^{-1}之间可以是相加关系，也可以是相乘关系，还可以是幂函数等等关系。其根本原因在于各种复杂系统之间存在着巨大差异，不可能以一种组合形式来表达。换句话说，就是不可能用一个公式，算出一个创造力指数，既适合生态系统，又适合人类社会系统。然而，要把这一关系式具体化，达到可以计算的程度，则需要就某一种复杂系统进行具体研究和量化，确定其相互关系后方可计算。下面就从生态系统角度，用实际数据对这一模型进行验证。

四、对复杂系统创造力模型的验证

在本章第一节中谈到，可以用生物多样性形成机制来探讨复杂系统创造力问题。然而，遗憾的是，虽然生态学家已积累了大量理论和数据，但尚未有一个综合模型来很好地解释生物多样性是如何形成的。环境决定论者从能量、空间异质性、水分、生产力等环境因子上找原因，而群体生态学家则从生态位分化和群落动态变化角度进行解释（Hubbell 2001）。人们虽然已经看到现有方法的局限性，但是能够综合阐述这一机制的理论尚在苦苦寻找之中。

实际上，生物多样性是生态系统中生物与环境经过长时间相互作用而涌现出的特性，如果把生物多样性当成生态系统的创造产物，那它就符合上一节所建立的复杂系统创造力模型的条件。也就是说，如果能够用复杂系统创造力模型解释生物多样性产生机制，那么，复杂系统创造力模型也就得到了印证。为此，我们用中国的生物多样性数据为基础，来进行这一证明。

中国土地面积960万平方公里，南北长5500公里，横跨热带、亚热带、暖温带和寒温带气候带，东西宽5200公里，海拔从太平洋一直上升到世界最高的珠穆朗玛峰，包含了各种地质地貌和气候类型，也是世界上生物多样性最丰富的国家之一。因此，采用中国数据应该很有说服力。

验证过程分三步：第一步，是数据收集和变量确定；第二步，根据复杂系统创造力模型计算各省的生态系统创造力指数（*CI*）；第三步，将 *CI* 值与植物多样性进行回归分析，并同常规方法进行比较，就可判断出该模型的优劣。

1. 数据收集与变量确定

我们以省为单位收集数据，共选 27 个省（自治区）。选择过程中，由于北京、天津、上海三个直辖市面积较小，且受城市化影响较大，没有采用。而重庆直辖市则由于成立时间较短，很多数据仍然和四川省合在一起，不便分出，故仍放在四川省名下。另外，无法获得香港、澳门和台湾的相关数据，所以没有包括这些地方。

变量的收集与确定如下：

（1）动物种数量。以陆生脊椎动物种数量来代表动物种数量，包括鸟类、两栖类、爬行类和哺乳类动物。数据采自《中国自然资源丛书》（中国自然资源丛书编辑委员会，1995）和《中国农业全书》（中国农业全书总编辑委员会，1999）。

（2）植物种数量。以维管束植物种数量代表植物种数量，包括蕨类、裸子植物和被子植物。数据采自各省植物志。

（3）能量（e）。以年平均气温来代表。数据来自中国科学院科学数据库（http://www.sdb.ac.cn/）。

（4）多样性（d）。以环境多样性来代表，主要指标为年降水量、海拔差（最高海拔减最低海拔）和面积。数据来源同（1）和（3）。

（5）适应性的导数（a^{-1}）。由公式（4.2）可得，$a^{-1}=1/a=1/n/(N-n)=(N-n)/n$，这实际上是生态系统特征在一定时间（$\Delta t$）内的变化率。由于我们把生态系统当成一个进化的整体来看待，但是要获取系统的全部特征又不可能，因此我们可用现在的动物种数量（N）来反映生态系统现在的特征数量，把生态系统初期的特征数以动物种数量来代替，并设定为1，即 $n=1$。则进化时间（Δt）就可能在10000年以上，或者说是在最近一次冰河时期以后。

于是，得到基础数据表4-2。

表4-2　中国27个省（自治区）气温（1971～2000年）、降水（1971～2000年）、土地面积、海拔差、动物种数量、植物种数量数据统计

省份	土地面积（$\times10^4 km^2$）	海拔差（m）	降水（mm）	气温（℃）	动物种数量（种）	植物种数量（种）	a^{-1}
安徽	13.98	1860	1192.1	15.06	535	3644	534
福建	12.14	2148	1588.3	18.21	809	4709	808
甘肃	45.4	5258	292.48	6.88	821	4164	820

续表

省份	土地面积（$\times 10^4 km^2$）	海拔差（m）	降水（mm）	气温（℃）	动物种数量（种）	植物种数量（种）	a^{-1}
广东	17.8	1922	1762.5	21.53	829	6621	828
广西	23.67	1941	1596.7	21.13	878	7148	877
贵州	17.61	2763	1125.5	15.19	910	6665	909
海南	3.39	1863.1	1670.5	24.9	561	3585	560
河北	18.77	2879	518.31	10.31	540	2888	539
河南	16.7	2123	739.38	13.5	428	3779	427
黑龙江	45.46	1366	518.62	1.97	496	1846	495
湖北	18.59	3105.4	1216.3	15.45	546	4295	545
湖南	21.17	2076	1438.4	16.82	578	4705	577
吉林	18.74	2686	644.19	4.33	410	2516	409
江苏	10.26	624.7	1025.8	14.9	480	2492	479
江西	16.69	2138	1665.8	17.54	531	4552	530
辽宁	14.59	1348	666.54	8.58	477	1358	476
内蒙古	118.34	3474.4	284.13	4.84	506	2781	505
宁夏	5.18	2756	279.56	8.22	384	1647	383
青海	72.12	5210	339.37	1.17	398	2703	397
山东	15.7	1530	676.2	12.35	450	1616	449
山西	15.6	2878	491.29	8.64	405	2751	404
陕西	20.56	3647	631.29	11.5	564	3813	563
四川	56.71	7476	935.72	12.68	1006	9249	1005
西藏	120.1	7348.13	506.78	3.91	730	5780	729
新疆	166.49	8765	132.81	7.26	560	3500	560
云南	39.4	6663.6	1133	16.46	1314	15444	1313
浙江	10.53	1933	1441.7	15.99	638	4579	637

2. *CI* 值计算

CI 值计算是验证的关键，因为公式（4.3）只是一个关系式，无法直接计算。于是我们采用主成分分析法，首先将基础数据用标准差法进行标准化，获得标准化数据（表 4-3），以去掉原始数据的单位和量纲可能带来的计算误差。然后对土地面积、海拔差、降水、气温、a^{-1}的标准化数据进行主成分分析，通过计算出相关矩阵的特征值，以及各主成分的贡献率和累积贡献率

（表4-4），发现前两个成分累积贡献率已高达87.634%，远大于等于80%的要求，且其特征根均大于1。因此，只需要求出第一、二主成分F_1，F_2即可，它们已能够充分地反映各省自然因子的综合水平。由因子负荷矩阵分析（表4-5）可知，第一主成分在气温、降水量和a^{-1}上具有很大载荷，这些变量几乎包含了自然因子的主要指标，综合性很强，主要说明了气象因子和适应性导数方面的信息。第二主成分在海拔差和土地面积上具有较大载荷，主要解释了面积和地貌方面的信息。再根据各因子在第一、二主成分上的得分系数（表4-6）和原始变量的标准化值（表4-3）来计算每个观测量各因子的得分数，即

$$F_1=-0.0820\times 面积+0.0709\times 海拔差+0.371\times 降水量+0.382\times 气温+0.419\times a^{-1}$$

$$F_2=0.360\times 面积+0.474\times 海拔差-0.0609\times 降水量-0.0399\times 气温+0.391\times a^{-1}$$

将计算结果旋转后即得主成分矩阵（表4-7），最后按照各个主成分的贡献率，定义综合主成分得分为$\sum F$，并用它来代表CI值，结果见下式和表4-7。

$$CI=\sum\nolimits_F=第一主成分贡献率\times F_1+第二主成分贡献率\times F_2=0.55569\times F_1+0.32065\times F_2$$

可见，主成分分析方法的核心，是将多个变量根据各自代表所有变量信息的多少和贡献率，最终缩减为一个综合变量，它解决了将式（4.3）的关系式变成计算式的问题。

表4-3　标准差标准化处理后的数据

省份	土地面积	海拔差	降水	气温	动物种数量	植物种数量	a^{-1}
安徽	-0.547	-0.668	0.571	0.472	-0.398	-0.267	-0.398
福建	-0.594	-0.530	1.367	0.991	0.860	0.109	0.860
甘肃	0.256	0.964	-1.236	-0.877	0.915	-0.084	0.915
广东	-0.449	-0.638	1.717	1.539	0.952	0.783	0.952
广西	-0.300	-0.629	1.384	1.473	1.177	0.969	1.177
贵州	-0.454	-0.234	0.437	0.494	1.323	0.799	1.323
海南	-0.818	-0.667	1.532	2.095	-0.278	-0.288	-0.278
河北	-0.425	-0.179	-0.783	-0.311	-0.375	-0.534	-0.375
河南	-0.478	-0.542	-0.339	0.215	-0.889	-0.219	-0.889
黑龙江	0.257	-0.905	-0.782	-1.686	-0.577	-0.902	-0.577
湖北	-0.429	-0.070	0.620	0.536	-0.347	-0.037	-0.347
湖南	-0.363	-0.564	1.066	0.762	-0.200	0.107	-0.200
吉林	-0.425	-0.271	-0.530	-1.297	-0.971	-0.665	-0.971

续表

省份	土地面积	海拔差	降水	气温	动物种数量	植物种数量	a^{-1}
江苏	-0.642	-1.261	0.237	0.446	-0.650	-0.674	-0.650
江西	-0.478	-0.535	1.523	0.881	-0.416	0.053	-0.416
辽宁	-0.531	-0.914	-0.485	-0.596	-0.664	-1.074	-0.664
内蒙古	2.119	0.107	-1.253	-1.213	-0.531	-0.572	-0.531
宁夏	-0.772	-0.238	-1.262	-0.656	1.091	-0.972	-1.091
青海	0.938	0.941	-1.142	-1.818	-1.026	-0.599	-1.026
山东	-0.503	-0.827	-0.465	0.025	-0.788	-0.983	-0.788
山西	-0.506	-0.179	-0.837	-0.587	-0.994	-0.582	-0.994
陕西	-0.379	0.190	-0.556	-0.115	-0.264	-0.208	-0.264
四川	0.544	2.029	0.056	0.080	1.764	1.710	1.764
西藏	2.164	1.967	-0.806	-1.366	0.497	0.487	0.497
新疆	3.349	2.648	-1.557	-0.814	-0.283	-0.318	-0.283
云南	0.102	1.639	0.452	0.703	3.178	3.896	3.178
浙江	-0.635	-0.633	1.072	0.625	0.075	0.063	0.075

注：表中数据是按以下的标准差方法进行处理而来：

$$x'_{ij}=\frac{x_{ij}-\overline{x_j}}{S_j}\quad(i=1,\ 2,\ ...m;\ j=1,\ 2,\ ...,\ n)$$

其中，$\overline{x_j}=\frac{1}{m}\sum_{i=1}^{m}x_{ij}$　$S_j\sqrt{\frac{1}{m}\sum_{i=1}^{m}(x_{ij}-\overline{x_j})^2}$　x_{ij}为表4-2中的原始数据，x_{ij}'是标准化后的数据（见表4-3）。

表4-4　特征根及主成分贡献率和累积贡献率

	特征根			平方和载荷提取			平方和载荷旋转		
主成分	合计	贡献率	累计贡献率	合计	贡献率	累计贡献率	合计	贡献率 e	累计贡献率
1	2.778	55.569	55.569	2.778	55.569	55.569	2.284	45.681	45.681
2	1.603	32.065	87.634	1.603	32.065	87.634	2.098	41.953	87.634
3	0.373	7.453	95.087						
4	0.159	3.181	98.269						
5	0.087	1.731	100.000						

表 4-5　旋转后的主成分提取结果

	主成分	
	1	2
气温	0.895	-0.305
降水量	0.884	-0.343
a^{-1}	0.730	0.578
海拔差	-0.113	0.953
土地面积	-0.396	0.803

表 4-6　有关因子得分的信息

	主成分	
	1	2
降水量	0.371	-0.0609
气温	0.382	-0.0399
a^{-1}	0.419	0.391
海拔差	0.0709	0.474
土地面积	-0.0820	0.360

表 4-7　主成分得分系数矩阵和 *CI* 值

省（自治区）	F_1[§]	F_2[※]	第一主成分贡献率	第二主成分贡献率	CI[*]
宁夏	-1.10848	-0.70104	0.55569	0.32065	-0.84075973
黑龙江	-1.23733	-0.43886	0.55569	0.32065	-0.82829237
吉林	-1.06291	-0.56709	0.55569	0.32065	-0.77248587
山西	-0.90525	-0.57085	0.55569	0.32065	-0.68608143
青海	-1.52923	0.51429	0.55569	0.32065	-0.68487073
辽宁	-0.69384	-0.81544	0.55569	0.32065	-0.64703079
山东	-0.50111	-0.83787	0.55569	0.32065	-0.54712483
内蒙古	-1.29225	0.71707	0.55569	0.32065	-0.48816191
河南	-0.4076	-0.75018	0.55569	0.32065	-0.46704446
河北	-0.53405	-0.31812	0.55569	0.32065	-0.39877142
江苏	-0.05018	-1.09471	0.55569	0.32065	-0.37890329
陕西	-0.31057	-0.10938	0.55569	0.32065	-0.20765334
安徽	0.2189	-0.70929	0.55569	0.32065	-0.1057933
湖北	0.31361	-0.37556	0.55569	0.32065	0.053846627
甘肃	-0.35612	0.99807	0.55569	0.32065	0.122138823
湖南	0.58149	-0.56129	0.55569	0.32065	0.14315054
江西	0.71499	-0.70264	0.55569	0.32065	0.172011277
新疆	-1.07383	2.43101	0.55569	0.32065	0.182786764
浙江	0.66299	-0.57856	0.55569	0.32065	0.182901649
西藏	-0.63809	1.97223	0.55569	0.32065	0.277815317
海南	1.24772	-0.87933	0.55569	0.32065	0.411388362
贵州	0.90862	0.19321	0.55569	0.32065	0.566863834

续表

省（自治区）	F_1 §	F_2 ※	第一主成分贡献率	第二主成分贡献率	CI*
福建	1.23396	-0.24656	0.55569	0.32065	0.606639768
广东	1.58504	-0.25305	0.55569	0.32065	0.799650395
广西	1.52001	-0.08699	0.55569	0.32065	0.816761013
四川	0.87298	1.80694	0.55569	0.32065	1.064501567
云南	1.84052	1.96399	0.55569	0.32065	1.652511952

§ $F_1 = -0.0820 \times$ 面积 $+0.0709 \times$ 海拔差 $+0.371 \times$ 降水量 $+0.382 \times$ 气温 $+0.419 \times a^{-1}$

※ $F_2 = 0.360 \times$ 面积 $+0.474 \times$ 海拔差 $-0.0609 \times$ 降水量 $-0.0399 \times$ 气温 $+0.391 \times a^{-1}$

* $CI = \sum F$ = 第一主成分贡献率 $\times F_1$ + 第二主成分贡献率 $\times F_2$ = $0.55569 \times F_1 + 0.32065 \times F_2$ 如果得分为正，说明该值在平均水平之上；反之，得分为负则表明在平均水平以下。

3. *CI* 值预测植物种数量

有了创造力指数（*CI*），就知道了每个省作为一个完整的生态系统，它的创造力有多大，从表 4-7 可见，*CI* 值最大的几个省依次是云南、四川、广西、广东、福建、贵州、海南，最小的依次是宁夏、黑龙江、吉林、山西、青海、辽宁等。要验证这一结果是否正确，我们可以把 *CI* 同每个省的植物种数量进行回归分析，因为植物是生态系统中生物与环境相互作用并经长期进化的成果，植物种的多少自然反映生态系统创造力大小。为此，我们把植物种数量当作因变量，*CI* 为自变量，用标准化后的数据按下式进行回归分析：植物种数量 $=a + b\ (CI) + c\ (CI)^2$，分别采用了线性、平方和立方三种模型进行拟合。为了比较，也按传统方法进行回归分析。传统方法一般是把物种数量当作因变量，而把环境因子当作自变量。要么采用单因子回归，如物种数与能量、面积或生产力，要么采用多因子逐步回归，根据相关性筛选出主要因子，即：植物种数量 $= a + b$（能量，面积，水分……）$+ c$（能量，面积，水分……）^{2}。

回归分析结果表明（表 4-8），复杂系统创造力模型成功预测了中国 27 个省植物种数量的分布，*CI* 值的立方模型与植物种数量因子复相关系数达到 94.0%，$F=137.516$，$P<0.0000$，达极显著水平。但是，如果不包括适应性，仅根据环境因子组成的综合因子进行回归，因子复相关系数仅为 42.3%（$F=20.054$，$P<0.0001$）。而用温度、海拔差、面积等单个环境因子与植物种数量进行回归建立模型，其因子复相关系数仅分别为 12.3%、17.6% 和

28.0%，F 值更小，$P<0.05$。如采用温度、降水、海拔差等多个环境因子作为自变量，进行逐步回归，结果虽然比单因子更好，但是其因子复相关系数也才达到59.3%（$F=19.915$，$P<0.000$），远低于用 CI 值建立的模型。

可见，复杂系统创造力模型在生物多样性形成机制的探讨上是成功的，它在传统方法基础上又向前迈进了一步。总起来看，其原因主要是以下几个方面。首先，本方法与传统方法的最大区别在于，传统方法仅从环境角度来探讨生物多样性形成机制，而本方法的 CI 是一个综合值，它不仅包含了环境因子，同时还包含了生物自身因子，因为适应性的导数（a^{-1}）是根据动物种数量的变化率计算而得，这就符合了公认的对生物多样性形成机制的基本认识，即生物多样性是生物与环境相互作用长期进化的结果。以上结果表明，如果在 CI 中去掉 a^{-1}，相关系数便从94.0%降至42.3%。而且大量生态学研究也表明，动物种类和数量对植物多样性有重要影响（Harley 2003，Schmitz 2006，Fine 2006）。

第二，本方法以系统思想为指导，将每个省作为一个完整、统一的生态系统（尽管各省土地面积差异很大），各省植物种数量是其生物和环境相互作用长期进化的一个涌现特性。而传统生态学方法在进行类似研究时，采用相邻格子法，即在生态系统中设置很多相同面积的小样方，以此为基本单位进行研究。这实际上是把一个完整的生态系统分解成了许多小的组成部分，而复杂系统的根本特性恰恰在于“通过对一个系统的组成部分的了解，不能对系统的性质做出完全的解释”，这样的研究方法在较小的空间范围如群落或景观尺度也许还可以，但是，当范围扩大到区域尺度，如中国的960万平方公里，南北距离、东西距离均超过5000多公里，就可能存在问题。这就是为什么 Willis and Whittaker（2002）特别指出，生物多样性与空间尺度范围有关，在地方尺度（local spatial scale）上能够解释物种多样性的变量，也许在区域尺度（regional spatial scales）上并不适用。

第三，CI 值的计算方法不是采取简单相加或相乘的直接综合方法，而是在主成分分析基础上，根据多个变量各自代表所有变量信息的多少和贡献率，最终缩减为一个综合变量，它体现了变量之间的相互关系。用它与植物种数量进行回归，阐明生物多样性的形成机制，要比单一环境单因子更合理。毕竟，生态系统的涌现特性是多因子相互作用的结果。而且，各主成分得分数和贡献率还体现了因子之间相互作用的强度。而传统的多因子逐步回归，虽然也采用多变量，但是在进行因子取舍时更多的是考虑自变量与因变量的相关系数，却忽视了自变量之间的相互作用关系。表4-7中最后一个模型，虽然采用温度、降水和海拔差三个变量进行逐步回归，却只有降水和海拔差进入模型，温度则被淘汰。从因子之间的相关系数可以理解，温度的信息已被降水代替，但是在实际情况下，缺了温度这一能量因子，任何创造都不会发生。因此，Hawkins 等人（2003）总结到，水分和能量的相互作用关系对全球物种多样性梯度的解释十分重要，任何试图解释大尺度物种多样性规律的理论要是缺了它们，就失去了一个关键的组成部分。在本理论中，不仅要考虑相关系数，还要考虑因子之间的相互作用，每个因子是否不可替代。

表 4-8　植物种数量与 *CI* 值及其他环境因子的回归分析结果

变量	回归	自由度	*F* 值	*P*
植物种数量 －*CI*，立方模型				
因子复相关系数（R^2）	0.940	3/23	137.516	0.0000
常数	−0.184			
CI	0.818			
CI^2	0.293			
CI^3	0.432			
植物种数量 － 温度、降水、海拔差和面积的综合环境因子，线性模型				
因子复相关系数（R^2）	0.423	1/25	20.054	0.0001
常数	$-6.377E^{-7}$			
综合环境因子	0.935			
植物种数量 － 温度，线性模型				
因子复相关系数（R^2）	0.123	1/25	4.656	0.0407
常数	$-7.407E^{-11}$			
温度	0.396			
植物种数量 － 海拔差，线性模型				
因子复相关系数（R^2）	0.176	1/25	6.553	0.0169
常数	$-1.247E^{-10}$			
海拔差	0.456			
植物种数量 － 面积，反比模型				
因子复相关系数（R^2）	0.280	1/25	11.132	0.0027
常数	0.132			
面积	0.201			
植物种数量－ 温度、降水、海拔差多因子，线性模型				
因子复相关系数（R^2）	0.593	2/24	19.915	0.000
常数	$-2.11E^{-10}$			
海拔差	0.761			
降水	0.714			

我们结合 *CI* 值最高的云南省和倒数第二的黑龙江省进行实际分析。云南省是我国生物多样性最丰富的省份，我有幸于 2002 年陪同全国人大常委会成思危副委员长到云南考察生物多样性，我们从昆明乘飞机先到迪庆州香格里拉（中甸县），然后乘汽车从香格里拉顺金沙江而下，过虎跳峡到丽江，沿途亲身感受了从四五千米海拔降到一千多米海拔的生物多样性变化情况，那是一种被自然系统创造力强烈冲击的震撼，在我心中留下了不可磨灭的印象。

从能量来看，云南地处热带和亚热带，能量充足。从地形地貌来看，云南地势为西北高、东南低，高山和河谷相切，纵横交错，地形极为复杂。西北部迪庆州的梅里雪山主峰卡瓦格博峰，海拔为 6740 米，是全省最高点；最低点则位于云南东南部的元江与南溪河交汇处的汇水水面，海拔仅为 76.4 米，最高与最低高差悬殊达 6663.6 米。

由于地形、地貌和环境的复杂性和多样性，立体地形、立体气候十分突出，形成了云南省地域内光、热、气等自然资源的时空分布不均，各地气候差别悬殊，包含了从海南到黑龙江的所有类型。由此，复杂多样的地理环境、充足的热量和丰富的水分条件，使云南成为世界十大生物多样性热点地区之一的东喜马拉雅地区和缅甸北部地区的核心区域。云南省总面积仅占全国的 4%，而各类物种数量均接近或超过全国的一半以上，药材、花卉、菌类的种类居全国之首，珍稀物种资源占了全国的 67.5%，居全国第一位，生态系统类型多样而独特，堪称世界生态类型的缩影。

相反，东北的黑龙江省，虽然在面积上稍大于云南省，但在能量上只有 1.97℃的年平均气温，远远低于云南的 16.46℃；在环境多样性上，黑龙江海拔差仅 1366 米，年降水量 518.62 毫米，而云南这两项则高达 6663.6 米和 1133 毫米。尤其在决定适应性的动物种数量上，云南（1314 种）是黑龙江（496 种）的 2.65 倍。

总之，正是复杂系统在能量、多样性和适应性上的差异，决定了各自创造力的强弱。这里虽然从生态系统生物多样性形成机制角度，根据中国的材料对此进行了验证，但是还很有必要对其他不同地区、不同尺度的生态系统进行研究，以验证该理论的普适性。

第五章

社会创造力

一、社会复杂系统与自然复杂系统的差别

社会也是一个复杂系统，由生命复杂系统推导出的创造力模型是否适用于社会复杂系统呢？如果适用，根据复杂系统创造力与能量和多样性成正比、与适应性成反比的规律，一个社会系统所拥有的能量越多，系统越是多样化，适应性越低，这个系统的创造力就越大。然而，社会复杂系统与自然复杂系统存在根本差别，这个差别主要体现在能量方面。因为社会能量既有一般系统所指的物质形式能量，也有精神能量，这也就是人和动物的根本区别。由具有精神的人组成的社会，其创造力就明显地带有精神的痕迹。由于精神能量的加入，反映社会系统创造力的模型就同一般复杂系统创造力模型产生了差异。

能量是社会发展动力，一个社会的创造力同其消耗的能量成正比。我国目前的创造能力还远低于发达国家，从能源消费角度就可见一斑。1999 年，中国的人均能源消费量为 0.87 吨标准油，为世界平均水平的 50%，人均电力消耗为 913 千瓦，仅为世界平均水平（2280 千瓦）的 40%。1997 年，中国人均生活用电为 101 千瓦，而日本和美国的人均生活用电量分别为 1834 千瓦和 4025 千瓦，为中国的 18 倍和 40 倍左右（魏殿生，2003）。

但是社会创造力又不完全受能源制约，当社会所需能源有了基本保障后，精神能量在社会创造力中的作用就会凸显出来，成为推动社会创造的主要动力。从唯物主义观点看，精神是物质的产物，是人脑复杂系统所产生的涌现特性。虽然从物理学角度不可能采用仪器对精神能量进行测量，但是精神能量的作用在于它控制了物质能量的释放方式，从而对系统的能量释放产生了重要影响。人因为有了精神能量，其行为就有了目的性，人的物质能量就可能有目的集中释放，产生无法想象的创造。而动物的精神能量很弱，其行为受本能支配，不可能像人那样能将物质能量通过精神聚集，有目的集中释放，因此动物创造力低下。正是精神能量的作用，使得同样是两个物质能量相同的物体，在创造力上表现出巨大不同。不可想象，一个没有精神能量的社会，会产生巨大创造力。

同时，社会创造是一个系统行为。创造并不仅仅是个人行为，个人即使具备创造能力，并不一定就能作出创新成果。其中，社会对人的创造能力起着至关重要的影响。由于不存在绝对自由社会，个人行为乃至创造力或多或少要受到社会不同程度的抑制。从某种程度上说，社会精神（例如意识形态、政治制度、道德规范、行为准则等）既决定着个人创造力能否发挥，又决定着整个社会的创造力。为此，我们应该给予精神能量以更多关注。

二、创新精神——社会创造力的能量

创造是先对原有规律或秩序的偏离，然后又重新恢复到新的规律或秩序。我们知道，要突破原有规律或秩序需要能量，如果把地球上的物体冲出地球当成为一种创造的话，那么需要火箭的动力来克服强大地心引力，只有当火箭的推动力大于地心引力，速度达到每秒 11.2 公里的逃逸速度时，偏离地球的运动才能成为可能，创造才能发生，否则，就会被地心引力拉回。

人是社会性动物，任何人都是处于一定社会条件下。社会为了自身稳定，就必然会形成维护社会稳定的道德规范、规章制度和法律法规等规范人们行为的条条框框。这些道德法规经过长期教化，一旦在人们心中成为习惯，就会变成自然惯性。习惯势力如同强大地心引力，总是把偏离原有规律的东西拉回原来的运行轨道。这种情况下，如果没有比习惯势力更为强大的能量，创造怎么可能发生呢？

创新精神从本质上说，是一种超越的力量，是跨越的力量，是克服因循守旧的力量。只有精神是最自由的，它能够摆脱一切桎梏，甚至超越自身。如果没有创新精神，人类早就被千万年来形成的传统、宗法、制度等限制成只会说话的动物了。就是因为人类有了这种能够冲破一切阻力、超越一切限制、突破一切框框的精神力量，才使人类能够不断发展，才使得人类在生物进化基础上开辟了社会进化，这两种进化的根本不同就在于，社会进化具有精神内涵。就是因为人类社会拥有创新精神，才使社会产生了无穷创造力。

创新精神就是支撑创造的能量和动力。那么创新精神是如何形成的呢？从社会发展历程来看，要形成社会创新精神主要在两个方面，一是精神解放，二是培养创新精神。

1. 精神解放

实际上从能量角度看，精神解放或称为思想解放，是为创造减少阻力，减少在创造过程中的能量消耗。

精神即是意识，唯物主义认为精神是物质的最高产物。精神的产生是以物质为基础的，是能量转化的结果。同时，精神又对人的行为起支配作用，有什么样的精神或意识，就会有什么样的行为。

思想解放是社会创造的前提条件，不可想象一个思想保守、封闭的社会能成为创造中心。从历史上看，正是意大利文艺复兴时代以来的启蒙运动，把人从封建专制和神学统治中解放出来，人们的观念发生了根本变化，才使得西方一些国家得以迅速发展，跻身世界强国之列。日本的汤浅光朝提出，凡是重大科学成果数量超过世界同期总数25%的国家，被称为“科学活动中心”。把保持“科学活动中心”的时间，称为“科学兴隆期”。他发现，近代的科学中心发生了五次大转移，即由意大利到英国、到法国、到德国、再到美国。与“科学活动中心”相伴，一般都存在有思想解放运动、政治革命以及随之而来的经济繁荣（张迈曾，1998）。

在意大利文艺复兴运动中，一大批思想家把自然科学从神学教义下解放出来，甚至付出了生命的代价，布鲁诺（1548～1600年）由于宣传“日心说”，动摇了神学理论，被认为是异端，宗教裁判所将他投入监狱达8年之久，要他忏悔、认错，但是最后以“不肯改悔、顽抗到底”的理由将布鲁诺用火烧死。他毫不畏惧地说：“火并不能把我征服，未来的世界会了解我，知道我的价值!”的确，“浓烟未能遮住无边无际的天空。荒诞的天球被布鲁诺勇敢的思想所摧毁，从此荡然无存。无限的宇宙和无数的世界展现在人类眼前。人类是经过火刑架飞向宇宙的。”（施捷克里，1986）正是这样的思想解放先驱，解放了人们的思想，使人的创造力得到了前所未有的发挥，出现了像达·芬奇、伽利略等一大批科学巨匠，他们在数学、物理学、化学、医学、天文学等一系列领域取得了重大成果，使意大利在1540～1610年间成为世界的“科学活动中心”，生产力得到很大提高，为它后来进入现代化国家奠定了基础。

英国受文艺复兴运动影响，先发生了思想解放运动，出现了像培根这样的大师，他“知识就是力量”的名言至今仍是鼓励人们获取知识的巨大精神力量。这时英国也发生了资产阶级政治革命。这期间出现了像牛顿、达尔文这样的科学巨匠，并先后发明了纺纱机、织布机、蒸汽机和火车。1660年以后，英国自然成为“世界科学活动中心”，科学兴隆达70年之久。1760～1830年英国发生产业革命，1800～1880年英国成为世界经济中心。

17~18世纪在法国掀起了一场启蒙运动，伏尔泰、卢梭、孟德斯鸠、霍尔巴赫、爱尔维修、狄德罗等一大批思想家批判神权、宣扬人权，提倡自由、平等、博爱、接着发生了资产阶级革命。随之，扶植科学，推动科学技术进步成为政府的中心活动之一，出现了像拉瓦锡、拉格朗日、拉普拉斯等一大批划时代的优秀科学家。1770年，法国成为世界“科学活动中心”，持续了60年，1820年法国出现了产业革命，1850～1890年，法国的经济发展进入高潮期。

德国于19世纪初出现了康德、黑格尔、马克思等思想巨匠，于1830～1850年间爆发了资产阶级革命。1840年以后，德国重大科学发现超过世界同期的25%，进入“科学活动中心”时期，产生了像普朗克、科赫、爱因斯坦这样一些科学大师，1850～1880年间德国进行了产业革命，在世界上率先实现电气化，发明并应用内燃机等一系列先进技术，1880～1920年进入了经济高潮期（张迈曾，1998）。

如今，当我们回溯世界“科学活动中心”转移轨迹，一条普遍规律便清晰的显现：首先是思想解放和精神上超越，然后是科技创新，再进入经济繁荣。

2. 精神能量集中释放

爱因斯坦（1979，第176页）指出：“一切方法的背后如果没有一种生气勃勃的精神，它们到头来都不过是笨拙的工具。但是如果渴望达到这个目标的念头是强烈地活跃在我们心里，那么我们就不会缺少干劲去寻找达到这个目标并且把它化为行动的方法。”

人不是机器，虽然健全的社会制度和道德法律能够保证一个社会正常运转，但却不能保证社会是一个充满活力、创造力迸发的社会。一个人如果没有创新精神，技术水平再高，也只是一个工匠；一个社会如果没有创新精神和文化，这个社会就是死气沉沉、没有生气的社会，大量创造自然不可能。

精神力量实际上也是一种能量，这种能量必将转化成社会行动。当创新精神和文化一旦形成风气，并转化为社会大多数人的自觉行动时，每一个处于该社会之中的人都会受到这种精神和文化的强烈熏陶，就会像核反应那样释放出巨大的能量和创造力。俄罗斯思想家尼古拉·别尔嘉耶夫（2002，第60页）就深刻阐述了精神在创造中的作用：“精神是创造的积极性，每个精神行为都是创造行为……人的创造行为总是来自精神，而不是来自自然界，它需要世界的质料，要求勇敢的人的世界，它从精神走向世界，并给世界带来新的东西，未曾有过的东西。”

我们知道原子弹就是利用核反应时所释放出巨大能量的原理制造出来的。制造原子弹的材料是铀，金属铀（U）是一种原子量极大的金属，铀原子核有92个质子，还有143个中子或146个中子，因此有一种铀原子的原子量是235，另一种是238。实验发现只有$_{92}U^{235}$能被中子轰击而发生裂变。一般快中子容易被$_{92}U^{238}$俘获变成$_{92}U^{239}$不能发生裂变，而慢中子不易被$_{92}U^{238}$吃掉，能使$_{92}U^{235}$分裂。同时，由于小块的铀中，中子很容易飞出铀外，不能击中$_{92}U^{235}$使它分裂，因此，铀的体积又必须超过所谓“临界体积”。这样，当我们把$_{92}U^{235}$从天然铀中分离出来，并使$_{92}U^{235}$体积超过临界体积，则会发生核分裂的链锁反应。反应开始时用一个中子轰击铀核，铀核分成两块或三块，同时放出2～3个中子（第二代中子），这些中子又轰击没有分裂的$_{92}U^{235}$核，使之裂变，又产生中子（第三代中子）。这样一代代传下去，只要到第70代中子，至少就有^{270}个铀核发生裂变。这样的反应大约在百分之一秒内甚至在百万分之一秒内完成，会放出巨大的能量，产生大约几百万到几千万度的高温（褚君浩，1976）。

社会创新精神在社会创造力方面的作用，就如同核裂变一样，精神能量通过在人与人之间的传递中得到不断加强，当整个社会形成这种精神，人们在这种精神力量引导下自觉从事各种创造活动，精神力量就会像原子裂变一样，在一定时期集中爆发，产生出巨大创造力。

以德国为例，德国是欧洲的一个重要国家，它曾经对欧洲和世界产生过巨大影响。从杜美（1990）的《德国文化史》可见，德意志民族之所以创造了灿烂的文化，产生出一大批世界级人物，为人类文明做出重要贡献，其中最为重要的一个方面在于德意志民族强烈的创新精神，及其将这种创新精神以脚踏实地的方式进行释放。

在德意志民族的民族特性中，名声、荣誉和勇敢占有突出的地位，历史上为德国建立过功勋的文学家、科学家、政治家等，都由后人立碑，以资纪念，这在民族性质上表现得十分明显。在民族的意识中，人的生命以至财产会随时间一起流逝，但是事业的荣耀、为民族创下的功绩却会永远留存。

早在15～16世纪倡导宗教改革的马丁·路德（Martin Luther 1483～1546年），就很好地体现了德意志民族的创新精神和脚踏实地的作风。中世纪的欧洲由罗马教会一统天下，束缚了人的自由发展。随着民族意识的觉醒，分散的封锁的生产方式已无法阻挡新的科学技术的冲击，具有人文主义思想的知识分子早已不愿受教会思想的愚弄和束缚。改革的导火索是1517年3月15日教皇列奥十世发布的赎罪券出售令，其目的是从信徒那里搜刮钱财，用以修缮旧圣彼得大教堂和弥补教会方面的财政匮乏。教皇的赦令一经宣布，立即引起英国、法国、西班牙和德国等诸侯的抗议。德国萨克森选侯尤其反对把赎罪券卖得的钱全数交给罗马教皇，因为他们想用这笔钱扩建威丁堡大学。恰巧，马丁·路德在萨克森选侯管辖的威丁堡大学任神学教授。针对赎罪券买卖，路德于1517年10月31日在威丁堡教堂大门前张贴了他的95条论纲，从而掀起了德国的宗教改革。95条论纲具有强烈的反抗罗马教皇的抗争性质，表现了路德不畏权贵、独立思考、敢于创新的精神，这也是德意志民族意识的表现。

更为可贵的是路德的创新精神不仅释放在宗教改革的论纲上，而且还踏踏实实地从事《圣经》的翻译工作，历经12年时间，将《圣经》翻译出版，使广大农民和平民群众能够掌握《圣经》，破除了“只有罗马教会是上帝唯一代言人”的迷信，促进了反对罗马教会和反对专制主义的斗争。这不仅对于宗教改革具有重大意义，而且，德语版《圣经》对德国民族语言和民族文学也做出了重大贡献。路德把希伯来文和拉丁文《圣经》译成德语几乎耗费了毕生精力，他翻译时冥思苦想、斟字酌句，有时为了寻找一个恰当的词汇要花数周时间，而为了了解不同身份和不同职业的人怎样讲方言土语，则注意路人和市场上的人如何互相谈话。因此，他常常走街串巷，也听路人发音说话，一边仔细琢磨。他这样谨慎地从高地德语、低地德语和中部地区德语中选用的德语，既使德语纯净化，也使德语语言达到高度统一。所以，他翻译的《圣经》，从语言上对德语起到了规范、美化、统一的作用，为德国今后的经济、文化、科技等的发展奠定了基础。难怪大诗人海涅惊叹：“路德的语言在不多几年内便普及到全德意志，并被提升为共同的书面语言。这种书面语言今天仍通行于德国，并赋予这个政治上宗教上四分五裂的国家以一种语言上的统一。”

16～17世纪在宗教改革之后，德国产生了一批有重要影响的自然科学家，其中天文学家约翰尼斯·开普勒就是具有世界影响的最卓越的德国科学家。他敢于探索、勇于创造、不畏教会，支持和维护哥白尼学说。他富于想象，常对天体作出许多假设。对于行星轨道，几年内他曾作70多次假设，终于在1604年作出了划时代的重要发现，他的第一定律问世——即行星沿椭圆轨道绕太阳运行，太阳处于两焦点之一的位置。这一发现发展了日心说理论，在这之前都认为行星的运行轨道是圆形的。1609年，他发现第二定律，即面积定律，指出行星运行的不匀速度，距太阳近速度快，距太阳远速度慢，但不论从近远距离点出发，由太阳中心到行星中心之间的连线在相等的时间扫过的面积是相等的。相隔10年后，开普勒在其《宇宙的和谐》中创立了第三定律，即和谐定律，行星绕太阳公转运动的周期的平方与它们椭圆轨道的半长轴的立方成正比。这三大定律为牛顿发现万有引力定律打下了基础。此外，开普勒还是德国光学的始祖，他解释了视觉的形成，揭开了视网膜的作用，指出近视远视的原因，制成了第一台开普勒望远镜。因此，马克思称他是英雄，恩格斯把他视为发出闪光的人物。

可是，开普勒的一生却是在病痛和贫困中度过。他4岁患上了天花和猩红热，健康受到了严重影响，视力衰弱，一只手半残。16岁时父亲病故，母亲被指控有巫术罪而入狱。中年又丧子、丧妻，到老年还是一贫如洗，年近花甲（59岁）还要去布拉格索要拖欠了很久的薪金，走到半道抱病不起，在一家旅店悄悄离开人世。他死时，除了一些书籍和手稿以外，身上只剩下7芬尼（1马克等于100芬尼）。

17 世纪，受欧洲巴洛克艺术风格的影响，德国也产生了一大批巴洛克文学家、哲学家、雕塑家和音乐家。具有世界影响的音乐家是约翰·塞巴斯蒂安·巴赫（Johann Sebeastian Bach，1685 ～ 1750 年）。巴赫被誉为是欧洲古典音乐的鼻祖，他流传下来的 500 多部作品中，虽然绝大部分是以宗教为题材，但是他冲破了宗教音乐的框框，把受启蒙思想影响的感受注入音乐创造中，反映觉醒的平民精神和虔诚质朴的宗教情感，这使得他的音乐作品明显突破了教会音乐的规范，具有丰富的世俗情感和大胆的创新精神。

他创作了用器乐伴奏的世俗声乐，其成就体现了一个旧时期音乐的终结，同时也代表了新时代音乐的起点。实际上当时巴赫是以管风琴演奏大师而闻名的，人们只承认他是一个演奏家和乐器鉴定家。作为作曲家，这一身份在巴赫生前没有得到肯定，他创作的大部分作品也没有出版，而不被人们所理解和认可。巴赫的音乐是在他死后多年，才被人们发现，从而对近代西方音乐产生了深远影响。

巴赫的音乐深深植根于德国现实的民族风格之中，构思严密，感情内敛，富于哲理性和逻辑性。有的音乐家认为，巴赫的情感在规模上与莎士比亚同等宏伟。在他那里没有浅薄，没有居无定所的感情心绪，没有愤怒和狂喜，有的是深沉和静谧。而对于我的感受则是，听巴赫的音乐就如同与德国人进行交谈，深沉而富有哲理。

从巴赫所留下来的浩如烟海的音乐作品中，后人看到的是他具有极高的音乐天赋。可他还是终生勤奋，晚年因努力创作而导致双目失明。在他身上体现的正是德意志民族的既敢于创新，又勤奋踏实的精神。

哥特弗里德·威廉·莱布尼茨（Gottfried Wilhelm Leibnitz 1646 ～ 1716 年）是同英国的牛顿、荷兰的斯宾诺莎、意大利的维柯等同时代著名哲学家一样享有世界声誉的学者。用罗素（2003）的话说，“莱布尼茨是一个千古绝伦的大智者”。他博学多才、眼界开阔，在数学、物理学、法学、史学、诗学、语言学、逻辑学以至政治学等人文学科和自然科学诸领域，都有独到建树。他创立了微积分学理论，他创立的“二进位制”奠定了后世控制论和计算机原理的基础（据说这是他研究中国《易经》的获益），在哲学上他提出了“单子论”，他研究过中国的老子、孔子，尤其推崇中国的实用哲学。莱布尼茨这种永不满足。不断创新的精神，激励着德国的后人。他继承了 16 世纪的人文主义运动和巴洛克思想，并把其精神导入了德国启蒙时代的 18 世纪，尤其引起了德国人研究哲学的热情与兴趣。

18 世纪，更是德国人才辈出、创造力开始大爆发的时代。康德、莱辛、歌德、席勒、海顿、莫扎特、贝多芬等等，群星璀璨，凸显于世界文明史册。

伊曼纽尔·康德（Immanuel Kant 1724～1804年）是德国古典主义哲学的开山鼻祖，他在哲学、自然科学和人类历史方面的成就和名声远远超出国界，也远远超出他那个时代。他就是一个在思想上极富创新精神、敢于开拓，但在生活事业上兢兢业业、踏踏实实的人。他的三大批判，即《纯粹理性批判》、《实践理性批判》和《判断力批判》，被称作哲学思想上的一次革命，突破了前人以理性为基础的思想，充满了叛逆精神和批判精神，为德国哲学界和思想界注入了革命性的思想。从他讲的一句话，我们可以看出，他是多么酷爱自由和创造："再没有任何事情会比人的行为要服从他人的意志更可怕了。"同时，康德这种强烈的创新精神所积蓄的能量，则以过人的勤奋和敬业方式，像春蚕吐丝一样释放出来。他一生勤奋，没有结婚，终身以哲学为伴，几乎没有离开过他所居住的城市哥尼斯堡，他为学术事业每天兢兢业业，生活、学习和研究都极有规律，据说邻居常以他的作息时间来对表。海涅说，城里教堂的大钟都不会像康德那样按时完成每日的工作。深居简出使他善于独立思考，他以理性批判为基础思考的内容使世人惊异。而他的学术成就直接导致了德国哲学上的一次革命。

歌德是德国文学巅峰的代表人物。他是一个具有非凡创造力的人，他不仅是诗人、剧作家，而且也是自然科学家和哲学家。他一生创作丰硕，当今出版的《歌德全集》高达130余卷，这不仅能看出一个作家强烈的创造精神，还体现了他坚强的意志和崇高的人生追求。他逝世前完成的巨著《浮士德》，创作时间长达50年，内容涉及了当时德国社会的各个方面。书中交错着现实与虚无、前进与倒退、勇于创造与阻碍创造、追求真理与期待其失败的魔鬼相争相合的矛盾。浮士德的悲剧在于他的愿望没有实现便逝世了，但是浮士德积极向上、自强不息的精神却代表了18、19世纪德国资产阶级的进步思想，它所表明的对生活的热爱与创造、追求人类丰富的知识，催人奋进，使人在黑暗中不致感到失望。列宁被流放西伯利亚时，在所携带为数不多的书中，《浮士德》是其中之一。

有人说，一天24小时，全世界每一分钟都会响起贝多芬的音乐，100多年从未断过。他的音乐中含有什么东西？竟有如此强大的生命力！路德维希·冯·贝多芬（Ludwig van Beethoven 1770～1827年）这位享誉世界的音乐家，以他非凡的创造力，将乐器从教堂和宫廷节庆仪典的背景音乐、只用于营造气氛的艺术中脱颖而出，成为音乐爱好者乐意花钱买票专心聆听的一桩快事。他发现了乐队和交响曲的新领域，创造了自己的乐队和奏鸣曲的新天地。他的音乐之所以长盛不衰，是贝多芬为音乐赋予了灵魂。德国浪漫主义文学的先驱霍夫曼（1776～1822年）就曾经指出："贝多芬的音乐开启了害怕、敬畏、恐怖、痛苦的闸门，唤醒了人们无穷的憧憬，而那正是浪漫主义的真谛。”（丹尼尔·J·布尔斯廷，1997，第710页）面对这些有了灵魂的音乐，所以我们在听贝多芬的《田园交响曲》时才能感受他热情奔放、有力、富有田园韵味的情趣；从《命运交响曲》中体会到一颗不屈的心灵，勇敢面对命运的挑战；《英雄交响曲》渗透着反专制主义统治、拥护共和的斗争精神；他根据席勒的颂诗《欢乐颂》完成的《第九交响曲》更让世界感受到了他博大的胸怀，四海之内皆兄弟的思想，追求自由、平等，为创造幸福生活而勇于斗争的精神，其强大的震撼力使得在两次世界大战中，敌对双方都是在高唱着同一首第九交响曲向对方开炮。

这些震撼心灵的交响曲，超越了民族和国家，超越了时间和空间。可以肯定，只要人类存在一天，这些音乐就会响彻世界。既然音乐如此伟大，创造音乐的灵魂自然更加伟大。贝多芬的伟大则主要体现在精神，创新精神激励着他用创造面对耳聋。随着耳聋的恶化，贝多芬的才华日益焕发、演奏日益辉煌。耳聋虽使他无法再当钢琴大师或指挥家，但他却利用这常人难以忍受的寂静，集中于创作，从而写出了千古巨著。蔑视权贵、反对专制，是他创新精神的体现。第三交响曲《英雄》是史无前例的，原来在1804年为这部作品取名《波拿巴》，以示对拿破仑这个貌似欧洲的“解放者”的敬意。但当一听到拿破仑称帝，贝多芬勃然大怒，狂呼：“这么说，他也不过是个普通人？现在他也要来践踏别人的一切权利，放纵自己的野心了。他也要高居万人之上，当个暴君！”他随即撕下扉页，掷在地上，改曲名为“英雄”。一次贝多芬同歌德一起散步时，路遇女皇和其他皇族。贝多芬说：“勾住我的胳臂，他们必须给我们让路，我们无须让他们。”贝多芬交叉着双臂从皇族间走过时仅稍稍推扶了一下帽子。

19世纪，德国在其创新精神推动下，继续产生影响世界的创造性人物。海涅、黑格尔、马克思、恩格斯、谢林、费尔巴哈、叔本华、尼采、瓦格纳等人，享誉世界，甚至于影响了世界历史发展进程。

海涅继承其前辈的精神，在理想追求上反对封建专制主义，崇奉自由、民主和革命。在思想和诗歌创作上，成为开启德国抒情诗派的创始人，同时也成为德国古老抒情诗的终结者，是跨时代的代表。黑格尔在继承和批判前人哲学理论的基础上，把德国古典唯心主义哲学推向顶峰，使辩证法得到了完善和发展，其重要性不只是达到欧洲哲学史上前所未有的高度，且成为后来马克思主义的重要源泉之一。马克思和恩格斯既具备了要砸烂一个旧世界、创造一个新世界的革命创新精神，同时又踏踏实实著书立说，为无产阶级革命创造理论武器。《资本论》是两人几十年不懈努力的创造，1867年马克思完成了《资本论》第一卷，而第二、第三卷是在马克思逝世后，经恩格斯整理分别于1885年和1894年出版的。

创新是无止境的。贝多芬之后，瓦格纳把音乐又推向了一个新的高峰。他在文学和音乐上都有天赋，然而，在文学史上也有地位的大作曲家，迄今只有他一个。还在瓦格纳小的时候，当他了解贝多芬的生平和奋斗之后，他深深为“那最最崇高而超凡脱俗的独创精神”所感动。于是他自学音乐，发觉音乐使他“着魔”。瓦格纳多才多艺，在他身上激荡着西方的歌词音乐和乐器之间、思想和感情之间，以及思维和声音之间由来已久的冲突，可他始终追求从整体看世界，所以他的音乐最终也受这一信念支配。这也就是他为何有独创性，创造出“综合艺术作品”的原因。正如萧伯纳在《尽善尽美的瓦格纳派》中解释道：“音乐已经成为世界上最迷人、最神奇、最令人惊诧的艺术。莫扎特的《唐璜》使全欧洲的音乐界认识到现代乐队的魅力，认识到音乐完全可以适应戏剧家最细腻的要求。贝多芬让人看到，在像他自己那样没有特别高明的文字修养的人心中汹涌而难以言喻的情绪和诗意，可以用音乐写下来，成为交响曲……自从有了贝多芬的交响曲，太深刻而文字无从表达的诗意，音乐都能表达。”瓦格纳这位出类拔萃的文学音乐家集文字与音乐两种艺术于一身。“贝多芬的交响曲……表达感情，不表达思想，有意境而无意念。瓦格纳加上了思想，创造了乐剧。”

进入20世纪，德意志民族的创新精神在科学创造上得到了充分体现。马克斯·普朗克作为量子力学的奠基人，于1918年获诺贝尔物理学奖。爱因斯坦以相对论震惊了世界，这是牛顿的经典物理学定律历经200年后才被爱因斯坦打破。弗洛伊德的心理分析，彻底颠覆了自古以来人类对自身精神的认识。

从德意志民族几百年来一脉相承的精神能量中，可以总结出，所谓创新精神至少可以包括以下几个方面：

崇尚自由，不畏惧专制，敢于解放；

心胸开阔，不迷信权威，敢于创造；

独立思考，不盲目跟风，敢于自立；

脚踏实地，不投机取巧，敢于求真；

自强不息，不故步自封，永不满足。

3. 创新精神是如何传承的

以上论述使我看到了精神在创造力方面巨大动力作用，那么创新精神是如何传承的呢？既然人的精神是指人的意识、思维活动和一般心理状态，或者狭义地说是指人所表现出来的活力，那么精神便是社会文化产物，创新精神就是社会文化的体现。

创新精神不是虚无飘渺的东西，它体现在社会个体的生活态度和生活方式上。社会是一个复杂系统，组成社会的个体同样是复杂系统。精神是人类社会复杂系统产生的涌现特征，作为复杂系统，我们不可能根据精神过程的物理条件来推导出精神面貌。因此，精神是复杂系统的整体行为，只有从系统的整体层面上才能理解精神。

从一个人精神面貌产生的过程来看，它既受人脑复杂系统结构影响，同时又受其所处自然和社会环境左右，影响因素十分复杂。根据人的遗传基因分析，不可能有基因完全相同的两个人，那么，每个人的精神面貌也不可能相同，即使这两个人从小受同样教育，但成人后精神面貌也存在巨大差异。这就涉及系统创造具有对初始条件的敏感依赖性问题。以人的教育为例，我们常常发现，有这样的孩子，从小受到很好的教育，可是却因为一些看似很小的影响因素，使孩子不能达到培养者所希望达到的目标，甚至成为培养教育目标的反面。这就是小影响发生在临界点上，被孩子强化，从而出现重大影响。人就是这样一个复杂系统，教育所传输给这个系统的东西，并不会直接、简单地反映出来，而是要在这个复杂系统中进行反应。而反应的材料来自各个方面，有教育者灌输的，有社会、家庭耳濡目染的，还有随机获得的等等，这些反应材料都在人的复杂系统中产生相互作用，最终以精神现象体现出来。当一个人形成自己特定的精神面貌后，其精神就会指导人的行为，一个人的行为举止、办事、工作无不渗透着这种精神。精神力量有时显出巨大潜能，我们常常会有这样的体会，有时会发现某人做出了不可思议的事情，甚至完成了常人不可能完成的惊人之举，这便是精神力量的结果。

由此可见社会文化对形成特定精神的作用。社会文化是在特定自然环境条件下，人们长期生活的一种生存方式，它包涵了生活全部。因此，它就是精神产生的土壤。当一种生活方式不断、反复地输入到个体复杂系统以后，个体自然会接受这样的输入，因为，当个体的输出不符合社会文化时，常常会被社会所抛弃。所以个体适应的结果必然是向着社会文化发展方向，当大多数个体成员都接受这样的文化时，社会精神也就产生了。从此，社会就在这种精神下进行活动和生活。但是这种精神却不能永远统治一个社会。这是因为人不是一般动物，他们不是简单地适应社会，每个人都是一个复杂系统，复杂系统的一个根本特征就是创造，会有新特征涌现。当一个人的创造发生在社会的临界点时，这种创造就会被放大，从而影响到全社会，有可能形成新的社会精神。

社会精神可以是多方面的，其中创新精神是社会精神中与创造有关的方面，例如，敢于创造、敢于探索、敢于求真、积极进取、永不满足。当创新精神在一个社会占主导地位时，就如同给社会注入一股强大力量，极大地提高社会创造力，创造出灿烂的社会文化，推动着社会蓬勃向前发展；相反，当保守、不思进取、安于现状等思想状态主导社会精神面貌，社会就缺乏发展动力，社会创造力会受到抑制，社会便死气沉沉，创新就会成为社会所不能容忍的现象。因此，是否具有创新精神，是一个社会创造力强弱的重要标志。

创新精神不是虚无缥渺的东西，更不是仅仅挂在嘴上的响亮口号，它是实实在在体现在社会个体身上，体现在个体工作和生活态度上，体现在人们举手投足之间，从细微之处才能真正体现出一个民族、一个社会是否有创新精神。德国文化哲学史大师威廉·狄尔泰（2002，第 74 页）也明确指出："只有通过首先理解一个民族的生活所具有的各个不同侧面，诸如它的语言、宗教和艺术，并且理解了它们是如何相互影响的，我们才能清楚地觉察和分析民族之魂……民族精神。"因为，如果这种创新精神不是体现在具体生活之中，一个民族不是在行动上实践创新，而只是在口头上喊创新，那么，其精神力量是体现不出来的，真正创新精神必须融入一个人的血液，化作实际行动，其创造力才会被激发出来。当创新精神成为全民族、全社会的共识，成为多数人的自觉行动时，在社会层次上就会突现一种系统行为，即复杂系统的创新行为，创新就会层出不穷。

德意志民族的创新精神已经融化到了民族的血液里。在人们的举手投足之间，在一个人行为举止的细微之处都可得到充分体现，对此我有切身感受。我从 1995 年开始，就比较多地参与了德国援华造林项目的咨询工作，德国政府从 20 世纪 90 年代初开始，在我国十多个省进行了无偿援助的造林项目，每个项目德方投入 1200 万马克（折合当时人民币近亿元），中方也配套相应资金，用于当地生态环境建设。项目由德国复兴开发银行出资，并聘请德国咨询公司对项目实施进行技术咨询和监督，我作为咨询公司聘请的中国造林专家参与咨询工作。十多年时间中，我同一拨又一拨的德国专家接触过，在他们身上我感受最深的是踏实、求真的创新精神。

我参与的第一个项目是在北方某市，一次我同德国专家到现场检查造林情况，一般都是当地技术人员带路，到他们预先选择好的造林地检查。可是这一天我们在看完指定地点后，便没按照技术员的线路走，而是自己走到更远的一块地，发现这里没有栽一棵树，可是地图上却清清楚楚地标明造林已经完成，而且，这些"完成的任务"已报账领取了造林经费。德国专家对我说："虽然我活了六十多岁，但这是我从来没有遇到过的事情，这是欺骗。"他随即将情况向德国复兴开发银行进行了如实汇报，后来银行又组织了一次专门考察，并发现了更多问题，这个项目最后被终止。

后来，当我对德国咨询公司和专家的运作机制逐渐了解后，才发现，其实国际专家的利益同项目命运是连在一起的，项目一旦被终止，专家也就没有活儿干了。因为这些项目的咨询公司都是通过招标来确定，很多专家只是咨询公司聘请的自由职业者，项目没了，对专家并没有任何好处，相反自己挣钱的机会丢了。但是，求真、求实的民族精神使专家根本不可能选择不如实报告的道路，或者采取其他变通方式，因为他生活的社会文化环境把德国的民族精神传给了他，他受到的文化熏陶决定了他的行为方式，即使这些行为会触及自己利益，但在原则面前仍然毫不妥协。另一件事情证明了我的判断，一次同另一位德国专家在甘肃天水工作时，甘肃林校邀请德国专家和我各做一个演讲，德国专家先讲，我担当翻译，讲完后一位学生提问："您认为中国和德国的最大差别是什么？"德国专家已在中国工作了多年，对中国的情况有了深入了解，他说："最大的差别在于你们太容易妥协！我在电视上看到，在植树节的时候，林业局局长面对摄像机宣传植树的重要性，可是就在局长旁边竟然还有一堆苗木，没有任何保护措施，根系裸露在太阳底下曝晒，这些苗木栽上以后还能活吗？"这是在批评我们缺乏求真、求是精神，该做的常常不做，苗木根系要保护是林业教科书和造林规程上明文规定的，而我们却不严格执行。

还有更细微的事情。有一次同一位德国专家去商店买东西，他买了一些文具和食品，结账时他提出来要分别开两张发票，一张是文具，一张是食品。我问为什么，他说："文具是因公，要报销；食品是自己消费，不能报销，所以要分开。"我这才真真切切地感到什么是精神力量。是文化熏陶了他的精神，有了精神即使在没有人监督的情况下，他也能规范自己行为。而我在商场经常遇到的则是很多人想办法把购买的食品、家电等私人用品开成办公用品发票。

当然，这些都是小事，可是就是这些小事体现了德意志民族的创新精神，当整个社会文化都充满这种创新精神，每个人都受到这种精神熏陶，并将创新精神化作自己自觉行动时，社会创造力才能以火山喷发的形式爆发出来，我这才真正理解了为什么德国能在近代产生出如此众多的伟人，成为科技创造的中心，为人类做出重大贡献。

同样以美国为例，它于 1860 ～ 1884 年进行产业革命，依靠吸引英国的资本和技术，一跃成为世界科学技术中心和经济大国。并出现了像爱迪生、贝尔、莱特兄弟等许多大科学家和大发明家。1953～1973 年的 20 年间，世界上总共 500 种重大技术发明和创新中，美国就占了一半（张迈曾，1998）。每年获得诺贝尔奖的美国人占全世界的绝大多数，时至今日，美国仍然引领着世界在科技和经济等方面的发展潮流。其强大创造力背后，便是创新精神力量在支撑着。美国是一个移民国家，很多公民来自欧洲大陆，他们中大多数受过文艺复兴和启蒙运动的影响，有不少是思想激进的持不同政见者。这些人个性很强，人格独立，思想解放，富于创新精神，这对美国形成一个富有创新精神的国家奠定了思想基础。经过一二百年发展，这种创新精神已深深扎根于普通百姓心里，成为人们生活的一部分。20 世纪 80 年代中期，我曾在美国留学，亲身感受到这种创新精神的力量。人格独立是创新精神的一个重要方面，我在美国爱达荷大学学习时，没发现有考试作弊现象，就连平时做作业也很少有抄袭的事情。记得有一次在完成数理统计课的课外作业后，无意中和一个美国同学一起讨论作业答案，我们两人的结果不一样，在听完我的理由后，他感到我的做法有道理，但在交作业时，他并没有改变自己的方法。后来也证明他错了，事后我问他当时为什么不改过来，他说那不是我自己想出来的，我不能用。人格独立，已成为美国社会的基本准则，抄袭、作弊是无能的表现，受到人们鄙视，只有独立思考才有可能创造，才谈得上创新精神。而我们与此相差甚远，在我们的一些大学里，考试作弊防不胜防，作业抄袭更是家常便饭。更可悲的是，我们的一些青年不以此为耻辱，反而觉得自己有本事，聪明。有一次听广播电台音乐节目，主持人问一位歌星，考试作过弊吗？歌星回答有过多次，而且还伴随着爽朗的笑声。我却怎么也笑不起来，他能够如此坦然、自如、得意地说出自己的不端行为，不以为耻，反以为荣，使我感到，在我们一些青年当中独立人格在消失，创新精神极度缺乏。

三、社会多样性——社会创造力的条件

同自然创造力一样，社会多样性是社会创造力的基本条件。国内外历史都充分证明，凡是能成为创造中心的社会，必定是多样性最丰富的社会。

春秋战国时期是我国历史上一个人才辈出、群星灿烂、百家争鸣、百花齐放的时代。涌现出孔子、墨子、庄子、孟子、荀子等思想家，管仲、晏婴、子产、申不害、商鞅、韩非等政治家，吴起、孙武、孙膑、乐毅、白起等军事家，苏秦、张仪、蔺相如等外交家，文学家有屈原，水利学家有李冰、郑国，天文学家有甘德、石申等众多著名的历史人物。产生了儒家、墨家、道家、法家、阴阳家、名家、农家、纵横家、兵家、杂家等学派，留下了一大

批宝贵的文化遗产，其主要著作有：《论语》、《道德经》、《春秋》、《老子》、《墨子》、《庄子》、《孟子》、《荀子》、《管子》、《韩非子》、《商君书》、《孙子兵法》、《吕氏春秋》、《周易》、《左传》、《诗经》、《楚辞》等（杨柳，1996）。春秋战国时期的思想和理论影响了中国两千多年，对中国人的人格形成发挥了重要作用，而且，其影响力已远远超出了中国，至今还在影响着世界。

意大利文艺复兴时期是艺术和科学空前繁荣的时代，不仅冲破了一千年来神学、经院哲学阴暗牢笼对科学真理和人们思想的禁锢，而且为利用自然科学，发展资本主义生产和文化扫除了障碍，为现代文明打开了第一扇门。涌现出但丁、薄伽丘、达·芬奇、米开朗琪罗、拉斐尔、马基雅维利、布鲁诺、伽利略等一大批享誉世界的文学家、艺术家、科学家和思想家。

以上两个时期，可以称得上是人类历史上创造力极大发挥的时代。让我们以此两个时期为核心，分析社会多样性对社会创造力的作用。

1. 思想多样性

社会需求多样化以及政治上的宽松环境是创造，尤其是思想和政治领域创造的必要条件。春秋战国时期是我国奴隶制瓦解和封建制形成的时期，原有社会制度与秩序被打破，新的社会制度尚未建立，在此剧烈变革时代，如何建立起新的社会秩序，并能在众多国家中使自己强大起来，是各国君主们所急切盼望的。因此，广招天下贤能，倾听其思想和治国方略，以求为我所用。例如战国时期“养士”风气盛行，齐国在齐威王、齐宣王时，在都城近郊的稷下专门开辟了供“文学游说之士”的学宫，给他们优厚的生活待遇，让他们“不任职而论国事”。大贵族“四公子”孟尝君、信陵君、平原君、春申君“养士”多达几千人。这种强烈的社会需求，很快形成了一支庞大的知识分子队伍。

政治上的宽松环境，给思想产生创造了条件。春秋中后期，周天子地位衰落；战国时期，新兴地主阶级在各诸侯国都先后夺取了政权，但处于封建割据状况，统一的封建政权还没有形成。新兴地主阶级在各诸侯国都把主要精力用于政治、经济、军事方面的改革，而地主阶级的意识形态，在相当长的时期内，落后于经济基础和上层建筑的其他方面。加上本身政权尚不巩固，他们的思想还没有能成为统治思想。客观上就创造了一种政治宽松、思想开放的环境。使春秋战国时期社会各阶级的思想家，都能够自由地著书立说，四处奔走宣传自己的思想和主张。形成了规模宏大的游士群在各国来回游说，士无定主，合则留，不合则去，更没有后来的“焚书坑儒”、文字狱等压制。

思想、扼杀创造的事情。

游士中有的独自，有的成群结队周游列国。例如，孔子就是当时一位四处游走的游士，为了实现自己的政治抱负，孔子和他的学生周游列国，到处游说，历经 13 年，指望有机会实现他的政治和社会改革理想。虽然旅途艰难，但是并不存在政治迫害的情况。别人愿意听他的主张，他就多讲，要是没人愿意听，他便另走他乡。这实际上就是一个政治上开放的环境，各国君主根据自己的需要来选择政治主张和人才，游士也并不是谁给钱就跟谁干，而是择明君而扶持，《东周列国志》中“贤大夫身价五羊”的故事，就反映出游士的做人准则，当百里奚决定到周王身边效力，他的好友蹇叔告诫他说：“大丈夫活在世上，不可轻率地作出投靠什么人的决定。你如果在人家手下当官了，而后来又不得不抛弃他、离开他，那你就获得了‘不忠’的罪名；如果你明知主人昏庸无能而硬要与他患难相共，那你该算是‘不智’。”

意大利文艺复兴时是西方封建制度解体，向资本主义制度过渡的一个时期，旧体制被打破，各种各样新的政治制度不断变化。在 14 ～ 15 世纪，当西欧的西班牙、法国、英国正走上统一的道路时，意大利仍处于四分五裂的局面。由于小国众多，国内外斗争剧烈，为保住自己地位，战争、外交、政治等工作成为一种艺术，这种新的政治精神表现在社会各个方面，从而催生了意大利文艺复兴的文化。

“最高尚的政治思想和人类变化最多的发展形式在佛罗伦萨的历史上结合在一起，而在这个意义上，它称得起是世界上第一个近代国家。”布克哈特认为佛罗伦萨所以能成为意大利文艺复兴的发祥地，所以能产生这么多的诗人、艺术家、思想家，是因为它是社会变动最多的国家，在那里文学家和艺术家能享受充分的自由。与佛罗伦萨的政治制度恰恰相反的是威尼斯，它是当时的国际贸易中心，号称世界的宝盒，尽管有巨大财富，政治也稳定，其统治者也把政治艺术提高到空前的高度，但是由于它政治上的停滞性和秘密性，它在文化上是落后的（雅各布·布克哈特，1979）。

虽然，意大利文艺复兴时期的众多小国中存在许多暴君，但这些暴君多出身微贱，靠个人能力才得以爬到统治地位。所以他们用人的政策也是如此，注重对方的才能而不是他们的门第。当然，统治者是想利用文人、学者及艺术家的创造来抬高自己的声望和威信，巩固其统治，以及增进他们的享乐生活。然而，这在实际上却创造了一个对文化、艺术和思想的巨大社会需求，激发了个人的创造潜能，使每个人都看到，通过努力和奋斗能够取得巨大成功。

当然，无论春秋战国时期，还是文艺复兴时期，都是政局混乱的时候。也正因为政局混乱，没有统一思想，才给各种思想的产生和发展提供了自由空间。小国数量众多，便形成了需求多样性，各种主张、各种思想、各种人才都能找到能够发挥作用的地方。自秦朝统一中国以后，便对各种思想进行围剿、铲除，出现了史无前例的“焚书坑儒”，文字狱一直延续到清朝，而且愈演愈烈。在两千多年漫长的封建社会中，这种政治上的宽松环境便很少出现了，中华民族的创造力被禁锢在只为统治者改善衣、食、住、行和各种消遣上。因此如今我们能看到的文化遗产中，很多是辉煌的宫殿、精美的皇室用品。而思想上的创造被限制在了极其狭窄的范围，这不能不说是民族的悲哀，中华民族的创造力受到长期、无情的摧残，以至于晚清时期，中华民族不得不面临生死存亡的境地。

2. 各种思想、多种文化激烈碰撞

有了社会的多种需求和宽松的政治环境，就为思想多样性产生了条件。而各种思想和文化相互碰撞，又更促进新思想产生。文艺复兴时期意大利小国众多，既有暴君统治的专制国，也有如佛罗伦萨的城市共和国，还有教皇国。由于体制不同，在政治、思想、文化上差异自然很大，不断战争是这些思想、文化碰撞的最激烈形式。

布克哈特指出，意大利文艺复兴之所以能够深刻影响欧洲的文明进程，不只是由于古典文化的复兴，而是把古学的复兴和意大利人的创造天才相结合起来了。实际上当时意大利在文化方面，既有历史纵向的融合，也有各种文化横向的交叉，既打通了历史，又融会了国内外。

例如对古典著作的收藏、整理、保存、研究成为一种时尚，几乎达到一种狂热程度。以至于有人嘲笑一个来自布雷西亚的七十多岁的老者安德列奥罗·德奥奇斯，因为他准备牺牲他的房产、土地、妻子和他自己以增加他的藏书。为整理收藏古典书籍，形成了一批以抄书为职业的队伍，其中以懂希腊文的人地位最高，报酬也很高，被特别冠以“写本人员”的光荣称号；另外还有大量的“抄书手”，他们一部分是以此为增加收入的办事员、教师、读书人，还有修士、修女等。

在语言上除了有学习希腊文、拉丁文的，还有人懂得阿拉伯文、希伯来文等等，“这种语言的学习当时变得更普遍了”。语言是文化的载体，语言的丰富折射出多元文化交融的局面。

春秋战国时期的“诸子百家”并不是各自独立发展，它们相互间存在着极其复杂的关系，有时几家合成一家，或者同一家之内又不断分化成小的宗派，如“儒分为八，墨离为三”等。这种不断分化和组合是在相互间激烈碰撞过程中产生的。其碰撞形式是最直接的游说和辩论，辩论之风盛行，因此

产生了如孟轲、苏秦、张仪、蔡泽、陈轸、虞卿、公孙衍等一流的游辩家（杨柳，1996）。其辩才之卓越、口齿之伶俐，令人仰慕。司马光在《资治通鉴》中更是明确指出："仪与苏秦皆以纵横之术，游诸侯，致位富贵，天下争慕效之。又有魏人公孙衍者，号犀首，亦以谈说显名。其余苏代、苏厉、周最、楼缓之徒，纷纷遍于天下，务以诈辩相高，不可胜纪。而仪、秦、衍为最著。"

辩论的结果，并不是谁把谁灭掉，相反各家从思想交锋中看到了别人的长处和自己的不足，进而不断改进自己的主张，使得思想之间出现融合。更有的通过辩论得到启发，形成新思想火花，从原来的一家分化为多家，或者自成一家。由于不主一家，没有绝对权威，谁都可以对任何一家进行论战和批判，从而促成了"百家争鸣"的局面，正是这种争鸣，大大地促进了思想学术的活跃和繁荣（翦伯赞，1983）。而在秦统一中国以后，儒家思想逐渐成为统一思想，这种多种思想、文化激烈碰撞，相互交流，相互融合，百家争鸣的局面越来越少。到了清朝，单一、僵化的思想统治着全国，已经到了令人窒息的地步。而西方文明之所以能够发展成为现代文明，从希腊文明开始，虽然经历了欧洲中世纪黑暗时期，文艺复兴又得到发扬光大，并且意大利文艺复兴的浪潮传遍了欧洲，欧洲各国的思想、文明得以交流融合，不断为文艺复兴注入新鲜血液和活力。在意大利受到教会的压制、文艺复兴受到影响时，德国的马丁·路德发起了宗教改革运动，使西欧的精神变革再次进入高潮，从宗教层面上对西方精神文化作了反思。随后，法国进步思想家伏尔泰、卢梭、狄德罗等推动了启蒙运动，批判封建传统思想，挣脱宗教束缚，把理性推崇为思想和行动的基础。这一系列思想运动从意大利、英国、法国、德国一路走来，一直走到美国，才形成了今天的西方文明。这都得益于各种思想、各种文化的激烈碰撞。

3. 个性自由发展形成多样性

文艺复兴时期的意大利是一个个性自由发展的时代，雅各布·布克哈特（1979）在其名著《意大利文艺复兴时期的文化》一书中提到："十四世纪的意大利人对于任何形式的虚伪的谦恭或者伪善很不熟悉；他们之中没有一个人害怕与众不同，害怕在穿着打扮上和在立身行事上是一个和他的邻居不同的人。"当时的暴君政治制度，也在一定程度上促进个性发展。"暴君专制不仅在很大程度上培养了暴君或雇佣兵队长本人的个性，而且也培养了他所保护的或为他所用的那些人——秘书、大臣、诗人和朋友——的个性。这些人不能不认识他们自己天性中转瞬即逝的或永久存在的内在才能；而他们的生活享受，由于想从可能是很短时期的握有威权和势力中得到最大的满足而加强和集中了。”“在共和国城市里边，情况也是对于个人性格的发展有利的，只是方式上有所不同。当权的党派更换的次数越多，个人就越充分行使和享受权力。特别是在佛罗伦萨历史上，那些政治家和民众领袖们具有如此鲜明的性格，使我们在同时代的历史中也几乎找不到一个能够和他们相比拟的人物。”

当然个性自由发展只是产生伟大人物的土壤，对个人完美化的追求，将丰富多彩的个性与一切文化要素特性的有机结合，才能使这种自由发展的个性得到升华，从而产生意大利文艺复兴时期所独有的“全才”。例如列奥纳多·达·芬奇身为科学家、艺术家、工程师，还腾出时间从事他感兴趣的解剖学、生物学、数学、物理学和机械学的研究。他一生解剖过 30 多具尸体，设计过神奇的武器、大规模军事建筑和水利工程方案，同时他还与学者们交往十分频繁。但是在他留下的 3500 多页笔记中，几乎丝毫没向我们讲述他本人对任何人的感情。没有一个词涉及对女性的爱，也没有一个词涉及对男人的爱，就是他父亲去世，他也只发了一个简单的讣告。这就是一位画家丰富多彩而又孤独的个性，他自己写道：“画家必定是孤独的……特别是在他专心致志于这些沉思和考虑时，要是它们一直在眼前，它们就使记忆有机会控制它们。要是你一人独处，你就是完整的自己，而要是有个人陪伴你，你就只是半个自己了。”（布尔斯廷，1997，第 620 页）同样，伟大的雕塑家、画家、建筑师米开朗琪罗的个性被人称为“令人生畏的品质”，他在生命晚期的一首诗中刻画自己的性格：“忧郁是我的欢乐，烦恼是我的休息。”

春秋战国时期所出现的各方面奇才，同样是社会环境促进个性自由发展的产物。孔子就是一位个性突出、不随波逐流的人。当他周游列国，到处碰壁时，到了卫国，卫灵公正在为如何使卫国强大而费尽信心机，一听说孔子来了，便兴高采烈地欢迎他。卫灵公满怀希望向孔子讨教操练兵马和打仗的计策，孔子对他说：“我就懂得关于礼节和道德这些事，没学过打仗。”卫灵公一听这话，心就凉了，孔子便离开了卫国（林汉达，1962）。试想，春秋战国是战事不断，强者生存，弱者灭亡的激烈冲突时代，带兵打仗才是升官发财最佳捷径，而孔子却不紧跟潮流，一门心思潜心研究和宣扬礼仪道德，即使在四处碰壁之后仍痴心不改。对他所能遇到的每一位君主，他都进行千篇一律地宣扬其主张：克己复礼、为民亲政、轻徭薄赋、广纳贤士。就是这种独立的个性，成就了他在教育上的伟业，成为中国教育第一人，因为在孔子之前除了教习骑马射箭的学校之外，似乎没有别的学校，是孔子开始大量招收学生并系统地开始进行礼仪、道德、做人修养的系统教育，他简单明了的箴言，在两千多年后仍然教育着我们。孔子一生没有谋得高官，其推行的改革也未能如愿，他地位不断升高是死后的事情，然而他却获得了他学生的崇高敬仰。据传当孔子在公元前479年去世时，他的弟子为他整整守墓3年，而他的大弟子子贡则为他守墓6年，子贡称："夫子之不可及也，犹天之不可阶而升也。"

道家创始人之一的庄子，同样是个性自由发展的人，他不受世俗道德伦理羁绊，自由发展自己的个性。他认为人的本性是有差别的，没有必要强求一致，要达到快乐，就必须自由发展人的本性。《庄子·逍遥游》篇就以大鹏和小鸟对此进行了诠释，大鹏和小鸟各自的飞翔能力不同，大鹏能扶摇直上九万里，而小鸟只能在树丛间穿梭，但是它们都能找到自己的快乐。庄子不仅这样认为，而且就是这样做的，当楚威王慕名前来聘请他出任楚国宰相时，庄子笑着回答说："子亟去，无污我。……我宁游戏污渎之中自快，无为有国者所羁，终身不仕，以快吾志焉。"

独立人格，个性自由发展，是个体创造的前提；没有这个前提，人人都随大流，社会就不可能有创造，因而社会的创造能力也体现在个性自由发展的程度上。爱因斯坦就深刻体会到独立性对创造力的作用："社会的健康状况取决于组成它的个人的独立性，也同样取决于个人之间的密切的社会结合。有人这样正确地说过：希腊—欧洲—美洲文化，尤其是它在那个结束中世纪欧洲停滞状态的意大利文艺复兴时的百花盛开，其真正的基础就在于个人的解放和个人的比较独立。"（爱因斯坦，1979，第39页）

这种独立性有时会给人以孤独的感觉，而这种孤独对创造者来说则是一种创造的氛围。要保持个性自由发展，要保持独立性，孤独在所难免。实际上这种孤独是一种距离，当人与人之间没有距离时，个性是得不到自由发展的，爱因斯坦指出："我实在是一个'孤独的旅客'，我未曾全心全意地属于我的国家，我的家庭，我的朋友，甚至我最接近的亲人；在所有这些关系面前，我总是感觉到有一定距离并且需要保持孤独——而这种感受正与年俱增。人们会清楚地发现，同别人的相互了解和协调一致是有限度的，但这不足惋惜。这样的人无疑有点失去他的天真无邪和无忧无虑的心境；但另一方面，他却能够在很大程度上不为别人的意见、习惯和判断所左右，并且能够不受诱惑要去把他的内心平衡建立在这样一些不可靠的基础之上。"（爱因斯坦，1979，第43页）

纵观中国历史，能够创造个性自由发展环境的时代并不多见。在春秋战国这个历史巨变时代，虽然战乱不断，却也给个性自由发展提供了空间，才有了中国历史上创造力迸发的时期，当时产生的思想和理论，指导了中国两千多年。以至于很多后人的工作便成为如何把当时思想家的理论解释清楚就不错了。在以后两千多年的封建社会，限制个性发展成为与先秦时期最大的不同点之一。漫长的中国封建社会，除了皇帝或者占山为王的草寇能谈得上个性以外，普天下臣民的个性都被无情地压制了。稍不留神，皇上不高兴就可能招致满门抄斩，这种情况下，对于个人来说，随大流、没有个性是保护自身安全最有效的途径。对于统治者来说，老子提倡的圣人治国的办法就成为宝典。“不尚贤使民不争，不贵难得之货使民不为盗，不见可欲使民心不乱。是以圣人之治：虚其心，实其腹；弱其志，强其骨。常使民无知无欲，使夫智者不敢为也。为无为，则无不治。”（老子，2002，第4页）其核心就是：不尊崇贤能之人，使百姓不争邀功名，永远使百姓没有知识、没有欲望，使那些聪明人不敢随意地去做事情，便可达到安定、祥和，天下大治。

4. 人才标准多样化

春秋战国时人才标准多样化情形可从孟尝君所收养的门客中反映出来。不管是什么样的人，只要是有一技之长，孟尝君都留下。当他被秦国请去，准备封为丞相，可是又遭人妒忌，秦王反目将其软禁，随时有被杀的危险。这时他的一位门客从狗洞里爬进秦宫，危险时刻靠学狗叫才得以脱险，偷出他原来送给秦王的狐狸皮袍子，买通秦王最宠爱的燕姬，燕姬在秦王前说好话，孟尝君才得以逃脱。在他们一行人逃往函谷关的过程中，他估计秦王会反悔，派人追来，又怕关口的把守刁难，便更名改姓。他的门客中有个专门假造文书的高手，巧妙地将过关文书上的名字改了。当他们半夜到达函谷关，可是依照秦国规矩，每天要到鸡叫的时候，关口才能放人通过。果然，秦王后悔了，便派人追赶，追兵到了函谷关，查问守关人，回答说孟尝君没有过去，过关文书中也没有发现孟尝君的名字，于是追兵才放心。可是等了半天，孟尝君还没来，他们开始起疑，就跟守关的人说明了孟尝君的长相，还有他带的门客人数、车马的样子。守关的人说：“哦！有！有！他们早就过去了，是第一批过的关。”追兵又问：“你们什么时候开的城门？我们到这儿，什么都还看不清楚呐。难道你们半夜就把城门开了吗？”守关人一愣，说：“我们也正在纳闷！城门是鸡叫的时候才开的，可是待了半天，东方才发白。我们还奇怪今天太阳怎么出来得这么晚。”他们哪里知道孟尝君的门客中有人会学公鸡叫，就在孟尝君一伙苦苦盼望天亮时，这位门客学起了鸡叫，还引得关里的公鸡都叫了起来。守关人就开了城门，验过了孟尝君的过关文书，让他们出了关口（林汉达，1962）。试想，如果孟尝君的门客中不是有学狗叫、学鸡叫、会挖补文书的各种人才，而只是一些坐而论道，或只会考试的人，他就只好束手就擒了。

人才标准多样化使人们看到，只要有一技之长就能派上用场。这就为各种人才涌现创造了肥沃土壤，从而使得春秋战国时期能够成为创造性人才大量出现的时代。

意大利文艺复兴时的人才更是没有统一标准。在历史上留名的人可以是君主、雇佣兵队长、士兵、红衣主教、廷臣、艺术家、哲学家、商人、旅行家，甚至妇女等等。欧金尼奥·加林（2003）主编的《文艺复兴时期的人》一书就系统地对这些人进行了描述。君主更愿意靠自己的聪明才智来管理国家，他们热衷于变革，愿意雇用有能力的人，对文化有特殊兴趣；廷臣更是文武双全、能歌善舞的“万能人”；雇佣兵队长虽戎马生涯，但可以致富，还能赢得荣誉，很多广场上就留下了他们的塑像；哲学家不受教条的束缚，要把理智从神秘的宗教迷惘中解放出来，有人甚至不惜用生命捍卫自己的批评精神；商人不仅自己赚了钱，还通过纳税促进了文学艺术和科学事业的发展，同样感到自身价值得到了体现；艺术家们则认为，人生的价值在于流芳百世，而艺术作品就是最好的载体，因此都在技艺上精益求精，并在自己的作品上签字；就连旅行都能成为一件能够实现人生价值的事情，哥伦布就认为：“我所希望的是看，是发现我能够发现的东西。”也就是说，发现什么并不重要，发现本身才是意义的所在。这就是一个伟大时代所表现出来的人才标准：不管你干什么，你只要做得最好，只要与众不同，就能体现作为一个人的价值。这就是文艺复兴时期的人文主义精神，它把人从神的禁锢中解放了出来，把人放在了宇宙的中心，只要你努力，你就在创造历史，这就为文艺复兴的大创造做好了精神准备。

5. 社交形式

“社交的高级形式无论如何在16世纪初的意大利不失为一种艺术。它有默认的或者明文的明智和适当的规则，并且是建立在这些规则的基础之上的，与一切纯礼节的东西恰恰相反。早晨起来在山中漫步，谈一些哲学问题；然后进早餐，听音乐和歌曲；在那以后，在某一个清凉的浓阴覆盖的地方举行一篇新诗的朗诵，题目是前一天晚上规定好的；到晚上，全体走到一个泉水旁边，大家坐下来，并由每一个人讲一个故事；最后用晚餐和进行生动活泼的谈话。‘这种谈话，女人听了可以不感到羞耻，男人也不像喝醉了酒以后讲的’……无疑地，当时人类精神事业方面的最高成就并不是靠着会客室的帮助才产生的；但是，社交帮助形成了对于艺术作品的广泛兴趣和一个能理解和能批判的公众舆论，这是其他国家所没有的，即使从这一个理由来看，对于社交在艺术和诗歌上的影响估计过低也是不公平的”（雅各布·布克哈特，1979）。

数量可观的游士在各国间不断穿梭游说，经常进行激烈辩论。这就是先秦时期常见的社交形式，它对学术交流、思想传播，以及各种学派形成起到了推波助澜作用。先秦时代，养士之风盛行，各国诸侯急于获取治国之道，争相养士，不管有何种技能都一概收留，少则几十、几百，多则上千上万，孟尝君的门客三千多，越王勾践有君子六千。试想这些人来自各国，他们不任职而谈国事，实际上就是在进行学术和思想交流，这无异于当今的国际会议。而且如果有人觉得话不投机，就会另走他国，流动性很大。这对于各种思想的形成无疑是有利的。

对于高级、健康的社交形式在创造方面的作用，很多科学家都有亲身体会。1984 年 5 月，李政道教授在中国科技大学访问时说：我们那里每周有三次教授们共进午餐的机会。到时候，大家带着饭菜，或三明治到一起。一边吃一边说。有一个人为主讲一讲，做了什么工作，然后各人讨论，可能有一半的话没用，但是至少是相互交流了情况。别人可以帮助你的，这时就会说出办法。你的讲话也可能对别人有启发。我和杨振宁合作打破宇称守恒定律就是在吃饭时交流中解决的。所以，美国人说，到中国饭店吃一顿饭就可以得诺贝尔奖（司有和，1984）。

四、不适应导致创造

同生命复杂系统一样，真正促成创造的内在因素是适应性，具体说就是不适应。是由于社会个体对社会系统的不适应，促使个体产生变化，以求得适应的过程。当大多数个体对社会系统原有制度不再适应的时候，创造必然会发生，一种新制度就会代替旧制度。因此，对原始社会不适应，导致了奴隶社会产生；对奴隶社会不适应，导致了封建社会产生；同样资本主义社会也是对封建社会不适应而产生的。如果说人类一开始就对原始社会完全适应，大家都吃饱后就再无别的需求，对现实生活都很适应和满足的话，人类社会至今还可能停留在猿人阶段。

从复杂系统来看，一个系统越是复杂，其对环境的适应性就越低，变化就越多，创造也会不断涌现。与其他动物相比，人要复杂得多。其适应性也低得多。动物只要基本需求得到满足，而且没有天敌严重威胁，就会对环境产生很好适应。但是人则不然，人在基本需求和安全有保证的情况下，又会产生不断的新的需求。马斯洛的需求理论将人的需求按重要性分等级排列为：生理需求，安全需求，社会需求，尊重需求，自我实现需求。由低到高，由物质到精神，这是一个无限升级、永无止境的需求过程。也就是说，人是永远没有满足的时候。因此，人总是在变，对社会和环境永远处于不适应向更高层次适应的状态中，从而也导致人类永无止境的创造力。

五、社会复杂系统创造力模型

根据以上分析，社会复杂系统创造力同样符合前面所提出的复杂系统创造力模型（4.1），即复杂系统创造力指数（CI）与复杂系统所具有的能量（e）和多样性（d）成正比，与其适应性（a）呈反比。

$$CI = f(e, d, a^{-1})$$

所不同的是，社会复杂系统与非社会复杂系统在能量、多样性和适应性这三个关键因子上具有不同内涵。从能量来看，社会系统的能量（e），既有物质能量（e_m），还有是精神能量（e_s）。由于有精神力量加入，使得物质能量的释放方式发生了根本变化，带有了明显的目的性，这是非社会系统所不具有的，从而使在物质能量相同或不变的情况下，能够出现高度集中，持续释放的作用。这使得社会复杂系统的创造力比其他复杂系统更大。

有利于创造的精神能量，在社会而言就是社会创新精神，它主要体现在：崇尚自由，不畏惧专制，敢于解放；心胸开阔，不迷信权威，敢于创造；独立思考，不盲目跟风，敢于探索；脚踏实地，不投机取巧，敢于求真；自强不息，不故步自封，永不满足等等。

再者，人的适应性与环境永远存在一定距离，人永远不可能完全适应所处的社会与自然环境，因为人在基本生理需求（衣、食、住、行、性等）得到满足后，还会不断产生出更多、更高的物质和精神需求，可以说是永不满足。因此，人和社会的适应性比自然复杂系统低，变化更大，所以 a 更小。

最后，根据创造力公式（4.1），社会系统创造力模型可以表示为

$$CI = f(e_m, e_s, d, a^{-1})$$

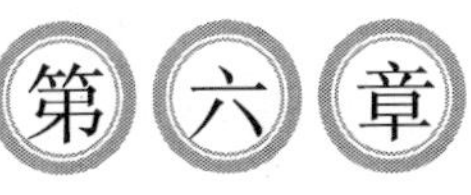

第六章

如何增强社会创造力

根据前面社会复杂系统创造力模型，我们认识到，社会复杂系统与其所具有的能量（物质能量和精神能量）和多样性成正比，而与其适应性成反比。但是如何将这一规律应用到社会复杂系统中，以便较大地提高社会创造力呢？

实践经验告诉我们，从理论到实践从来不是简单推理过程，尤其面对社会这样一个复杂巨系统。因为，社会创造力大于各单项创造力促进因子的总和，换句话说，社会是一个有机体，各种因子组合后，会产生一种完全不同的行为表现。正如复杂科学所描述的一样，例如分子组合成细胞、神经元组合成大脑、物种组合成生态系统、消费者和企业组合成经济等等，在每一个阶段，新形成的结构会形成和产生新的突然出现的行为表现。

复杂系统理论把这称为“涌现现象”，它来自事物的某些变换，更多地属于系统结构方面原因，是由系统组分的组织中来，而不是系统组分简单相加。由于这个原因，涌现特征往往显得特殊。大系统更易显现出涌现特征，因为组合爆炸产生了无穷的结构变化，其中一些可能是令人吃惊的（欧阳莹之，2002，第182页）。

那么这种突然出现的行为表现，在什么状态下最容易产生呢？对于社会来说，什么样结构，什么样环境是社会复杂系统创造力最大化的呢？

一、从混沌过渡到秩序是社会复杂系统创造力最大化的环境

首先来看看我们为什么要改革开放？其根本原因在于原有的社会失去了创造力，越来越贫困。而改革开放过程，实际上是给过去统得过死的社会进行松绑，是引进一种自由度的过程。以市场管理为例，从计划经济向市场经济过渡时，我们常常听到一句话：“一统就死，一放就乱”，当一切经济行为都由政府管起来时，控制过于严密，体制僵化呆滞，系统就失去了复杂系统特征，不能产生涌现特性，反映在生活上就是不能很好满足人们的需求。

例如，在改革开放初期，北京市政府就曾经管理过大白菜的生产和销售，并为此大伤脑筋，当菜种少时，满足不了市民需求，导致11月中下旬的北京，大街上出现长长的排队买菜队伍，我也曾经排过队、买过菜。可是第二年，当市政府增加大白菜种植面积，菜多了，销售成为问题，农民损失惨重，怨声载道，政府只好号召市民多买菜，并将此上升到“买爱国菜”的高度。可是，当市场一切放开，政府什么都不管，或者一时还管不过来的时候，我们感受到的就是“混乱”，坑蒙拐骗什么都出来了，无政府主义对社会同样不利。现在实行政府宏观调控下的社会主义市场经济，既有政府控制，又给市场相当大自由度，市场的活力与创造力得以充分发挥。不仅大白菜问题解

决了，而且即使在隆冬时节，各种新鲜蔬菜也十分丰富，人民的各种需求都得到了满足，再也不用冬储大白菜了。

从社会创造力来看，处于这种由混乱过渡到秩序的交接时期是社会创造力最强、伟人辈出的时候。在上一章谈到，春秋战国时期是我国奴隶制瓦解和封建制形成的时期，原有社会制度与秩序被打破，新的社会制度尚未建立，各国间战争不断，正处于混乱向秩序过渡的剧烈变革时代。意大利文艺复兴时期是西方封建制度解体，向资本主义制度过渡的一个时期，旧体制被打破，各种各样新的政治制度不断变化，意大利处于四分五裂之中。

2006 年 11 月 13 日温家宝总理在同文学艺术家谈心时，引用了毛泽东主席关于魏晋南北朝时期的一段话，大意是：魏晋南北朝时期社会大动乱、大分裂，这不好，但当时的另一个方面是，南方的广大沃土全面地得到了开发，生产技术普遍提高了。这是经济上的发展。许多少数民族纷纷入主中原后，战乱频仍，南北对峙，这不好；但民族大融合，大家庭在新组合中稳定了，文化也交流了、丰富了。汉武帝罢黜百家，独尊儒术，结果汉代只有僵化的经学，思想界死气沉沉。五帝以后，汉代有几个大军事家、大政治家、大思想家？到东汉末年，儒家统治的局面被打破了，建安、三国，出了多少军事家、政治家啊！苏轼在《念奴娇 · 赤壁怀古》中说："江山如画，一时多少豪杰!"魏晋南北朝时代是个思想解放的时代，道家、佛家各家的思想和文化艺术都得到了发展。正因为思想解放，才出了那么多杰出的思想家和作家。这段话值得我们深思。

再从我国历朝历代的情况看，创造力最强的都出现在每个朝代前半时期。以文学创作为例，唐代（618 ~ 907 年）是我国诗歌的顶峰，而处于这个顶峰的两个人，李白（701 ~ 762 年）和杜甫（712 ~ 770 年），都是出现在中唐以前。唐代繁荣鼎盛时期也是在中唐以前，755 年安史之乱，是唐代社会由盛而衰的转折点。宋代（960 ~ 1297 年）是我国词的顶峰，代表北宋最高文学成就的苏轼（1037 ~ 1101 年），出现在宋初。元代（1206 ~ 1368 年）的文学创作是元杂剧，而元杂剧奠基人关汉卿（1212 ~ 1297 年），也是元初人。

明代（1368 ~ 1644 年）开创了我国章回小说先河，《三国演义》、《水浒传》是明代初期作品，作者罗贯中（1310 ~ 1385 年），施耐庵都是明初人。明中叶后，文坛又出现了繁荣局面，吴承恩（1510？~ 1582？年）的《西游记》、汤显祖（1550 ~ 1616 年）的《牡丹亭》，还有《封神演义》、《金瓶梅》等等。这与当时社会经济和文化思想上的种种变化分不开，是和城市工商业繁盛、资本主义萌芽、市民群众增加以及先进哲学思潮对思想界的巨大影响紧密相关。例如，东南沿海的纺织业发展壮大，在苏州，当时靠出卖劳力为生的织工、染工就有一万多人。江西景德镇成为瓷业中心。东南的苏、杭等地，随着手工业特别是纺织业的大发展，逐渐成为繁华都市。

清代（1616～1911年）的康乾盛世同样出在清朝前半程。《红楼梦》作者曹雪芹（1715？～1764年）、《聊斋志异》作者蒲松龄（1640～1715年）、《儒林外史》作者吴敬梓（1701～1754年）等在中国文学史上产生重要影响的人物也是清前期的人。

由此可以发现，这种由混乱过渡到秩序的时期的确是人类社会创造力最强的时期。这种时期的最大特点就是既有一定秩序、又具有很大自由度，这为形成大量组合创造了条件，从而有可能产生无穷的组合方式，以致出现创造力大爆发。秩序保证社会不至于陷入混乱，虽然处于混乱状态个人自由度最大，组合最多，但是混乱也将毁坏所有创造的萌芽，所以一定秩序是必须的。但是过于严密和僵化的秩序，必然导致思想僵化、行为统一、创造力低下。

为什么进入完全秩序化以后，社会创造力会降低呢？主要是两方面原因，一是经验积累产生了负面效应，二是社会个体自由度降低。经验是社会经过实践后积累起来的知识，经验丰富是社会进入成熟的标志，它有助于使社会进入秩序化。但是一旦社会完全秩序化，其结构将基本固定，无论发生任何事情，社会多根据以往的经验进行判断，符合其积累经验的就可行，否则就会被否定。在这种情况下，有很多可能是属于创造的东西就会被社会扼杀。

自由度是人创造力发挥的前提和条件。在社会尚未形成完善秩序时，个人自由度很大，可以做很多方面的事情，当社会一切规范完善后，甚至行为规范越来越细后，个人任意创造的空间会越来越小。因为法律和道德自身就是一个体系，它处于不断分化之中，其结果是把人的自由度限制在越来越窄的范围。个人无法挣脱社会形成的法律和道德体系，当相当一部分人对这种体系忍无可忍时，便采用极端手段，进行革命或暴力来摧毁它，从而重新增大个人自由度。这就如同强烈飓风摧枯拉朽毁坏森林，熊熊大火势不可挡烧毁森林一样，看似无情的破坏，然而却为新一代生态系统成长开创了自由发展空间。因为生态系统的健康有赖于不断生长，不断创造，当所有空间都被占满，创造便会受到抑制，这时大火、飓风所带来的就不仅仅是破坏，更重要的还有自由发展空间。

然而，我们不能不看到，人类历史上混乱与秩序之间的过渡时期，带给当时社会和人民的灾难极其深重。意大利文艺复兴以极大创造力开创了资本主义繁荣，但是当时的分裂、战乱，同样给人民造成了苦难。春秋战国孕育了中国古代最伟大的思想家、教育家、军事家、外交家、辩论家等等，创造力如火山爆发，群星闪耀。然而，当时连绵不断的战火，也造成民不聊生，灾难深重。

人类已进入21世纪，我们已看到人类的出路在于可持续发展。所谓可持续，就是既要满足当代人的需要和发展，又不会对后代人发展构成威胁。社会创造力的提高也同样不能靠牺牲哪一代人的安宁来达到。那么能否找到一种社会秩序与混乱之间的平衡点，既有利于个人自由度增加，有利于创造，又不至于造成社会混乱，给人民带来灾难。如同米歇尔·沃尔德罗普（1997）提出的，“一切健康的经济和健康的社会都必须保持秩序与混乱之间的平衡，而不是保持某种软弱无力的、平庸的、中间道路似的平衡。就像活细胞一样，它们必须在反馈与控制之网中调整自己，同时又为创造、变化和对新情况的反馈留有充分的余地。”

二、法律框架下的社会多样性

1. 多样性与秩序的平衡点

人类文明史，就是一部社会不断分化出法律、道德、规范以控制个体行为，达到社会秩序，而个体则不断为自由而斗争，常常引起社会混乱的历史。人类为找到秩序与混乱之间的平衡点付出了不懈努力。20世纪苏联社会主义与美国资本主义的对立，为人类找到这样的平衡点提供了很好借鉴。

20世纪初，苏联建立了世界上第一个社会主义国家，采用计划经济模式，社会处于井井有条的严格秩序状态。而美国则是一个移民国家，是从混乱逐渐向有序过渡，以自由市场经济模式运行。与苏联社会主义的“计划、秩序”比起来，美国的市场经济显得“放任、无序”。苏联在建国初期，社会主义建设取得了巨大成绩，1933年1月苏联政府宣布第一个五年计划以四年零三个月提前完成，在短短时间内苏联就建立了独立的国民经济体系，并开始由一个农业国变成工业国，人民的物质文化生活有了极大提高，这标志着社会主义制度具有无比的优越性（王春良等，1985）。美国哲学家、教育家杜威于1928年带领一个25人的美国代表团访问苏联后，苏联的建设成就以及人民的精神面貌给他留下了极其深刻和美好的印象，他同时敏锐地感到了计划和秩序的重要性。就在苏联社会主义建设突飞猛进的时候，美国发生了经济“大萧条”，工业生产大幅度下降，先后有十三万五千多家工商企业和金融公司倒闭，到1933年3月失业大军达到1700万人，“过剩”农产品堆积如山，近一百万农户破产，全国一片混乱（王春良等，1985），经济遭到沉重打击。

这时，一直关注苏联发展的杜威，在给美国资本主义经济危机开出的“药方”中，就借鉴了苏联社会主义计划经济的一些做法。在他看来，理想的社会是既有“自由”，又有“安全”、“有序”和“稳定”的社会，没有自由，个性就会被扼杀，个人才智就无法发挥，社会也就失去了进步的动力。苏联式的“计划”在某种程度上提供了“保障”、“有序”和“稳定”，但却牺牲了“自由”；而美国式的“放任”在某种程度上保证了“自由”却牺牲了“保障”、“有序”和“稳定”（孙有中，2002）。因此，他要在“自由”、“放任”和“保障”、“有序”之间找到一个平衡点。罗斯福总统挽救美国经济的“新政”实际上也体现了杜威的观点，罗斯福在总统竞选中就特别强调要实行计划经济，更合理地分配国民收入。他上台后一百天内让国会通过了七十多个法案，速度之快，有些议员连把那些法案看一遍都来不及。“新政”就是对市场的调节，对工农业生产的计划，对福利的再分配。“新政”成功地收拾了一个烂摊子，几年以后的经济复苏超出了人们预料，从而挽救了美国资本主义。

毫不夸张地说，美国资本主义在同苏联社会主义的竞争中，从社会主义学习了很多计划经济的长处，使无序竞争的自由资本主义向有序方向发展，情况才大为改观。而当苏联社会主义自身出现问题时，却根本不考虑资本主义市场经济的长处，把人类的共同财富统统打上要么“资本主义”，要么“社会主义”的标签，凡是“资本主义”的都是腐朽、落后、反动的，坚决不能用。因此，“冷战”的结局以苏联社会主义灭亡而告终，原因固然很多，其中，美国资本主义比苏联社会主义具有更多的社会多样性应该是一个十分重要的方面。

因此，我认为，提高社会创造力，就是在社会系统的秩序和社会个体自由度上找到平衡点，使得社会既具有一定秩序，保持相对稳定，大多数人的生活有保障；同时，又增加个体自由度，使个体具有个性自由发展空间。从本质上说，社会一切创造都是社会各个元素之间相互作用、相互协作而产生出来的涌现现象，这种涌现特征的强弱有赖于社会各元素间差异大小和相互作用强度。元素间差异越大、个性越突出，不同种类的个性越多，元素间作用越强，就越有利于创造。

人类文明史表明，法律框架下的社会多样性是达到这种平衡点的唯一途径。没有法律，社会就是一盘散沙，社会个体的生命、财产没有保障，这便失去任何创造的意义。相反，社会一切思想和行为都被高度统一，个体没有自由度，社会缺乏多样性，社会的创造力就会被扼制。

2. 思想与个性多样性

对于当今中国社会来说，虽然我们的社会主义法制建设还有很长路要走，但是法律的重要性和如何加快建立法制社会，已成为普遍共识。然而，人们对于增加社会多样性在提高社会创造力方面的重要性还不十分清楚。

首先是思想多样性。思想是一切行动的指南，思想是否解放，是否允许思想多样性的存在，是一个社会能否真正达到多样性的标志。解放思想是一切创造活动的前提条件，由于我国思想界长期受到封建专制社会束缚，“五四运动”虽然冲破了这些束缚，思想出现了多样化发展趋势，但是“文化大革命”十年又对思想多样性进行了无情打击。由此而造成对中国创造力的重创，至今尚未完全恢复，其影响至少波及两三代人。以至于今天，我们可以有大量的科学家、艺术家、画家、作家、社会活动家、政治家等各种各样的“家”，但是我们却缺乏思想家，偌大的中国，世界第一的人口，我们还要肩负起中华民族伟大复兴。我理解民族复兴不仅是在经济上强盛起来，而且要在思想、文化上发展壮大，并对世界发展和格局产生重要影响，对此思想家是不是太少了。难怪前英国首相撒切尔夫人会说中国不会成为超级大国：“因为中国没有那种可以用来推进自己的权力，从而削弱我们西方国家的具有国际传染性的学说，今天中国出口的是电视机而不是思想观念。”

科学要发展需要大批科学家，文化艺术要发展需要很多艺术家、作家、画家等等，思想要解放自然需要大量思想家。先秦时期如群星灿烂的众多思想家，其思想多样性使中国享用了两千多年，对世界也产生了重要影响。我们要完成民族复兴伟业，在思想家的数量和影响力上不超过先秦时期，如何谈得上是复兴？如何谈得上对世界做出重要贡献？

改革开放之初，有人担心，思想一放开就会乱，就会造成社会不稳定。的确如果原来只有一种思想，突然引进另一种或多种思想，有可能造成一时的思想混乱。但是，法制健全是社会稳定的根本保证，不管什么思想都不能脱离法制，凌驾于法律之上。一个社会只有一种思想，在短期内也许会表现出稳定，并能达到高度统一，可是从长远来看，它埋下了不稳定的因素，因为纯而又纯在复杂系统中是不可能长期存在的。一百多年的人工造林经验，使我们懂得了森林生态系统要长期稳定，必须具有生物多样性；而大面积纯林极不稳定，最终会使森林面临毁灭性灾难。社会复杂系统从其本质来说是应该具有思想多样性的，只有采取强制，才能达到思想一致性。思想越多样，越是锻炼了人们独立思考的能力，人们会把各种思想进行比较，更新、更符合社会发展的思想才能在各种思想的比较、碰撞中产生。复杂系统的规律既适用于生态系统，也适用于社会系统。

社会由各个独立的个人组合而成，社会创造是个体间相互作用所产生的涌现特征。个体间差异越大，相互作用就会越强，也就越有可能产生创造。因此，个体人格和个性的多样性便是社会创造的基础。然而，对于封建统治者而言，个性自由发展却是不稳定因素，所以在长期的封建社会，个性被压制、被扼杀，"枪打出头鸟"成为创造性人物的共同命运，社会选择的方向便是没有个性，甚至没有自己的人格，只有跟别人一样才是最安全的生存方式。

值得注意的是，当前我国很多方面仍然存在着这种倾向，这和国家大力提倡创新背道而驰。例如，有一幅漫画形象地反映出了我国教育所存在的问题：刚进校门的学生个个头脑中都带着大大的问号，心中充满着无限好奇，学生的着装、行为、个性等差异很大。可是当毕业时，问号没了，好奇心消失了，从校门中走出的是一群整齐划一的标准化产品。因为在学校教育过程中，不断考试只有统一标准答案，先进标准也只有一个，这实际上是在培养标准化产品，不鼓励个性发展。进入社会后，如果要想当官，更不能有个性，有一个地方的组织部长在他职位升迁、总结自己从政经验时，深有体会地说："没有个性，是我从政一帆风顺的法宝。"搞其他工作也要求听话，不能有任何过激行为，"夹着尾巴做人"成为为人准则。由此，逐渐形成我们社会的人才标准；在学校时是能够考高分，进入社会后是具有高学历，工作以后是没有个性。试想一个没有个性自由发展的社会，创新只是一句空话。

与中国封建社会消灭个性相对的是，西方社会从文艺复兴以来，从未间断过思想解放、追求个性自由发展。而我们往往只把西方发达国家的发展归结为科技发达，从清末、民国以来，多少仁人志士便认准了科技救国是振兴中国的出路。然而，我们却忽略了促进西方科技发达的根本原因是思想不断解放、个性自由发展，形成个体间的巨大差异，从而造成社会个体之间强烈的相互作用，使得社会系统不断出现涌现特征。我们只学到了结果，而没有真正学到形成这一结果的原因，我们只看到了科学的重要性，但是科学受思想控制，思想不解放，不要说科学发展不起来，就是科学发达了，也有可能垮掉。最明显的例子莫过于苏联的消失，前苏联科技是多么发达，但是，科技没有能够救苏联。因为科技只能告诉你解决问题的最佳方法，而不能告诉你以去追求什么理想。

3. 社会人才评价标准多样性

每当我唱起一首歌："还有一只丹顶鹤，轻轻地，轻轻地，飞过……"

就会想起20世纪八九十年代，我曾经去过的黑龙江省齐齐哈尔市郊区的扎龙自然保护区，那是丹顶鹤的故乡。丹顶鹤美丽优雅身姿在我心中留下了最美好的印象，尤其是当它们起飞和降落时的姿态，我只能用美丽绝伦来描述。从此我才理解了为什么芭蕾舞《天鹅湖》里的“天鹅们”会以那样的舞姿来代表天鹅。

但是，并不是所有“人”都认为天鹅是美丽的。有一只天鹅蛋意外地混入了鸭蛋中，待小鸭孵出后，鸭妈妈发现有一只小鸭长得很丑，声音也很难听。就很不喜欢它，要把它赶走，因为根据鸭子的标准，它长得很丑、很怪。而小天鹅也发现自己同其他小鸭子长得不一样，很是自卑，也认为自己很丑。其他小鸭子也看不起它，经常嘲笑和取笑它，拿它开涮。直到有一天，小天鹅碰到了一群同自己一样的小天鹅，找到了自己的天鹅妈妈，才发现自己长得也很美，自信心油然而生。这是动画片《米老鼠与唐老鸭》里改编安徒生的一个童话故事。

这个故事说明一个问题：同样一个人，如果对其采用不同的评价标准，其结果会大不一样。如果以读书考试成绩论英雄，伟大的科学家爱因斯坦只能是“笨蛋”。如果社会选取人才的标准只有一个，那么很多真正有才能的人将会被埋没，失去发挥自己创造潜能的机会。从隋朝到清朝长达一千多年的时间里，科举考试制度是选取人才的唯一标准。这实际上是在选会写文章、会读书的人，把人才简单化，从而造成很多具有各种才能的人被排斥在人才行列之外。

我去过北京孔庙多次，这是坐落在北京市安定门内成贤街上祭祀孔子的建筑物，是山东曲阜孔庙以外的全国第二大孔庙。它始建于公元14世纪的元朝，是北京元、明、清三朝历代封建王朝祭祀孔子的地方。在先师门内东西两侧，耸立着进士题名碑，组成北京最大的碑林。共198块，其中元代3块、明代77块、清代118块。上面镌刻着51624名中第进士的姓名、名次和籍贯。这就是所谓“金榜题名”的人，一旦中第，就身价百倍，取得加官晋爵资格。

这些人自然代表了封建社会所推崇的人才。可是我们看看，在科举考试的一千多年时间里，对中国社会、文化、科技等方面有重大创造性贡献的人中，有多少是状元？

从表6-1可见，对中华文化做出过重要贡献、在中国文学史上做出过开创性成就的人物中，没有一个是状元，而被人称为“诗仙”的李白，对科举考试不屑一顾；“诗圣”杜甫连进士都没有考上；《聊斋志异》的作者蒲松龄，是屡试不第；《红楼梦》作者曹雪芹，更是蔑视科举，远离官场；中国人物画之父吴道子，仅是一位民间画工。

表 6-1 中国文学史上具有创造成就的人物及其科举考试情况

姓 名	朝 代	贡献和地位	对科举考试的态度或成绩
李白	盛唐	浪漫诗巅峰	对科举考试不屑一顾
杜甫	盛唐	现实主义诗的巅峰	参加进士考试，未被录取
苏轼	北宋	北宋最杰出的作家，词最高峰的代表	进士，后又入中制科三等
关汉卿	元代	中国戏曲奠基人	不详
罗贯中	元末明初	《三国演义》作者	不详
蒲松龄	清代	《聊斋志异》作者	屡试不第
曹雪芹	清代	《红楼梦》作者	蔑视权贵，远离官场
吴敬梓	清代	《儒林外史》	秀才
吴道子	盛唐	中国人物画之父	科举不详，民间画工
颜真卿	唐代	创颜体书法，书法在唐代达到最高峰，颜是代表	中举进士，等甲科

数据来源：《中国大百科全书》、《中国文学史》（游国恩等，1985）

考试成绩的片面性，不仅不能选出各方面的真正人才，就是对于选学者也存在片面性。林毓生（1988）介绍了海耶克（F. A. Hayek）关于学术工作者的两种类型。一种是“通人”（master of his subject），另一种是“困惑型”（puzzlers）。当然这只是相对区分，实际情况不可能谁就绝对是单一的一种类型，通常情况是每个人偏向某一方面的程度不同而已。“通人”给人的印象是具有极强的记忆力，精通他所研究学科之内的一切理论与所有的重要事实。只要事先通知他一声，他便能够答复有关他专业的一切重要问题。在学术界，“通人”是许多人羡慕的典型和自己奋斗目标。无疑，这些被公认为“通人”中有许多是具有原创能力的人，但海耶克觉得他们的出色记忆力不见得能够特别帮助其创造活动——换句话说，他们的原创能力可能与他们另外的本领有关。相反，“困惑型”一般不能保持历久常新的记忆，当他读完一本书或听完一次演讲之后，向来没有复述其内容的本领。但是他自己的思想却因阅读与听讲而获得改进。对于那些具有原创能力的“困惑型”学者而言，他会以批判的态度去考察流行的学说，一旦发现它们不容于自己的思想结构，他会相当坚决地排斥流行的学说，不受外界干扰地自行其是；因为对于那些不能介入他自己思考架构之内，或对他自己思想的发展没有参考价值的学说，他是不想花费许多心血去学习的。

这两种不同类型的人，都有可能做出创造性工作，取得重要成绩。但是，社会通常以考试成绩作为人才评价标准，例如，我国大学仅以高考成绩为招生的唯一标准。这对“通人”有利，而不利于“困惑型”人才，因为“通人”记忆力好、反应快，学习成绩好，考试分数高。而“困惑型”通常考试成绩并不高。这样一来，社会就使相当一部分具有原创能力的人失去了继续深造的机会。

每年，当高考考场的“硝烟”散尽，各学校录取完新学生，通知书发往全国各地的时候，记者们总会感叹：天下人才尽入清华、北大！不信你看看北大有多少文科“状元”，清华有多少理科“状元”。且慢，我们在这里犯了一个错误，这就是把“状元”同人才画等号。实际上“状元”只能证明一个人会考试，是考高分的人才，而不一定就是其他方面的人才。历史已无数次证明，在学校成绩不佳，但后来却对学术产生了原创贡献的学者为数不少，爱因斯坦是最有名的一个例子。而在学校成绩极佳的学生，后来变成杰出学者的比例却是相当的少。恰如诺贝尔奖获得者丁肇中指出的，他所认识的诺贝尔奖获得者中间，甚至“这个世纪比较有名的科学家，考第一名的很少”。在这种人才评价标准下，画家陈丹青在清华几年招不到一个研究生，原因就是具有绘画天赋的人因政治和英语不及格而不能录取，最后陈丹青愤然辞去教授职务，喊出了以统一标准答案的考试作为人才标准，这“是对人才的最大侮辱”。

教育从来都是关乎整个社会的特殊行业，以高考指挥棒规范自己行为的不仅仅是学生，实际上整个社会在都受这一指挥棒影响。看看职称考试，你要想上副高职，就得去背英语单词，通过外语考试，不管你工作中是否有没有这个需要。否则，不管你水平有多高，工作能力有多强，也算不了人才。再如，当前我国很多地方将学位高低当成人才标准，这实际上是高考指挥棒的延伸。从开始争相吸引学士，到硕士，到博士，以至于把博士后当成了最高级人才。据媒体报道，2003 年，河南省漯河市出台一项扶持人才的新政策，凡是经过严格选拔被招录到漯河工作的大学应届本科毕业生、硕士研究生和博士研究生，将直接安排乡镇长助理、乡镇副职和副县级职务。也就是说，本科生分配在乡镇工作，硕士生安置在县区或乡镇，博士生安置在县区或市直部门工作（赵磊，2005）。学位自然而然地成为能力和水平的标准，如果以此类推，中央领导至少需要读好几个博士才行，何其荒谬。这种人才标准单一化结果只能是降低社会创造力，因为社会需求是多样化的，对人才的需求也必须是多样化，单一人才结构必然会对社会创造力产生不利影响。

我曾在西部省市一个地方年鉴上发现，对 2004 年“人才总量增加”栏目的全部描述如下："全地区通过公开招考、考试考核、军转安置、人才交流等形式，共录（聘）用各级国家公务员和机关工作者及事业单位工作人员近2000人。"可见，只把公务员、机关事业单位人员称为人才。那么，农民当中的致富能手算不算人才？能给国家每年纳税，而且能吸纳不少劳动力的非公经济企业主算不算人才？擦皮鞋的能把擦鞋搞成一个产业算不算人才？当然，按照现行标准就不能算人才，因为他们学位不高，甚至没有学位。

我们来分析一下，在这种错误人才观指导下会出现怎样的结果呢？既然，公务员、机关事业单位工作人员才叫人才，那么谁都想成为人才，也就是说凡是受过较好教育的人，素质较高的人都纷纷进入机关事业单位，走上行政管理队伍岗位。同时，进入社会进行自主创业的高素质人员就会越来越少，可是社会要富起来，主要靠更多的人进行自主创业，才能创造更多财富，才能为社会创造更多的就业机会，然而强大的行政管理队伍并不能为社会创造财富。相反那些本来有创造力、素质较高的人进入机关事业单位以后，自己的创造力不能完全发挥，因为政府机关必须同上级保持一致，不可能一个人想干什么就干什么，因此，其创造力必然受到抑制。这样一来，恰恰是创造财富的地方得不到创造力强的高素质人才，而高素质人才进入机关后，多半都是走循规蹈矩的道路。社会创造力就在这样一种人才观念引导下被严重削弱了。

这种人才观不用说同国外相比有差距，就是与两千多年前的春秋战国时期的人才观相比都落后许多，因为，他们尚能知道为了达到目的，在自己人才库里聚集了"鸡鸣狗盗"的各种人才。究竟什么是人才？实际上能够满足社会需求，能够解决别人解决不了的问题的人，就是人才。而我们现在的目的是人民生活水平达到小康和中华民族的伟大复兴，那么，凡是能够有利于达到如此目的的人都应该是人才。

4. 荣誉导向多样性

牌坊是封建社会，或者说是皇帝颁发给名垂青史的人的一张奖状，是一种荣誉导向。从现今保存下来的众多古代牌坊中，我们看不到有哪一块是奖给诗人、文学家、科学家、发明家、医生、探险家等等。所有奖给个人的牌坊，可以归结为两类，对于男人必须是大官，对于女人则必须是孝、贞、节、烈。

因工作关系，我曾多次到过安徽皖南，在具有悠久历史和深厚传统文化积淀的歙县，现存古牌坊101座，历经元、明、清三代，其中以节孝和功名坊最多。最大的是县城内的许国石坊，于明万历十二年（1584年）建，四面八柱，高11.5米，南北长11.5米，东西宽6.77米，其上雕龙画凤，全部采用青色茶园石组成，上面有“少保兼太子太保礼部尚书武英殿大学士许国”字样，出自明代书画家董其昌之手。许国坊的独特形制和建筑艺术，全国罕见。在歙县棠樾村东端，7座牌坊耸立在入村的甬道上，两边是荷花，精美的牌坊浮雕映入荷塘，整个牌坊群典雅、质朴而厚重，代表鲍氏家族孝、贞、忠、义的辉煌历史。而位于县城南街应公井巷口的孝贞节烈坊，则是对全徽州府有记载的65078位孝贞节烈妇女的表彰，一位学者说：“徽商成功的历史，就是徽州妇女的辛酸史”。这实际上就是给所有男人和女人们的最高奋斗目标指明了方向。要名垂青史、流芳百世，男人就只能做官，女人就只有守节。

在官文化熏陶下，中国文化人一切活动都是围绕着当官来进行，从小教育是为了做官，是“学而优则仕”；成人以后便把“金榜题名”当成人生的第一幸事；只有当了大官，告老还乡时才叫“荣归故里”。这就把人的创造力完全集中在做官上。如何当上官，怎样保住乌纱帽，成了人们发挥创造力的原动力，《官场现形记》便是对官文化创造力的记录。一部中国封建社会的历史，也就成为皇帝和大官的历史。有多少人知道那些精美绝伦的瓷器是谁烧制的，金碧辉煌的皇宫是谁设计的？等等无数智慧的结晶，却没有人知道，因为荣誉导向已经牢牢地锁定了“大官”，其他创造只是一些旁门左道、雕虫小技，不值一提。

5. 如何形成社会多样性

那么，如何促进我国形成社会多样性呢？这不是一个简单的问题，应该多方面共同采取措施，才能对社会系统进行调整。首先政府要采取措施，甚至通过立法，保障各种思想能够共同存在，形成思想多样性。社会应该容忍个性多样性，让个性能够自由发展，这不仅涉及法律问题，更多是文化传统和伦理道德问题。只要不违法、不侵害他人和社会利益，任何个性都有存在的理由。个人应将个性充分发挥，并将其产生的想法付诸行动，只有行动多样，才有可能产生各种创造。只有当政府、社会和个人都在为社会多样性而努力，都在共同追求社会多样性时，社会多样性成为一种风气、一种文化时，才有可能真正形成社会多样性，为社会创造力爆发打下基础。因为，社会风气是社会创造力发展的倾向，是社会各因子的总和，它决定社会创造成果的方向。如同一个人一样，自己的爱好和兴趣是其创造点所在。唐诗之所以能达到如此文学高峰，与当时文人之中形成的对诗词的近乎狂热的追求不无关系。传说唐代诗人贾岛骑着驴做诗，得到“鸟宿池边树，僧敲月下门”两句，第二句的“敲”字又想改用“推”字，犹豫不决，就用手做推、敲的样子，全神贯注，竟对大官的开道马队毫无察觉，旁人为他担忧，好在这位大官是著名的诗人和散文家韩愈，贾岛向韩愈说明原委，韩愈想了一会儿说，用“敲”字好，从此两人成为好朋友。“推敲”也成为斟酌字句、反复琢磨的专用名词。正因为诗歌创造成为全社会的风气，社会个体被这种文化所熏陶，这才成就了唐代的诗歌高峰。

三、树立创新精神

前面已阐述，创新精神是社会创造的动力和能量，要促进社会创造力提高，就必须为其注入强大的精神能量。只有“敢于解放、敢于创造、敢于自立、敢于求真、永不满足”的创新精神成为社会风尚，才有可能出现社会创造力集中迸发的时代。

以世界最高科技奖励诺贝尔奖为例，截至2003年，美国共有273位诺贝尔奖获得者，其中文学奖获得者11位，和平奖19位，经济学奖34位，化学奖54位，物理学奖72位，生理学或医学奖83位。美国人口占世界人口总数的比例不到5%，美国获得诺贝尔科学奖的人数却占全球获得该奖人数的70%以上。其奥妙何在？面对记者的采访，美国国家科学基金会主席任丽塔·科尔韦尔说：“许多国家存在一种传统的倾向：不敢打破现状，对长者或上司总是表现得毕恭毕敬。我敢说，美国科学家并不特别顺从于过时的想法。”美国物理研究所的菲利普·谢韦说，这是“美国梦”的结果。“我们大家在整个成长过程中都被教导要相信，你如果努力工作，运气也好，你能做成一切。这就是所谓的美国梦。在小学和中学阶段，美国在世界上的排名仅在第28位或30位，不过在大学阶段，美国学生更注重于独立思考，而轻视机械式的学习方式。”（欣华，2004）说到底，美国能够成为世界科技创新中心，一是具有创造的动力和能量，即创新精神；二是社会在法制允许范围内具有社会多样性，即拥有创造的社会条件。

中华民族要想提高自己的创造力，在增加社会多样性的同时，就必须树立创新精神。那么中华民族缺乏创新精神吗？可以说，我们有五千年灿烂的文明，辉煌的历史和伟大的创造，就是创新精神的最好体现。但是长期的封建社会使我们的创新精神日益萎缩，到了清末，可以说根本谈不上有任何创新精神了。新中国建立，为我们民族注入了新的活力和能量，整个社会处于崭新精神面貌和积极创造气氛之中，可惜好景不长，“文化大革命”又使民族刚刚涌现的创新精神再次受到重创。

中华民族具有五千年的文明史，且一脉相承，从未间断，这在世界文明史上是罕见的，这也是我们引以为自豪的。但是，任何事情都存在着正反两个方面，历史悠久是优势，同时也是劣势。其优势在于具有深厚的文化积淀和优良传统，这是我们的一笔宝贵财富，如果处理得好，将会成为我们社会走向更加辉煌的坚实基础，换局话说就是起点高。劣势也出在深厚的文化积淀和传统上，历史越是悠久，积淀的传统与文化就越多，有很多不利于创造的思想、文化、道德规范等等同样也积累起来，使社会越来越僵化，必定会抑制创造。

社会是一个复杂系统，是一个有机体。一个生命从出生到死亡是一个生长的动态历史过程，在生长前期，生长物质占绝对多数，从而促进生长，不断产生创造。然而，随着抑制物质不断积累，当其含量超过生长物质时，生命便开始走向灭亡。以树木的无性繁殖能力为例，生长发育越是年轻的幼苗，其无性繁殖的生根能力越强，随着树木年龄增加，逐渐老化，抑制物积累过多，细胞高度定向和专业化，也就失去了生根能力。从历史唯物主义角度来看，社会有机体同样要经历从新生、生长、老化到死亡这样一个过程，这是自然规律，不以人的意志为转移，其中老化过程一个重要的特性就是抑制物质积累，对于社会来说，就是在文化积淀和传统中哪些不利于创造因素的积累。

那么，人之所以是人，他有自我意识，能够认识自然和社会发生、发展、灭亡规律，社会就有可能进行自我更新，在一定程度促进创造力提高。树立创新精神便是这其中的重要方面。为此，首先就要分析，在现实生活中，哪些观念和做法在不知不觉中制约着我们创新精神的建立。

1. 官本位

官本位是窒息创新精神的一个重要方面。在两千多年的运行中，中国官僚体制，已形成一个成熟的系统，这是同时期人类社会所能达到的最为完整和稳定的系统。在官僚的大系统中，又分为若干子系统（中央系统，中枢系统，中央行政系统，地方官系统，武官系统），以及不同层次，它们环环相扣，相互制约，从而使中国的政治在一定历史阶段，处于一种平衡状态。这种平衡，曾是中华民族繁荣的内在条件，也是中华民族失去其进步的机遇，落后于时代发展的主要原因（刘永佶，1994）。从孔子开始就极力提倡“学而优则仕”，他培养的人都是以做官为目的，《大学》就明确将这一目的简洁地归纳为格物→致知→诚意→正心→修身→齐家→治国→平天下。所以当他的弟子樊迟向他讨教如何种庄稼时，他将樊迟斥为没有出息的“小人”。科举制更是把读书为做官以制度形式固定下来，天下的读书人便被引上了只有升官才能发财的道路上，“书中自有黄金屋，书中自有颜如玉”就成为许多读书人的动力。科举制度巩固和完善了官僚政治，这不能不说是一大历史功绩，但它同时也严重地束缚了中国知识分子的智慧发挥和运用，阻碍了科学技术和生产力的发展。在“功名”面前，一切科学发明和技术创造都成为“奇技淫巧”、“形器之末”的雕虫小技。例如，明末科学家宋应星的巨著《天工开物》，在国外有广泛影响，曾先后被译成日、法、英等国文字出版，然而在中国由于该书与功名毫无相关而却受到冷遇，以致失传三百多年之久，直到20世纪初，才从国外回来。在中国古代，类似的事例不胜枚举，许多科技著作因默默无闻而失传（冯天瑜，1986）。

科举制度与官僚制度的自我封闭，必然使中国的教育和政治走向没落和反动。科举制初创于隋朝，唐代得以进一步扩充和发展。李世民私访端门，见众进士鱼贯而出，欣喜若狂：“天下英雄尽入吾彀（牢笼，圈套）中矣!”可谓道明科举制的实质。科举制，特别是“八股取士”这个大陷阱，把全中国的读书人都圈在四书、五经之中，以八股绳索严严肃肃地捆住思想，其危害远甚于焚书。秦坑儒不过460人，而科举制所坑的，何止万亿！现在故宫博物院存有一件袍子，衣底上用芝麻大小的字抄录了十三经！真是一大杰作。甚至有人专门研究八股作法，因出题仅限于《四书》、《五经》，其中可为题者，并不很多，经过多年考试，大家都已用过，于是坊间就有了不少专门的书卖，以供士子。更有富家巨族，延请名士，馆于家塾，将各经中可出之题，各撰一篇，令弟子记诵，入场命题，十符八九。一朝发榜，便成贵人。然而，竟有对本经尚未读过者（刘永佶，1994）。

当然，现代社会也需要管理者，官也是必不可少的，想当官也无可厚非。问题是几千年封建社会官场所积淀的官文化还在深刻地影响我们现代人，成为提高社会创造力的巨大障碍。首先，“官大一级压死人”，上级的意见成为检验真理的唯一标准，只要是上级说的，即使不对也得执行，无法统计有多少创造的萌芽就这样被扼杀了。而现代一些人为官的精髓就是没有个性，要想得到升迁，就得同上司保持一致，因为自己的位置是上级给的，一切看上级的眼色行事。要仅仅如此也还说得过去，现在一些地方已经发展成为为了能够尽快提升，从请客送礼发展到行贿、受贿，买官、卖官。有些地方一查出问题，牵连的干部就是一大串，如此对官趋之若鹜，可见官本位在很多人心中的分量。

一次我带研究生到林业系统的最基层单位——林业站去搞调查，林业站站长热情接待了我们，闲聊中，站长告诉研究生，将来一定要当官才有出息。我们有的研究生导师也同样如此，教育自己的学生一定要当官，把当官当成学生成才的唯一途径。的确，要是有机会跟着部级单位的领导，哪怕只是一个处长或科长，到地方去走一走，你就会感到官的分量、官的光环和官的荣耀。因此，才会出现有一些在业务上很有前途的青年，在科研、教学等领域刚刚做出一点成绩后，便匆匆登上领导岗位。这一改变不仅仅搞业务的时间没了，更重要的是观念也会发生变化，个性也就逐渐丧失，不要指望再会有真正的创造。官本位同创新精神格格不入，当官本位还在人们的头脑中占有重要位置时，“敢于解放、敢于创造、敢于自立、敢于求真、永不满足”的创新精神就不可能真正成为社会风尚。

其实，想当官并不错，毕竟社会还是需要有人去做官。而错的是人人都想当官，把当官当成发财之道，当成实现人生价值的唯一目标。

2. 畏惧权威，缺乏挑战精神

长期封建社会的专制制度，缺乏民主，没有法治，人身没有保证，要想活命就只能在划定的框框内行事，否则就有可能招致杀身之祸。鲁迅深刻揭示了中国封建社会形成的传统文化对人创造力的抑制。“理想在不撄”（触犯，扰乱）确实是在这几千年中极大地影响了中国传统文化的精神面貌。这种“不撄”的“理想”，规定着世世代代的人们的思维与行为方式，成为一种主导性的精神现象，教诲着人们既不要去直面或改变严酷的现实，又不要去坦诚地披露或触动内心中真实的思想，而只需沿着一条规定的思想和精神轨迹，按照早已定型的道德伦理规范去思想与行动就成了。如果有主张“撄人”的天才产生出来敢于违反“不撄”原则，皇帝要杀他，其目的在与保位，并且使子孙万代永远为王。因此，皇帝推崇“不撄”；“民”所以也要推崇“不撄”的传统文化理想，其目的在于“安生”，反对“进取”，苟且偷生地充当顺民，因此同样会扼杀主张“得撄”的天才（林非，1990）。因此，将一切都变得宁静与净化，不要去触动它，不要去竞争与奋进，这种“理想”不仅涉及了正统儒家的思想根基，也还涉及了道家的思想根基。鲁迅十分推崇屈原的“放言无惮”和“反抗挑战”的精神气质，深感能够像屈原这样“美善吾人之性情，崇大吾人之思想”的精神境界者，确实可以说是寥寥无几，如果它能够发扬成为中国传统文化主导精神线索的话，整个中国确实很可能会呈现出另一种更为辉煌的面貌了。相反这种优点却在西方文化中得到了发扬，而中国屈原的那些精神与气质，“都因历朝的压抑，已经萎缩了下去”（林非，2002）。

另外，在我们文化中有许多原本是好的传统，但是，如果做过了头，便会走向反面，成为树立创新精神的不利因素。例如尊师是好事，但是把老师推崇到至高无上的地位，成为“一日为师，终身为父”。这无疑是教导人们，只能按老师说的去做，绝不能跨出老师划定的框框，否则就是大逆不道、“不孝之子”。这无形中便把教师和学生放到一个不平等位置，这就从心理上为学生形成创新精神制造了障碍。一个不争的事实就是，从先秦这个创造力迸发的时代产生孔圣人以后，直到清末，创造力呈下降趋势。试想，当把一位教师抬高到圣人的地位，谁还敢对他说不呢？谁敢超越他就是最大的不敬。多年强化训练，结果是创新精神逐渐萎缩。

在这方面，我们应该学习李敖先生是如何正确地对待私谊和公论。2005年12月13日《作家文摘》转载了苗振亚的文章，说李敖先生还是高二学生时，经人介绍认识了钱穆先生，得到过钱穆先生的指点，这是有私谊，李敖不曾忘记。但是对于钱穆在学术和为人方面的不足，李敖也进行了尖锐批评。钱穆要一国之民对本国历史心存温情与敬意，李敖则认为历史学家不可以这样感情用事，钱穆就因为对本国以往历史太满意了，所以就作了太多的曲解与巧辩。例如把孙武和孙膑考证成了同一个人。另外，李敖还批评钱穆同蒋介石当权者的可耻关系，有愧晚节。试想我们自己遇见这种情况，别人有恩于你时，有多少人敢像李敖这样直言批评？可是如果不敢对这种关系进行挑战，学生又如何创造？如何超过老师？西方文明在这一点上值得我们学习，柏拉图是亚里士多德的老师，可是亚里士多德就是在通过对老师的批判中建立起了自己的理论体系，就是在这样一代一代学生对老师的批评中，西方文明越走越昌盛，成为今天主导世界的文明。

还有，现在社会上盲目崇拜院士，这是我们畏惧权威、缺乏挑战精神的具体体现。我国院士制度本意是尊重科学、尊重人才、鼓励创造，但是其社会效果已开始向相反方向演化。2005年在中国工程院新增院士公布后，负责该工作的中国工程院副院长沈国舫院士向媒体指出，不要把院士当“神仙”，这说明社会上已经有人把院士当成“神仙”了。神仙在人们心目中是可以解决一切问题的神，这说明我们又开始了新的个人崇拜，这样的人怎能和你一起平等地讨论科学问题；当有了问题自然首先想到的是去请神仙，那么我们自己的创造就显得是何等卑微。照此下去，“神仙”自然会越来越多，而我们的挑战精神则越来越萎缩，创新精神荡然无存。

3. 依靠心理强

我17岁离家，独自一人上大学时，母亲对我的嘱咐是“在家靠父母，出门靠朋友”，这是每个中国人都牢记在心里的古训，它充分反映出我们民族具有比较强的依靠心理。这种心理在当代不但没有改变，而且是越来越强化。

据一项针对北京市小学生的社会调查发现，当被问到，“你遇到困难时怎么办?”大部分孩子回答不是找家长就是找老师，只有极少数（1%）孩子说自己想办法。这充分体现出依靠心理已深深植入孩子的心中。这是社会、家庭长期熏陶、培养的结果，看一看每年高考录取情况，你就能体会到依靠心理导致的后果，只要有一点可能，家长都会找朋友、托关系，为自己孩子找个后门，成绩不够也想进入一所好学校，成绩好的是为了上一个好专业。于是，高招录取前学校领导成为各种关系的焦点。毕业分配更是体现出靠父母和朋友的重要，只要自己父母有个一官半职，孩子找工作就有希望；否则，学习再好，能力再强，也不一定能谋得一个与自己能力相适应的职位。这样的家庭氛围，这样的社会环境，孩子懂得了一个道理，只要有靠山，自己有没有能力并不重要。

这种依靠心理不仅体现在个人身上，同样体现在集体行为上。在我国的扶贫问题上，国家根据经济实力划分出贫困县，给予一定资金扶持。然而，有的县本不属于贫困县，可想方设法地争取进入贫困县行列。据说有的县花几万甚至几十万元，派人到北京去活动，当被列入贫困县的消息传来，全县锣鼓喧天，鞭炮齐鸣。这是一幅多么可悲的场面！据《新京报》2005 年 9 月 25 日报道，内蒙古自治区东部的一个旗，旗委书记是当地人，2000 年该旗摘掉了贫困县帽子，旗委书记被提升为副市长。然而，副市长从此每次回老家都只好悄悄地来、悄悄地去，原因就是当地人骂他“为升官而摘了‘贫困帽’”。依靠心理如此深入人心，独立、自强、自尊精神的缺乏，才是其贫困的真正根源，对于些地方，扶贫首先应该扶精神。

在这方面，富有创新精神的西方国家值得我们学习。德国前总理施罗德的哥哥照样失业，却不去求他的总理弟弟托人找关系。前联邦德国一位女大学生说：“指望依靠父母和遗产过日子的人是最不体面的，从某种意义上说，那也是一种不幸，一种连贫穷还不及的不幸。”在美国，除非对方恳求，否则人们是从不主动帮助别人的。他们认为，主动帮助别人是视对方为弱者，而被帮助的人更会觉得这是一种羞耻。美国一位总统的女儿帕蒂·戴维斯在自传体小说《家庭战线》中感慨：“我父亲，身居高位，远近驰名。但是，我总觉得：一个人所以重要，不是因为你同有权有势的人有某种特殊的关系，而是靠你自身的价值。”这种自立、自强、自尊的精神，正是创新精神的基础，这正是我们很多人所匮乏的（魏磊，1998）。

4. 缺乏冒险精神

创新就是冒险，因为要做前人没有做过的事，没有成功的经验，可能成功，也有可能失败。缺乏冒险精神也是影响我们创造力的一个重要方面。从改革开放以来，能够开创大事业的人，都具有冒险精神。我们有些人对此说风凉话，说某某过去就是街上的痞子，现在成大老板了，没什么大不了的。错了，他可能有很多不如你的地方，但是在冒险精神上，他比你强，因此他成功了。创新就是要冒险，没有冒险精神，创新是不可能的。

中央电视台科技教育频道《人物》栏目，于2005年4月4日播出了关于上海第二医科大学陈国强教授采用静脉注射砒霜治疗白血病，被美国科学杂志评论为“一个惊人的发现”，他从默默无闻，一步跨越到该领域的世界领先，充分展示了冒险精神及其对成功的作用。陈国强留学回国之初，开始筹建分子生物学实验室时，经费十分缺乏，而分子生物学实验室又需要大量的先进仪器和设备，没有经费就干不出大事，于是他感到关键在有没有原创性的课题，只要有了原创性课题，就可以获得资助。他从传统中医的“以毒攻毒”中得到灵感，发现砒霜被用来治病，又了解到“文化大革命”时期，哈尔滨医科大学的教授们曾经用砒霜治疗白血病，而且有一定效果，但是不知道原理是什么。他就把课题定在静脉注射砒霜治疗白血病上，这实际上带有很大风险。他说，如果试验失败，自己肯定不可能再干下去了，要么从政、要么经商，肯定得改行，因为只需50毫克的砒霜就可以置人于死地。他每次给病人注射10毫升，经过长期严格试验，效果确实很好。他把研究成果写成论文，投到美国《血液》杂志。然而，如石沉大海，三个月没有音信，突然有一天他收到美国寄来的一封信，信是一个中国留学生写的，说《血液》杂志有关的实验室正在加紧复制你的试验，他这才恍然大悟，马上写信给杂志社质问，杂志社这才说论文已接受，同意发表。由于没有经验，专利被美国一家公司抢注，并马上进行了药品生产。

在我们生活中，像这样敢于冒险的事例还并不多见，冒险精神缺乏，实际上制约了我们的创造力。

5. 不脚踏实地

有了创造性想法，必须踏踏实实地将其付诸实现，才能产生创造。可是，现在踏踏实实做事的人太少了。近年来社会上流行一种说法，在评价一个老实人时说，“他的优点是老实，缺点是太老实”。当表扬一个人，如果说他“真老实”时，当事人一定会认为是在骂他，说他无能。在“老实”、“诚实”等做人的基本准则演变成缺点的时候，一定是什么地方出了什么问题。看看我们生活中的现象就会发现，这种演变是如何发生的。排队加塞司空见惯，违反交通法规轻而易举，当我还是骑自行车上班时，很多时候只有我一人在红灯下等待，更多的人则是闯红灯而过。因此，当面对考大学、找工作、调单位、分房子、提职称等等关系个人切身利益事情的时候，就有了找关系、跑路子、请客、送礼，甚至行贿、受贿。那些通过不正当手段达到目的的人便成为有本事的“能人”，而老老实实按规定办事的人便成为“无能”的“窝囊废”。人是趋利避害的动物，没有谁愿意做窝囊废，社会选择的结果是有路子、会来事儿的人，那么老实人自然就没有了出路。然而，创造恰恰需要老老实实、踏踏实实，来不得半点虚假成分，创新精神中既有敢于创造，还有求真务实、脚踏实地。很多学术上的创造就是要老老实实、一丝不苟地去研究，来不得半点虚的。可是，当遵纪守法、埋头钻研、不会跑路子的老实人都被斥为“窝囊废”的时候，说明我们的社会风气离具有创新精神还差得很远。

以我个人的创造经历为例，我提出“复杂系统创造论”用了整整十年时间，从1995年开始带研究生起，我就在思考一个问题，即如何提高人的创造力。一开始并没有想到要提出什么理论，只是觉得自己这方面知识比较缺乏，应该补一补课。整个研究过程我没有对任何人提起，甚至我爱人也没有告诉。最近两年我爱人问过我几次，因为她感到我肯定在搞什么研究，但又不能从我借回去的大摞大摞的书中判断我在干什么，因为我借的书太庞杂，有天文、地理、历史文化、哲学等等。我总是说，到时候再告诉你。直到2005年春天才告诉她的，因为我4月份要去贵州毕节做一个报告，实际上就是把我的成果公开，这时不得不说了。

我为什么不让别人知道呢？这实际上是一种策略。试想，我是搞林业的，却花大量时间和精力来研究什么创造力，别人也许不会说什么，但是我爱人肯定会说我这是瞎耽误功夫，如果坚持要搞的话，我就会花很多精力来说服她，还要花精力来调整自己，很难塌下心来。另外，如果过早让别人知道我在搞这方面的研究，实际上就会给我造成一个压力，感到我必须搞出点什么名堂才对，那么我就会浮躁，就会忙着出一些并不怎么样的成果，也就没有心思进行更深入的思考。

现在我回过头来看，发现不告诉别人实际上是为自己研究营造一个非常宽松、踏实和安静的环境。没人知道，我想怎样研究就怎样研究，思路和行为不受限制，搞不成也没关系，至少看了这么多书，增加各方面知识也是好事。

四、个体与社会对多样性的适应与不适应

根据上面复杂系统创造力模型，复杂系统创造力与其适应性成反比，也

就是说，不适应能促进创造，完全适应则降低创造力。对于社会复杂系统，要想使其成为创造力迸发的社会，从适应性角度应该从两个方面入手来进行调节，找到适应与不适应的平衡点。一方面，从社会个体来看，一个人只有适应社会才能生存，一个系统必须适应其所处的环境，不然系统就无法正常运行。人既要适应社会系统，又要适应自然系统。可是，如果个体完全适应社会，社会的一切他都接受而没有任何不适应，那么，这样的个体还会做出与社会各种行为规范不符的事情吗？当然不会。这样一来，也就没有创造出现。因此，个体在适应社会的同时，还应该保持对社会一定程度的不适应性，才会不断产生创造。

另一方面，社会要增大其包容性，能够容忍出现不同的个体，其容忍度越大，越有利于创造产生。前面讲到，创造是一种选择，是在众多可能组合中选中一个；如果可供选择的方案越多，选出更好方案的可能性就越大。一个包容性大的社会个体多样性也最丰富，个性得以自由发展，可选择的余地越大，创造力自然会增加。

社会包容性是通过其选择倾向而体现的。社会是一个复杂系统，会出现各种意想不到的个体行为，但是，不是所有个体行为都会成为社会行为，个体在与社会相互作用中，逐渐形成了社会行为，社会行为一旦形成，就成为主导社会选择的方向。个体行为能否产生创造，成为社会行为，最终要由社会来选择，社会选择倾向决定了社会风气走向。在封建专制社会，社会对多样性包容度小，一切都必须围绕着为封建统治者服务，稍微有一点背离统治者意志，就有可能招致杀身之祸。因此，在中国两千多年的封建社会，知识分子的创造主要集中在诗词书画等比较安全的领域。而西方封建社会的创造，则主要是围绕着上帝来展开，敢于挑战上帝权威的人只有落得和布鲁诺一样的下场，从而形成了中世纪黑暗。

西方资本主义发展过程，是建立在对封建制度不适应，而扩大对多样性包容度上，由原来只适应上帝、只选择上帝，扩大到适应个人、也选择了个人，个人与上帝处于同样地位。这样一来很多在过去不被社会认可的东西，被社会认可、被社会选择，从而出现创造力极大提高的局面。

一个人从小到大要经历社会化和个性化过程。社会化的结果是学会了为人处世，使自己的行为符合了社会行为，成为一个社会的人。另一方面，由于个体遗传基因不同，以及在成长过程中所处微环境千差万别，个体必然出现个性化。这两个过程同时进行，交互影响。一个人如果能够既很好地社会化，适应社会，遵循社会行为，又保持鲜明个性，完善自身人格，保持自己独创性，对社会存在一定不适应，他就会有很高的创造力。同样一个社会，在使社会个体充分社会化的同时，又能不抹杀其个性化。能容忍各种个性都同时存在，个性化也能得到一定程度发展，这样的社会创造力才会是巨大的。因此，“一个理想的社会应当既具有完善的社会化代理机构体系（如完善的教育体系）和社会化诱导机制（如完善的奖励制度与法律制度），又能给予合理的个性化以广阔的空间。而一个理想的个人则应当是既可以较好地适应社会，又能有充分的个人风格与独创性，具有促发社会变化的潜力。”（孙时进，2003）

在扩大社会对多样性的包容度方面，法律制度和教育体系起着关键作用。法律既要规定人的行为规范，又必须保障人的自由权力，法律之外就是个性发展的自由空间。这样，社会既不因为社会化而造成个性化丧失，降低其创造力，也不会因为个性化过度发展而造成社会动荡和混乱。但是仅有法律还不足以提高社会适应性和选择性，教育是提高社会选择能力的根本途径。因为教育提高了社会个体的文化素质，挖掘其创造潜力。

美国能成为当今科技创造中心，其重要性不仅在于发明新事物多，而在于找到了利用这些创造发明的途径，将个人想法转化为社会化大批量生产。许多人都认为这是美国的重大优势所在，最典型例子是比尔·盖茨，他 14 岁时还只是个电脑编程员，与自己过去的一个同学一起编写 BASIC 语言，而现在则是微软的首席执行官，管理着几十亿美元的软件公司，并为全球操作系统制定了标准。在美国像比尔·盖茨这样的成功例子比比皆是，这说明美国社会对创造具有很高的包容性。这种包容性源自从移民时期就敢于冒险和不断进步的开拓精神，从而在美国人心中形成了充满机遇和光明前景的根深蒂固的观念，强调个人成就，注重实用、蔑视理论、独立自主、平等自由，无法容忍官僚和等级划分。这种社会氛围具有极大包容性，给各种创造提供了生存和发展机会。

中国社会在增大包容性方面有待进一步加强。1972 年诺贝尔奖获得者李政道先生回国，党和国家领导人在人民大会堂会见了他。当周恩来总理提出希望李政道能为解决中国教育人才“断层”的问题做些工作，介绍一些海外有才学的人到中国讲学时，李政道说，中国不乏解决“断层”问题的人才和教师，只是他们没有得到使用，比如我的老师束星北先生。束星北是谁？作家出版社 2005 年出版的《束星北档案》一书，再现了一位物理学天才是如何陨落的历史。

束星北，是一位被业内人士称为“中国的爱因斯坦”的国际级科学大师，一位曾经培养启蒙过像李政道、吴健雄等世界著名科学家的天才的物理学家。就是这样一位天才，被一次次政治运动折腾，1955 年的“肃反”有他，1957 年反右有他，1958 年又成了“历史反革命分子”，耗尽了他生命的能量，创造力白白浪费。最让人寒心的是，在生前，他向青岛某学院捐赠遗体，当时还举行了声势浩大的遗体捐赠仪式。而他死后，却因领导班子“大换血”而被遗忘，遗体被搁置半年之久，被人想起来去看时已腐烂不堪。那么，是什么原因酿成了他的悲惨人生？他晚年反思，自己的才华、学识各方面并不逊于王淦昌、竺可桢（都是浙江大学的），但是恰恰他们两人在专业领域做出了突出成就，而他自己却一直在被批斗、改造，甚至为了生存而苟延残喘，这其中的症结在哪里？

除了大的时代背景和不可抗拒的因素以外，关键在于他的性格。他桀骜不驯、自负、孤傲、锋芒毕露、蔑视和憎恨平庸，另外他的科学精神和良知又使他坚持自我，既不善于看风使舵，也不屑于挖空心思应付上上下下各种复杂的关系，这些因素都成为他坎坷命运的祸首。有一个典型的例子，1952 年年底，北大物理系一位教授到山东大学作学术报告，讲了 50 分钟，束星北走上讲台，直言其“错误百出”，然后给黑板上写的公式上打叉，并解释错在哪里。

束星北现象说明，我们最缺的也许不是人才，而是缺容得下各种人才的环境。没有包容的环境，人才来了也会走掉，即使不走也会变为庸才！不要认为这只是特殊时期才会出现的事。当这样的人才出现在我们自己面前时，有多少领导敢用他？有多少群体容得下他？值得深刻反思！

第七章

群体创造力

社会由许许多多群体组成，群体又由众多个体组成。在研究创造力时，一般常常把重点放在个体创造力，以及如何促进个体创造力上面，这无疑是人们最为关心的问题。但是如果忽略了群体在个体创造力方面的作用，那么对个体创造力研究就存在偏差。

社会群体是由多人组合起来进行工作、学习、生活、业余活动的聚合体，具有独立特征并能与其他人群及个人区别开来，例如学校、企业、机关、学术团体、朋友圈子、家族、家庭等等。大量事实表明，群体之间创造力有巨大差异，群体对个人创造力有重大影响。例如有的学校人才辈出，有的企业新产品不断，有的研究群体多次获得诺贝尔奖。可以认为，不同群体创造力各异。认识群体创造力规律，对于促进整个社会创造力提高具有十分重要的意义。

一个国家、一个社会，只有拥有大量创造力强的群体，才会带动整个社会不断创造。爱因斯坦在谈到世界知识界中心为什么从欧洲转向美国时指出："我深深钦佩美国科学机构的研究工作的成果。要是把美国科学研究的日益增长的优势归功于美国大学的实验室有较多的可供使用的资金这个唯一的因素，那就错了。在我取得权利生活在这个国家的这些年中，我终于认识到还有别的因素在起着决定性的作用：研究人员的专心致志，他们的耐心，他们的同志精神和他们的合作的本能。在美国，'我们'比'我'更受到强调。这就说明了美国人所以能够比较轻而易举地创建起那些活动起来没有摩擦并且分工完善的机构——这不论是在大学实验室里，在工厂里，还是在慈善事业领域里，都是如此。"（爱因斯坦，1979，第380页）由此可见，社会创造力主要通过群体和个体创造力才能得以体现。

同社会创造力一样，群体创造力同样由三个方面构成，即群体能量、多样性及适应性。并且符合社会创造力模型：

$$CI = f(e_m, e_s, d, a^{-1})$$

其中 CI 是创造力指数，e_m 是物质能量，e_s 是精神能量，d 是群体多样性，a 是适应性。

一、群体能量与创新精神

1. 群体能量与创新精神的构成

群体能量由两个方面组成：一是物质能量，二是精神能量。物质能量是群体运行的物质基础，但是在这里我们更关心的是精神能量，因为造成群体创造力差别的主要是精神能量。

群体是各个个体的组合，然而，群体能量却不是所有个体能量的简单总和。因为凡是人们共同生活和工作的地方，便会产生人与人之间的相互关系，就会产生矛盾和冲突，这些关系、矛盾、冲突可能造成能量成倍增加，激发人们创造力。也可能极大地削弱能量，束缚和限制群体创造力，使得本来具有创造力的个人也不能发挥其应有创造力。

从精神能量角度看，影响群体创造力主要是创新精神。一个群体是否有创造力，首先看它有没有创新精神，如果没有创新精神，其他条件再好，群体仍然是一个缺乏创造力的群体。相反，如果群体本身物质条件不好，但是却拥有强烈的创新精神，则这样的群体自已就会创造条件，其创造力会是无穷的。

无论是社会、群体、还是个人，创新精神都是一样的。即敢于解放、敢于创造、敢于自立、敢于求真、永不满足等等。当这种创新精神成为群体集体意识和自觉行动时，一个群体才能称得上是具有了创新精神。有了创新精神就有了创造的动力，才有可能创造出与众不同的成果。

大学就是一个群体，各个大学的创造力差别很大。1901～2001年，全世界数万所大学中仅有127所大学获得过诺贝尔科学奖，而1951～2001年只有87所大学获得过诺贝尔科学奖。其中，排在前10名的大学获得诺贝尔科学奖的人次，占所有大学获诺贝尔科学奖人次的40%左右。换句话说，以诺贝尔科学奖为标志的重大突破性成果主要出自于世界一流大学，特别是世界顶尖大学。从世界上最高水平的两份科学杂志《自然》（*Nature*）和《科学》（*Science*）发表论文情况看，全世界数万大学中只有几百所能在Nature和Science上发表论文。2001年所有Nature和Science论文总数的22%是由排名前10位的大学发表的。处在前100名的大学发表的Nature和Science论文占全世界所有大学发表的Nature和Science论文总数的3/4左右，占全世界总数的1/2左右（刘念才等，2002）。如此巨大的差别，我们一般很自然地将其原因归结为名牌大学与其他学校的不同之处在于，具有一流教师队伍、先进实验室、充足科研经费。然而，我们恰恰忽略了创新精神上存在的差别。

哈佛大学是美国最负盛名的大学，从1901～2001年间，有30人次获得诺贝尔奖，排全美国乃至全世界大学之首。1986年，哈佛大学350年大庆，这是美国历史上第一所大学350周年的庆典，美国总统理应获邀请并在庆典仪式上发表演讲。在此之前，美国历史上有6位总统是哈佛大学毕业生，此外，哈佛大学还曾为华盛顿、杰弗逊、艾森豪威尔、肯尼迪等总统授予了荣誉学位。所以，当时的里根总统便让人放话，如果哈佛大学能够授予他荣誉博士学位，他将十分愿意到哈佛大学校庆现场演讲。不料，时任校长鲍克毫不客气地向媒体宣布，他无意奉承总统的虚荣心。一时，舆论哗然，但是哈佛的大多数人都支持鲍克校长。因为他拒绝将神圣的学术世俗化、庸俗化。这种独立精神，不为权贵而左右的傲气，就是创新精神的充分体现（李群，2004）。

创新已经成为我国目前最热点的话题，提高大学、企业等等群体的创造力，已是提升中华民族竞争力刻不容缓的事情。我们来看看，我国群体在创新精神方面存在哪些问题。

缺乏独立性是一个制约我国大学、企业等群体创造力的一个重要方面。创造本身就是要摆脱旧秩序，然后形成新秩序，没有独立性，也就不可能摆脱旧秩序，自然无法有大创造。当一个群体事事都要受他人或社会左右，无法独立思考、独立决策，稍微脱离一点正常轨道就被人提醒，就被“纠正”，长此以往的结果是培养一群循规蹈矩的群体。以大学为例，现在的大学实际上被当作行政机构来管理，今天发个通知，明天组织检查，后天搞个工程让学校来争取，再不就是评定重点学科、重点实验室等等，学校很多精力是在应付各种工程、检查、评比上，其结果是浮夸和弄虚作假盛行。为了争取进入各种工程、计划或成为重点，有的学校不惜编造各种材料和数据，或者夸大其词。为了使评审能打出高分，有的学校采取各种手段四处游说专家和上级领导，有的甚至派人员长期驻扎北京，打通各种关系。其结果不仅失去了大学最宝贵的学术独立性、大学的创新精神，而且，更败坏了社会风气，动摇了大学乃至社会的创新基础。试想，当一切荣誉、地位、项目都可以通过搞关系而达到目的时候，还有谁会愿意去冒风险，去创新、去创造。

在大学管理上，官文化也打上了深深烙印。本来作为教育和学术性机构，大学是产生思想和出各种成果的地方，平等和学术自由是一切创造的基础，而官文化则是创造的大敌。学校在机构设置上与行政机关无异，干部更是套用行政级别，从部级、司局级、处级到科级，形成了庞大的官僚机构。致使决定学术问题的不是教授，而是各级别领导的现象，教授治学没有得到很好体现，学术独立和学术自由无法保证。相比之下，人们不禁怀念近百年以前的蔡元培先生。蔡元培先生在北大任校长的10年间，为了争取大学自治、学术独立，先后8次提出辞职，他的请辞既是外部关系作用于大学的结果，同时又是他利用以调节这些关系的基本手段（应星，2004）。蔡元培先生为什么要如此执著地追求学术自由？没有学术自由不照样可以办大学吗？

学术上缺乏独立性不是一个简单的方面，它导致的不仅仅是大学能否自治的问题，关键是能不能给教师和学生一个自由探索和研究的工作条件，在缺乏独立性的条件下教师和学生就会失去独立思考的能力，这样的大学就不可能对社会做出较大贡献。对此，剑桥大学的艾雪培爵士指出：“在文明的国家里，学术自由已发展为一种受到特别保护之思想自由的角落。它并不是学界有些人所宣称的乃个人的特权。学术自由是一种工作的条件。大学教师之所以享有学术自由乃基于一种信念，即这种自由是学者从事传授与探索他所见到的真理之工作所必需的；也因为学术自由的气氛是研究最有效的环境。”蒙罗更是明确指出：“学术自由之存在，不是为了大学教师的利益，而是为了他服务的社会的福祉，最终则是为了人类的福祉。”（金耀基，2004）的确，北大由于有蔡元培先生创造的学术自由氛围，才有可能出现各种思想、观点、理论共同交流、传播的局面，也正是这样的自由土壤上，李大钊先生才可能在北大传播共产主义，从而引发中国社会前所未有的整体创新。北大在上个世纪初的学术自由，传播了马克思主义，拯救了危难中的中国，造福于中华民族，中国共产党的诞生也得益于学术自由。

丧失学术独立性，也就丧失了对真理的探索，丧失了脚踏实地的精神。我们现在所面临愈演愈烈的学术腐败，就是丧失创新精神的具体体现。更让人担心的，不是部分个人的腐败，而是群体腐败。因为在一个社会中，对个体影响最大的是群体，群体是连接个体与社会的纽带，群体腐败将会波及整个社会与个人。一些大学、企业，为了能挤进国家重点工程，或者多上一些国家重点学科，多争取一些项目，请客送礼、行贿受贿。可这一切都是在为了群体利益的名誉下“名正言顺”地进行，在群体利益的驱使下，个人的做人原则被彻底摧毁，这已经成为一种风气，成为一种整体意识。如此环境熏陶出来的人，绝不会有脚踏实地、敢于求真的精神，而只会是投机取巧，此乃创造之大忌。

2. 群体文化对群体能量和创新精神的影响

第五章阐述了社会文化是创新精神的载体，对于群体来说同样如此。要理解群体文化对群体创新精神以及创造力的影响，最好是结合实例。罗长海（1999）在《企业文化学》中讲了关于海尔集团的一个经典例子，很有说服力。海尔于 1995 年 7 月 4 日兼并了青岛红星电器厂，这是一个生产洗衣机，累计亏损达 2.39 亿元，无法还贷的企业。海尔只是派了三人前去管理，张瑞敏给他们面授机宜：“红星厂搞成这个样子，是人的问题，是管理的问题。一千万、一个亿，海尔都拿得出，但现在绝对不能给钱。要通过海尔文化，通过海尔的管理模式，来激活这个企业。”

这三个人到红星厂做的第一件事就是按照海尔文化来建立干部队伍。原来 100 多名干部，通过竞争上岗的只有 30 多人，有 10 多人过去从来没有当过干部也通过竞争成为干部。这件事一下子把大家的积极性激发出来了。当中央电视台记者前去采访时，工人们说，进入海尔集团之后，自己也感到不理解，同样的人，同样的机器，为什么会完全变了个样？他们原来愿意干的一件事就是上厕所，因为厕所比较远，慢点儿走个来回要20分钟，叫上四五个人出去转一圈，一个多小时就过去了。可现在上厕所都是跑着去，海尔集团其实并没有这样的要求，是工人自己的一种自觉行动。

第二个难题是资金问题。在当时的红星厂里，退回来的洗衣机堆积如山。所有的销售人员都在家里呆着，工人没活干，发工资的钱都没有。红星厂的一些人找到海尔总部要钱。张瑞敏对他们说："钱肯定不给。你们的货都套到商场上去了，要想办法把货款要回来发工资。现在虽然是淡季，但从海尔的理念来看，只有淡季的思想，没有淡季的产品。如果你思想处在淡季，就会把消极等待的行为看成是正常的；如果你认为没有淡季，就会创造出一年四季都一样卖得很好的产品来。树立了这样的观念，什么事情干不成呢！"于是，他们以山东潍坊市作为试点，派人去催要货款。潍坊的商家说："不行。你们厂有很多产品质量太差，都积压在仓库里，要钱的话，这些问题得先解决。"派去的人在总部的支持下，就以海尔的名义作出担保："第一，以后给你们的产品肯定不再有质量问题。第二，原来有问题的产品全部收回，如果你们不放心的话，现在就可以把这些产品收回来当场销毁。"商场的人感动了，说："行了，有了这些担保就信任你们了，你们也不必在这里销毁，拿回去处理吧。"资金拿回来了。

就这样，海尔兼并红星，没有增加一分钱的投资，没有换一台设备，只是派去了三个人，输入了海尔的企业文化，营造了公开、公平、公正竞争的氛围，灌输并实践了海尔的生产经营理念。结果是：兼并当月（1995年7月）亏损了700万元；8月、9月亏损开始大大降低；10月份达到盈亏平衡；11月份赢利15万元，年底完全摆脱困境，红星厂被救活了！

张瑞敏把这叫做吃"休克鱼"："活鱼不让吃，死鱼吃了要坏肚子，弄不好自己要生病，所以海尔就选择吃'休克鱼'。所谓'休克鱼'就是指一些硬件比较好而软件不行的企业。就像一个人身体非常强壮，但是脑子不行，思想观念有问题，处在'休克'状态。""海尔文化激活'休克鱼'的事实，引起了世界的关注。美国哈佛大学把它写成案例，编入MBA班'企业文化与企业发展'这门课的教材。"

这就是群体文化对群体能量与创新精神重要影响的经典案例。王极盛（1986，第351页）对中国科学院学部委员28人和一般科技工作者127人的调查表明，集体意识与集体士气，集体意识与人际关系，集体士气与人际关系等在自然科学研究中科技创造中作用的相关系数分别为0.653、0.457、

0.539（p 小于 0.05），相关非常显著。说明集体意识、集体士气、人际关系相互之间在自然科学研究和科技创造中作用的关系非常密切。

群体意识和文化决定群体行为方式，决定着群体是否有凝聚力，是否有创新精神。大量研究表明，群体对个体的影响要远远大于社会对个人的影响。因为在群体内，个体之间发生着广泛而深刻的直接接触和联系，因而产生复杂的相互作用关系，相互作用的结果便形成了群体意识和文化。群体意识和文化对群体能量和创新精神的影响可以是正向的，也可以是负向的。

以人际关系为例，群体内复杂的人际关系会分散人们的注意力，使个人在处理人际关系方面花费大量能量，人们无法集中精力解决群体应该解决的问题。人与人之间矛盾过多，经常相互攻击能够消耗人们精力，群体能量下降，个体不可能去努力创造。因为创造就会与众不同，就可能成为别人攻击的目标。我国群体所面临的一个重要问题是平均主义，多年计划经济使人们习惯于大家都一样，谁要是出头、冒尖，就会受到众人攻击。而创造恰恰需要与众不同，这包括思维方式和行为方式不同，这样一来，创造者就成为众矢之的。如果群体文化鼓励创造，对创造有强烈追求，那么，创造者就会投入更多的精力与能量用于创造，群体也可能对其进行大力的支持和表彰，这就形成能量聚集，甚至出现能量传递的链锁反应，使群体爆发出巨大能量和创造力。相反，如果群体文化不支持创造，创造者的行为就会受到其他人反对，各种矛盾和冲突就会发生，能量必然就被分散。

企业有企业文化，大学有大学文化，不同的大学文化实际上就是各个大学的风格，是大学中教师和学生生活方式的总和。这种群体文化对学生创造力的影响在潜移默化之中进行，其影响力和持久力要比课堂讲授的知识更大、更深远。有一位地区林业局局长给我讲过一个故事：当他毕业 20 年后重回母校时，见到了过去的老师，在聊天过程中老师问到，毕业这么多年，对母校有什么话要说，他说“我什么都不欠老师的”，在座的师生们听完后不禁愕然。心想，怎么能如此讲话，他接着说：“因为我把课堂上学的知识全都还给老师了，所以，我才不欠老师什么。”大家这才开心一笑，但他又说，可是他对在校时的生活却记忆犹新，哪个老师有什么趣闻，哪个同学有什么轶事，他都能一一道来。这就是群体文化的力量。它不是通过机械记忆而保存，而是通过文化熏陶浸入了学生血液里。老师是怎样对待工作，怎样对待他人，同学是如何奋斗，又是如何开心，甚至如何尴尬、狼狈等等，这一切构成了大学生活，形成了大学文化，它在学生心中打上了深深烙印，这对一个人而言，可能成为终生记忆，学生的行为方式自然也就发生改变。具有创新精神的大学就是通过大学文化、大学生活，熏陶出了具有创新精神的人才，学生是在不经意间学到的。多年以后，课堂上讲的东西全部还给了老师，而留下则是最宝贵的大学文化，这是无法还给老师的。一所大学有没有创新精神，对学生的影响是终生的。

所以，在剑桥大学流传着这样一句话：你在剑桥睡上三年也是好的。说的就是文化熏陶的作用。当记者问旅英华人、剑桥学者马伯英先生，剑桥最吸引你的是什么？他说是剑桥无处不在的平等交流的学术氛围，在这种氛围下，所有人都是平等的，他就曾在公共餐厅里见过 DNA 的发现者克拉克、《时间简史》的作者霍金。这些闻名遐迩的人物在公共餐厅里同学生、普通研究者一样无拘无束、平等交流。这种氛围使剑桥学子感到创造并不神秘，谁都有可能接触到不同的学科前沿，使学者们不断碰撞出思想的火花（王小宁，2005）。

多年以来，我国大学形成的是一种“片面文化”，因为从20世纪50年代开始，盲目学习苏联老大哥，将原有的综合性大学分解为专科学院，培养各方面专家成为大学的最终目标。于是，大学就成为同行专家和专家坯子们的聚居地，知识背景单一，导致思维方式单一，以至于生活方式单一，有人开玩笑说，这样的学校是“有知识，没文化”。在这种片面文化熏陶下，好处是培养了具有一技之长的专家，从短期结果来看，似乎也不错，这些专家推动了各个行业的发展。但是从更高层次、更长远的角度来看，大学培养知识面越来越窄的专家，将会对社会可持续发展产生不利影响。社会是一个复杂系统，不是各个行业的简单相加，只有各行业协调、合作，社会才能健康发展。而片面文化培养出来的专家，常常只看到自己领域，看不到全局。“不少人因为有一技之长，就非常自负，于是这种人越多，合作就越困难，冲突也越多。”（智效民，2004）看看我们大学的一些教授，跟谁都不合作，认为别人都不懂他的那一行，他的领域最重要，学校要对他所从事试验的实验室进行调整，更是难上加难，还有一些实验室成为夫妻店，外人很难介入其中。

社会同样正受到这种“片面文化”之害。以生态环境建设为例，一个地区的生态环境建设，本来涉及林业、农业、水利、畜牧等等各个行业，需要各行业合作与协调才能和谐发展。但是，现实情况是各个行业的一些专家只说自己行业如何重要，搞林业的就绝不会主动种草，即使自然环境条件更适合种草，也要想方设法种树，因为，种了草就归畜牧业管了，与林业无关。搞畜牧的则是养猪、养羊越多越好，并不管草原的承载量有多大，会对森林造成什么影响。各部门的领导在决策时，也都找本部门的专家进行咨询，目前社会上的专家大多是大学教授或研究单位的研究人员，都只是某一个领域的专家，只能在本专业内说话，对社会复杂系统缺乏全面了解。这是我们长期单科性院校、专业面窄的结果。这就限制了我们在更高层次、更大范围服务社会的可能，因为社会问题从来就不是简单的专业问题，是复杂的综合问题。拿林业来说，我们的专家大多只能给各司局提建议，因为司局同我们的专业是对口的，但是却很难给部长提出好的建议，因为部长的决策是要考虑全局，专家只能提各个专业问题。比如，部长有一个重大问题需要听建议，我们去了五六个专家，各说各的重要，最后还要部长来综合。这实际上还是看部长水平，水平高综合得好，水平不高，有可能专家的建议不但起不到好的效果，还可能会帮倒忙。因为林业是一个复杂系统，不是各个专业的简单相加。我们现在缺乏的就是具有综合理论水平，以全局胸怀，能站在历史和现实高度给部长提真知灼见建议的人才。试想，如果我们各部门领导，也都是固执己见的专家，那么各行业发展越快，离真正的人类、自然和谐发展可能会越远。

大学在培养什么样的人才方面，历来存在着通才与专才之争。经过半个世纪的实践，我们实际上已经意识到了专才的弊端，所以才有了近年来各大学纷纷向多科性、综合性大学方向迈进的局面。然而由专科性大学扩大成综合性大学，我们最缺的是具有深厚理论功底，了解国内外科学和教育历史，懂得教育发展规律的教育家、思想家、学术大师。由于高层管理干部队伍缺这样站得高、有远见的领导，使得我们过去有些改革带有很大盲目性。教师队伍缺这样的人才，使我们不能掌握创造性人才培养规律。这必将极大地影响我国大学向一流大学迈进的步伐。就拿制定学校发展规划来说，我们常常感到高度不够、缺乏远见，找不到高人一头的感觉。

早在上个世纪上半叶，清华大学校长就一针见血地指出：“通识，一般生活之准备也；专识，特种事业之准备也。通识之用，不止润身而已，亦所以自通于人也。信如此论，则通识为本，而专识为末，社会所需要者，通才为大，而专家次之，以无通才为基础之专家临民，其结果不为新民，而为扰民。”（梅贻琦，2004）对此，爱因斯坦也呼吁：“学校应该永远以此为目标：学生离开学校时是一个和谐的人，而不是一个专家。”他甚至说：“专家只是训练有素的狗。”当然在西方国家，狗并不是骂人的话；这里只是提醒人们，仅仅做一个专家是远远不够的。然而，我们却走上了培养专家的道路，这一走就是半个世纪。以至于今天，当我们急切盼望创造性人才不断涌现的时候，我们才惊奇地发现，无论是在科技、教育、文学、艺术、音乐、美术，还是在思想、哲学等等各个方面，都缺乏世界级的大师。按照名师出高徒的说法，要想使我国世界级大师辈出，至少要再过几代人。

2005 年夏天，当温家宝总理去医院探望我国著名科学家钱学森时，钱老最关心的并不是导弹、航天飞机，而是创新人才培养问题，尤其提到我国人才在艺术、音乐方面的修养不够，这实际上就是指我们的人才营养不全。

企业文化同样影响着企业的创新精神。微软公司取得的成功就是建立在吸引、甄选、开发和留住人才的能力基础之上的。由于认识到个人技能和工作态度对于软件行业来说至关重要，因而公司一直十分注重提供具有创造性和能够起到支持作用的合适的公司文化。用盖茨的话来说："我们营造一种鼓励创造性思维和发挥员工最大潜力的氛围。"例如工作气氛是非正式的，同时又是紧张的，员工可以而且也确实是通过电子函件与比尔·盖茨直接交流，产品开发会议上常常不乏唇枪舌剑的场面。但争辩的原因更多的是为了力争"准确无误"，而不是处于个人之间的相互竞争，总之，关键要看产品能否取得成功（奥托·卡尔特霍夫，1999）。

但是，我们一些企业，缺乏能够促进创新精神的企业文化。以汽车制造企业为例，中国从建国初就开始扶持汽车工业，可是到现在半个多世纪过去了，我们的国有品牌有几个？据报道，2003 年，中国轿车自主品牌的产量不足 20%，自主品牌、专有技术和自主知识产权在总量中的比例严重偏低。一些曾经辉煌的品牌，要么被"边缘化"，要么销声匿迹。这问题到底出在哪里，我们缺钱吗？不是。缺技术吗？也不是。科技部曾比较了中日韩三国在生产 140 万辆汽车时，工程技术人员、科学家和工程师以及申请专利之比。前者中国为日本的 1.2 倍，为韩国的 3 倍；中者中国为日本的 3.8 倍，为韩国的 11.6 倍；后者中国为日本和韩国的 2.9 倍。从整个技术水平来讲，我们至少是不亚于日韩的。而日本和韩国汽车产业成功模式中最基本的要点就是坚持自主品牌发展原则。对于国际先进技术可以付出较高代价购买，然后吸收消化再创造，为此，韩国用了不到十年的时间就进入了世界汽车市场。对此，《人民政协报》记者任一龙总结到，"我们缺的其实是一种精神，一种振兴民族汽车工业的民族精神，一种与跨国公司竞争的志气和勇气。"说到底，就是缺乏创新精神，没有动力和能量，干什么都不行。在我看来，中国男子足球队关键时刻屡战屡败，缺的就是精神，因为他们不缺钱，不缺好身体，又有高薪聘来的外国教练。可是他们最缺的是精神，自强不息的创新与民族精神，那是用多少钱也买不来的。

独立、自强、永不满足、不断探索，这既是创新精神的内涵，同样也是一个民族精神的体现。一个民族可以贫穷，但是不能没有创新精神，一旦丧失创新精神，民族便没有了灵魂。企业也同样如此，没有创新精神，其根源在企业文化，因为一个企业靠文化来凝聚人、团结人、熏陶人，靠文化来传承创新精神，企业文化是企业创新精神的载体，建立良好的企业文化，就是营造一种激发企业员工创造力，并使员工创造力最大限度发挥的氛围。

目前，最重要的是给我们的大学、企业、事业单位等等群体，建立一种具有创新精神的群体文化。

二、群体多样性的具体体现

随着全球工业化加快，社会化大生产已是当今人类生活的现实，因此，越来越多的创造需要由群体才能实现。对一个企业来说，创造是一个复杂过程，既包含多方面，也包含多层次。要完成这样一个复杂过程，必须将不同知识、不同技能、不同经历的人有机地结合在一起才能得以实现。创造，实际上是一种知识共振效应，“零星分散的知识通常没有什么价值，许多知识如果毫无关联也同样价值不大。知识在观点相互关联的情况下才具有价值，彼此密切相关的一系列观点会产生共振效应，带来更多新的观点。”（奥托·卡尔特霍夫，1999）一个企业、一个群体，就是将多人的知识关联起来，在知识的关联过程中，在相互作用中，创造新知识，产生创新。对此，日本花王公司前总裁丸田义雄指出：“企业的智慧……是其全部成员知识的结晶。当然，全体董事会成员包括总裁在内必须不遗余力地致力于此。但他们必须认识到自己仅是整体的一部分。大型企业常划分成许多部门。如果企业缺乏综合各部门知识的系统就无法形成价值含量高的知识。每一部门的知识必须是其全部成员的知识总和而非仅指部分领导所具备的知识。”（奥托·卡尔特霍夫，1999）

群体拥有多样性就能拓宽可以获得的知识范围，而且，多样性越是丰富，越有利于不同知识之间的交流和相互作用，产生新知识。即使是同样的知识，世界观和经历不同的人也会产生不同的看法，以不同方式利用这些知识，产生出各自不同想法。现代遗传学的重大成就——DNA 分子结构的发现，就是多种学科和技术相结合的产物。完成如此重大的项目，决不是一个人的力量所能办到的。因此，各种因素的配合、协调格外重要。沃森和克拉克的团结、合作，在科学史上是一个范例，这也是他们获得成功的主要保证。在知识结构上沃森研究噬菌体遗传学，克拉克擅长于数学和物理。在性格、气质上沃森比较文静、性格内向，克拉克比较急躁，以大声说话、纵情欢笑而知名（李难，1987）。这种组合使得他们比单打独斗的其他科学家具有更强的创造力。

微软就是保持多样性的典型企业。它在工作上要求尽善尽美，而生活起居则个人随心所欲，公司对于雇员着装没有硬性规定。在微软园区的办公楼房里，沿着门厅走一走，你会发现有人光着脚，有人穿着皱巴巴的 T 恤衫，有的办公室杂乱无章。很多人平时从不穿西装、系领带，以至于1994年，那些应邀参加盖茨婚礼的员工，才不得不去现买西装和领带。这种不强求统一的氛围，给微软员工一个强烈印象，就是他还可以干他所喜欢的事情，谁也不会在乎你穿没穿鞋、刮没刮胡子。但是，如果你在规定的时间内没有完成你的程序，马上就有人会闯进你的办公室（罗长海，2004）。

这样的环境让每个人的个性和思想不受压抑，盖茨的聪明在于他不迷恋于别人称他为“神童”或“天才”，不认为一切好主义都出自他的冥思苦想。他把自己的智慧同这些个性鲜明的思想通过电子邮件有机串联起来，形成了一个更大的复杂系统，盖茨将其称为“数字神经系统”。1993年，《花花公子》杂志社的记者采访盖茨，提出过这样一个问题：“如果要求你用一句话来概括微软的企业精神的话，你会说什么?”盖茨立即就回答：“我会说，让我们开动脑筋，设计和推出比别人更好的软件。”开动脑筋，就是思考。盖茨不仅个人思考，他每年都要安排几个“思考周”，找一个幽静的地方“退隐静思”，而且还带动全体员工共同思考，通过电子邮件使得“思考”这种分散、独立的行动，变成一个集思广益、激发灵感的集体活动，这是盖茨和微软公司的一大创造。面对越来越复杂、越来越激烈的市场竞争，少数人的思考和决策已经无法应对。而用电子邮件联结起来的“数字神经系统”，把一个个独立的大脑组合成更大的复杂系统，其精神能量更强，多样性更丰富，追求更高，根据创造力模型，自然其创造力就更强。

另外，由电子邮件与人脑组成的“数字神经系统”，削平了企业的等级差别，帮助中层管理者由“信息过滤器”转变为“实干家”，鼓励人们发言，鼓励管理者倾听。使企业成为真正的扁平结构，更好地应对激烈的市场竞争。可以说，微软把群体多样性的作用真正开发出来了。

北大在蔡元培时期铸就了中国大学的大学精神，同时也可以说是大学内多样性最丰富的时期。以聘请教员为例，当时北大聘任教师的标准只有三条，即学有所长、献身学术研究的兴趣和善于引导学生的能力。以学术为标准成为蔡元培聘任教师的基础，这也就是所谓“兼容并包”，不为非学术的聘任标准所束缚。对此，文凭并不会构成蔡元培聘任教师的障碍，他聘任了仅仅中学毕业的梁漱溟；资历也不会成为年轻人的拦路虎，胡适1917年受聘北大教授时，年仅28岁，他一到校即领教授的最高薪280大洋；思想新旧并无妨碍，最典型的例子是激进派的陈独秀和保守派的辜鸿铭同时被聘；土洋不限，蔡元培最早的解聘对象就是有洋学位，却无真学问的洋教员。由此而形成的多样性，汇集了当时的众多学术人才，奠定了北京大学乃至中国大学的大学精神，对中国高等教育产生了深远影响。

西南联合大学是抗日战争时期，在中国后方昆明临时成立的一所大学，她由北京大学、清华大学和南开大学组成，大学只存在了8年，初期在长沙，后转移至昆明。那是中华民族处于十分危难的关头，办学条件极端艰苦。西南联大是日军轰炸的重要目标，不少师生都经历过九死一生的遭遇，闻一多在一次大轰炸中，因不放心在上学的孩子们，匆忙赶到学校，正好遇到狂泄而下的炸弹，一颗炸弹在几步之外爆炸，结果闻一多头部受伤，血流不止。华罗庚在一次空袭中，藏身的防空洞被震塌，他被埋在了里面，幸亏他头部还露在坍塌物之外，才被人发现获救。还有是物质条件匮乏和经费短缺，校长梅贻琦的夫人同另外两位教授的夫人一起，靠做糕点卖维持生计，但是，梅先生却从不让自己的孩子领取联大给穷苦学生发的生活补贴。吴大猷教授一次在同学生讨论时突然停下来，说："不成，我现在有事情!"当被问道有什么事情，他说："我要去喂猪!"原来那时吴教授没有钱，就养了几头猪，赚一点钱维持生活。冯友兰的夫人任载坤则支起油锅炸麻花，生意还算勉强可以。

就是在这样的条件下，西南联大聚集了当时可以说是中国最好的大师，在文史哲方面，有闻一多、朱自清、冯友兰、汤用彤、金岳霖、陈寅恪、傅斯年、钱穆、吴宓、钱钟书、朱光潜……个个都是名震一时的一代宗师。在政治学、经济学、法学方面有陈岱孙、张奚若、罗隆基、潘光旦、费孝通等闻名遐迩的学者；在数理化方面，更是云集了一批国内一流的学者，数学家有华罗庚、陈省身、姜立夫、杨武之等；物理学的阵容最强大，有吴有训、叶企孙、周培源、任之恭、赵忠尧、吴大猷、王竹溪、张文裕、马仕俊等世界知名学者。在这些顶级大师的培养下，联大在短短的8年时间里，毕业的3000多学生中，许多人成为世界一流学者，为世界、为中国做出了重大贡献，他们当中有杨振宁、李政道、邓稼先、黄昆、林家翘、朱光亚、王宪钟等人（杨建邺，2004）。

西南联大的成功，除了有"刚毅坚卓"精神力量的激励以外，民主自由的学术传统，为多样性形成提供了保障。中科院院士邹承鲁，是1941年由重庆南开中学考进西南联大的，他在西南联大成立45周年纪念会上发言说："西南联合大学在极端困难的条件之下坚持教学、坚持科研，这件事被人谈得很多。可还有一个重要的东西一直没被谈过，那就是西南联大的民主风气。它和重庆不一样，在政治上不是压制，而是有一定的自由度。它不但在学术上有自由度，在其他方面也有一定的自由度。西南联大具有民主的传统，这一点不应该被忽略掉。"（熊卫民，2004）

西南联大的三条规定就充分体现了这种民主精神和多样性的氛围：一是

允许学生跨学科、跨专业自由选择课程，以丰富和扩大学生的知识面，开拓学生的视野；二是允许学生在校内组织社团活动，促进各学科、各方面的思想交流；三是鼓励学生积极参加各种社会实践，以加深学生对社会的体认。

在这种多样性的环境中，学生可以学自己最想学的，老师则讲自己最拿手的。学生受到这种多样性的深刻熏陶。杨振宁就深有体会："我记得很清楚，联大的大一国文是必修课，当时采用轮流教学法。每一位教授只讲一个到两个礼拜。一般说来，轮流教学法的效果通常是很差的，会产生混乱的情况。不过那时的教授阵容实在很强，轮流教学法给了我们多方面的文史知识。记得教过我大一国文的老师有朱自清先生、闻一多先生、罗常培先生、王力先生等很多人。"

而现阶段我国大学十分缺乏群体多样性，体现在大学内部要求高度统一，大学与大学之间因为统一标准使其越来越雷同。首先是全国大学统一招生标准，然后是全国所有大学统一标准的本科教学评估、重点学科评估、重点实验室评估、文明校园评估等等无数评估的结果，让所有大学向一个标准看齐，大学多样性将荡然无存，所有大学都成为一个模子。在这种统一标准评估下，谁还敢追求多样性。为了能够在本科教学评估中获得优秀，大学校长们明确向本校教师发出极具威慑力的口号："谁要砸学校的牌子，我就砸他的饭碗！"这是大学校长的无奈，这是中国大学的悲哀。在这种高压下，当评估专家进校，邀请教师和同学座谈，其结果可想而知：异口同声地说"好"，没有人敢说"不好"。毕竟"民以食为天"，谁还会拿自己饭碗去冒险。

在这些失去个性的大学中，我们才会出现如上海交通大学的讲师晏才宏，虽然教学水平和师风师德广受学生称赞，但是，由于他对教学工作的全心投入，没有论文影响了评职称，至死也评不上副教授的现象。我们才会出现一些教师为了追求数量、完成每年的论文任务，把一篇文章拆成几篇发，把深入的问题简单处理，尽快鉴定报奖。如此导向，谁还会傻乎乎地"十年磨一剑"呢？

现实情况就是这样，用一个标准衡量学校，学校达到了高度的统一；用一个标准去招收学生，学生成为标准化产品；用一个模子去套教师，教师也就失去了差异。其结果必然多样性丧失，创造力减退。我们天天高喊创新，可实际所作所为恰恰是抑制创新，不仅降低大学的竞争能力，更可怕的是削弱了中华民族的创造力。

群体多样性不是自发产生的，不是任何群体都会产生多样性，而自由、民主则是多样性产生的必要条件。强制的本质就是抑制多样性，其结果必将扼杀创新。奥地利著名精神分析大师阿尔弗雷德·阿德勒（2000），在其名著《理解人性》中大声呼吁："唯有自由造就伟人，强制只能扼杀和毁掉他们。"

三、群体因适应而生存，因不适应而创造

蔡维钧（2004）在《企业的整体运作》一书中讲了两个故事。一个世界级营销大师，在进行专场演讲时，拿着一只小锤，在敲着一个质量很大的金属钟。只见他慢慢地，一下一下有节奏地敲着这个钟，但是金属钟没有任何动静，人们都不耐烦了，纷纷地离开了教室，但是这个营销大师，还在那里慢慢地敲打这个金属钟，40 分钟过去了，金属钟开始有所晃动了，慢慢地晃动开始变大了，终于这个金属钟在大师的小锤敲打下，有节奏地晃动起来了。而这位大师，始终没有讲一句话。

三笑集团用了十多年时间，将一只牙刷做成了一个全国乃至世界性的口腔护理产业，1999 年实现销售额 14.6 亿元。在改革开放之初，三笑费了很大劲挤进了国营销售渠道，跟着市场漩涡先转起来。但是随着改革深入，国营百货销售漩涡开始要消逝了。1992 年三笑站在国营销售渠道上开始寻觅着第二个市场漩涡的出现，走上刚刚出现的小商品批发渠道，这个刚开始不引人注目的小小浪花，却蕴藏着巨大的市场动力。这时三笑从国营销售渠道开始要消逝的大漩涡上一下子跳到这个开始形成的小市场漩涡上，用这支牙刷搅动着大市场，充分利用扬州杭集镇乃至周边地区的农民，大力发展销售队伍，以"毛利十点"的价格现款大量批发牙刷，形成一个庞大的体外销售队伍，这个牙刷终于开始搅动大市场了。自己的市场漩涡形成以后，就要给这个漩涡建立一个结构，以支撑这个市场漩涡所形成的巨大的市场动力；如果没有好的结构，即使形成的市场漩涡也会很快消逝。三株口服液就是个例子。因此三笑在全国各地小商品市场中培植出三百多个销售大户，形成了一个非常庞大的市场支撑，这个支撑成为这支小小牙刷搅动大市场漩涡的杠杆。当走进新世纪时，三笑已经占据了全国牙刷市场的 70%、年产 12 亿牙刷的大企业集团。但是他们看到这个牙刷市场漩涡又开始变化了，于是，2000 年与世界五百强之一的美国高露洁公司进行强强联合成立高露洁三笑有限公司，成为我国最佳的牙刷企业。

我理解，大师要表达的意思是：小锤能推动大钟，小杠杆能撬动大市场，这是不适应的结果，试想大钟原来是静止的，如果要适应它，保持静止也就行了。只有不适应它，用运动的锤去推动静止的大钟，出人意料的景象才会出现。营销的最高境界在大师看来就是不适应，一般的推销员只是推销人家需要、现有的东西，这是适应市场，跟着市场走。而营销大师则可以推销别

人原来不需要、不了解的新东西。让不想买的人，心甘情愿地花钱买了，这就是营销的最高境界，是不适应的结果。三笑从一个市场跳到另一个市场，就是先对市场产生一定的适应，然后又对原有市场产生不适应。

这两个故事说明一个问题：如何适应社会环境，是群体创新能否实现的关键。企业可能有很多创造性想法，也生产了不少具有创造性、也符合市场的产品，但是，能不能被市场认可、被社会接受，这就要看企业适应性。如果没有适应性，企业有再好的点子也是空的，不可能出现真正意义上的创造。相反，如果完全适应市场，只是简单地顺从市场、被动地适应市场，企业也没有创造可言，企业只能是活着，但是不可能有太大作为。只有那些既对市场有一定适应性，又保持一定不适应，不断寻求变化，而且能主动地利用一定的杠杆撬动市场，不但自己变化，还使市场跟着自己变化的企业才能有大创造。就像营销大师手上的小锤，能使金属大钟有节奏地晃动，三笑企业的小小牙刷，带动起一个产业一样。

群体在适应社会的时候是通过两种途径来实现的。一是与社会保持一致就是一种适应，以企业来说，只生产市场上现有的产品，如果做得更好，适应性就会更强。以大学来说，只培养社会现有的各种专业人才，学生毕业后才能找到专业对口的工作。这就是计划经济体制下的状况：工厂生产的产品几十年一贯制，永久牌自行车、解放牌卡车几十年不做任何改变，要是哪个企业生产市场没有的产品，那只是死路一条。可是，市场经济情况下则大不一样，有的企业专门生产市场上没有的产品，它不是简单地适应市场，而是创造市场，让市场跟着它走，成为市场开拓者，这实际上就是对现有市场不适应，才使得它不断寻求变化、创造。微软就成功地让全世界的计算机操作系统都来适应它，视窗成为操作系统的标准。因此对群体来说，被动和简单地去适应社会无创造可言，只有保持一定不适应，当社会来主动适应你的时候，创造也就产生了。

大学培养人才同样如此，如果我们培养的人只是被动地适应人才市场，那么市场总有满的时候，就会出现很多人找不到工作。可是如果我们的学生对现有人才市场保持一定不适应，不是被动地等待就业，而是主动地去创业，去开拓过去没有的工作和岗位，就业岗位就会越来越多，创造也产生了。

第八章

如何提高群体创造力

一、群体领导人起关键作用

群体创造力高低首先与群体带头人有直接关系，因为群体构成是由群体领导人决定。著名电视节目主持人李佳明的一段经历很能说明这个问题（引自中央电视台《讲述》栏目，2004 年 11 月 15 日节目）。李佳明高中毕业时违背父母意愿，不愿参加众望所归的高考，而是上了一个自己喜欢的电视节目主持人培训学校，学校学历并不正规，毕业就意味着失业。李佳明靠在电视台和夜总会打工而继续学习电视制作技术，并锻炼主持能力。当四川台在社会上公开招聘主持人时，李佳明兴奋地报了名，感到机会终于来了。一系列测试之后，他在两千多名应聘者中脱颖而出，成为最后 15 人，可电视台只招 10 人。李佳明以自己能力和才华，感到自己有百分之百的把握能被录用，可是当结果出来时，他傻眼了，没有他。他百思不得其解。多年以后，通过朋友才打听到，自己没有被录用的原因，很有可能与面试时候他所说的一句话有直接关系："川台不用我用谁?"这句十分自负的话，肯定让招聘者感到的是骄傲和难以驾驭。一位极具才华的主持人就这样与电视台擦肩而过，对于李佳明来说，反思自己所想到的就是，如果当时谦虚一点，结果就会大不一样。而对于招聘者而言，或者说对于一个群体的领导人来说，是不是也应该反思一下，自己要是心胸开阔一点，能够容得下个性鲜明的人，李佳明这颗新星本该是从自己这里升起。

这个故事说明一个问题，群体领导人决定群体成员组成是单一还是多样。如果领导人心胸狭窄、容量不大，群体可能主要由听话的个体组成，这就如同"武大郎开店"，比自己高的一概不要。而真正有才能、具有创造性的人才，恰恰是具有独立思考能力、个性强、不服管、自负甚至较狂的人。只有领导人心胸开阔，能容得下比自己更强、水平更高，而且特立独行的人，才可能网罗各种各样人才，使群体内部形成多样性，创造才会从各个部分涌现。

汉高祖刘邦自称在运筹帷幄、决胜千里方面不如张良，在冲锋陷阵、带兵打仗方面不如韩信，却能战胜"力拔山兮气盖世"的楚霸王项羽，建立汉朝统一天下。这其中一个重要方面，就是刘邦具有包容天下的胸怀，善于用人的智慧，营造了一个人才多样性的群体，能够把各地反对项羽的力量联合起来，把每个人的特长发挥出来，做到守有贤相、谋有良臣、战有猛将。尤其可贵的是刘邦能够容得下曾经反对过自己的人。据《史记》记载，刘邦统一天下后，对有大功的二十多位臣将都进行了封赏，而其他人日夜为自己的功劳高下而争吵不休，因此不能定封赏。有一天，刘邦在洛阳南宫的阁楼上看到诸将三五一伙地窃窃交谈。刘邦就问张良："他们在说什么?"张良说：

“陛下您还不知道吗？他们在商量造反呢！”刘邦说：“天下刚刚得以安定，为什么要造反呢？”张良说：“陛下由一个普通平民，依靠这些人而得到了天下；您现在做了天子，然而您所封赏的，都是像萧何、曹参等您最亲近的人，而您所诛罚的，都是您平时所怨恨的仇家，现在军吏正在统计战功，而天下的土地毕竟不能满足使所有的人都能得到封赏。因此，这些人怕陛下不能全部分封，又怕您追究他们平时的过失而遭杀罪，所以聚集在一起讨论如何造反哪！”刘邦听后忧虑地问：“这可怎么办才好呢？”张良说：“您生平最讨厌最痛恨谁，而且是所有人都知道的呢？”刘邦说：“雍齿和我有私仇，他曾经好几次使我受其窘辱。我想杀了他，但因为他功劳很多，所以不忍心。”张良说：“那您现在赶快先封雍齿，以此来昭示群臣。大家看到雍齿都被封了，那么人人都会坚定了信心。”于是刘邦便设宴款待群臣，当席就封雍齿为侯，并且督促丞相、御史抓紧定功分封。群臣个个欢喜道：“连雍齿都能够封侯，我们这些人就没有什么可担忧的了！”

相比之下，项羽虽武功盖世，但心胸狭窄，自己缺乏远见，还刚愎自用，不肯听从部下意见。最要命的是他嫉贤妒能，容不下比自己强的和与自己意见不同的人，以致许多有才能的人如陈平、韩信、英布等都离他而去，甚至连他唯一的谋臣范增也被逼走。可以说作为一个群体，其人才多样性越来越小，这与刘邦群体形成鲜明对照。以至于在项羽穷途末路，最后与汉军激战时，看见的敌人竟是他的老朋友，已经成为汉骑司马的吕马童。就对他说：“你不是我的老朋友吕马童吗？我知道汉王悬赏我的头，值千金，封邑万户。吕马童，我们既是故人，我就赠给你这点好处吧！”项羽说罢，挥剑自刎而死，由他组织起来的群体也就消失了。

因此，从某种意义上说，领导人胸怀有多大，群体多样性就有多大，以至于创造力就有多大。

然而，实际情况是我们一些群体领导人比项羽好不了多少。选人、用人首先看其是否听自己的话，是否经常向自己表示赞许，久而久之就会在领导周围形成一帮说好听话、溜须拍马的人。这些人多半会得到重用，这就形成一种导向：即干得好不如拍得好，只要听话、会来事儿，就能得到提拔。干得再好、不会来事儿，一样不行。个体就会沿着这一导向来调整自己的行为，天长日久，原来有个性、有棱角、有创造力的个体，为了适应周围环境，逐渐变成了没有个性、没棱角，创造力也丧失了。或者有的个体个性太强，不愿随波逐流，只好离开群体，另谋他路。群体活力、创造力就这样慢慢消失了。

罗启义（2001）在《企业生理学》一书中，将企业比作有机体。这个有机体会成为什么样子，首先取决于企业领导。因为，“领袖们通过他们的行为每天都在以新的方式铸造着企业文化。他们所展示的行为，他们所设计的策略，他们显示的信念，他们所传达出来的态度，以及他们的信奉和价值标准，所有这些都影响着组织的态度和行为。”实际上，群体就是一个复杂系统，这个系统内个体之间是相互作用的，而作为群体带头人的领导，对其他人的作用就更大。因为他的行为成为一种准则，成为群体文化的主流。他的言行、工作方式、价值观念，行为准则等等，构成了群体精神与文化的骨架。不可想象一个没有创新精神的领导会带出一个有创造力的群体。

群体领导人所营造的群体文化对个体心理会产生重要影响。弗洛伊德（1986）在《集体心理学和自我的分析》中对集体心理学进行了深入分析，当一个人处在某个集体中时，他会丧失自己原来的性格特点，他身上原来被压抑着的那些无意识本能会得到释放，使他干出一些以前不会干，或者不敢干的事情。当然集体也可能会使他感情用事，责任感下降、良心消失、智力减退。弗洛伊德把这种现象归结为集体中领袖与个人之间的联系，这是一种“爱的联系”。

个人创造力是有限的，然而将个人与群体智慧很好结合起来，就会产生无穷的创造力。英国著名物理学家卢瑟福领导的群体，就充满了无穷的创造力，由他直接培养的科学家获诺贝尔奖的多达11人，此外，还有大批活跃在原子能、核物理、宇宙学、大气物理、超导、量子物理等方面的一流专家，这在科学史上也是绝无仅有。他通过自己多年的科学实践深深懂得：“科学家并非依赖于个人的思想，而是取决于综合数以千计的人们的智慧，所有的人想一个问题，并且每一个人做其中部分的工作，添增到正在建造的知识大厦中去。”他很注意将自己的科学才能和思想与他领导的科研人员的集体智慧很好地结合起来，向新的科学高峰挺进，不断取得重大的新成果。他一方面以自己的科研才能、品德威望和组织能力赢得大家的信服和尊敬；另一方面他又注意向学生学习新的思路、新的发现，卢瑟福的不少重大发现来源于学生的意外发现，不少思想启迪于助手的自由漫谈和讨论，许多新的想法是通过助手和学生使之条理化、理论化，或实验验证的。他特别重视对学生创造能力的培养。他绝不需要学生跟着他的思想亦步亦趋。一旦发现了学生某方面的才华，他就尽力帮助，使学生的才华充分显露出来，成为一流科学家。平时他既要求学生准确地进行实验，更要求他们勤于思考、善于思考、多思少干，在“巧”字上下很功夫，以最小的代价取得最丰盛的成果。他要求研究集体的每个成员必须有自己的新思想、新发现、新见解，在这一点上，他绝不含糊，若没有新意，他就拒绝和你讨论下去。这样，久而久之，就推动了研究集体的成员人人注意新发现，以新的观点审视过去的一切，培养了他们的独创能力。他还以他独有的乐观、善良、勤奋、高效和献身科学的精神感染学生。近朱者赤、近墨者黑，榜样的力量是无穷的，卢瑟福以身教胜于言教赢得了数代众多青年科学家的心（曾晓萱，1992）。

然而，我们正是缺乏这样的导师，以及这样具有创造力的群体。以科学研究群体为例，我们的科学家有了成绩，出了名就成了领导，也就不再奋斗在科研一线。然而这并不影响他主持研究课题，相反所主持课题的经费会越来越多，具体工作由他人和研究生去做，指导几十个研究生，一年见不到几次面，更有甚者连自己的研究生都不认识。这样一来，年轻科学家得不到很好的指导、训练，有才华的科学家又被名、利所累，不可能在科学上走得更远。法拉第认为："许多人之失败，是因为他们但求获得名誉，而不重视探求真实之知识……我可断言，我知道有许多人可以成为优良而成功之科学研究者，可以获得甚高之名望，但他们一心重视名望与报酬——世界赞誉之报酬。在如此情况下，他们之心灵即有一忌妒与悔恨之暗影，我不能想象在如此情绪下，有人尚可在科学上能有所发现。"（曾晓萱，1992）

二、榜样的力量

榜样的力量就是这样神奇，也许只是同某个伟人有一点点的关系，就可能影响和激励自己一生。这是因为，榜样传递了一种精神，输入了能量，这种精神和能量能激发出接受者巨大潜力。对一个群体而言，如果能对具有创新精神和创造力的个人给予恰当的地位和待遇，这无疑就是给群体每一个人树立榜样，他们就会成为个体奋斗方向和指南。

胡适个人的人品气象、人格风范尤其是他的谆谆教诲，对青年科学家们的影响是巨大而深远的，吴健雄便是一个很有代表性的例子。吴健雄 1959 年 5 月 1 日写信给胡适，说她一生中受她父亲和胡适两人的影响最大。她还把 1936 年 10 月 30 日刚从中国到美国时胡适给她的一封鼓励的信函翻印了出来寄还给胡适作纪念，感谢胡适对她的"诱导奖掖，竭尽鼓励"。这封信后来还专门陈列在台北南港的胡适纪念馆供人瞻仰参观。胡适信中的好几段话对吴健雄后来事业的成功无疑有很大促进作用。如："凡治学问，功力之外，还需要天才。龟兔之喻，是勉励中人以下之语，也是警惕天才之语。有兔子的天才，加上乌龟的功力，定可无敌于一世。仅有功力，可无大过，而未必有大成功。你是很聪明的人，千万珍重自爱，将来成就未可限量。这还不是我要对你说的话，我要对你说的是希望你能利用你的海外住留期间，多留意此邦文物，多读文史的书，多读其他科学，使胸襟扩大，使见解高明……做一个博学的人。”又说：“凡一流的科学家，都是极渊博的人，取精而用弘，由博而反约，故能有大成功。”吴健雄正是遵照胡适当年的要求与期望那样去做的，故有后来的极大成功（胡明，1996）。

对现代人格心理学做出重要贡献的美国现代心理学家米谢尔谈到：“也许，由于知道了弗洛伊德在维也纳的住所离我童年的住所很近，我便很自然地被他的理论所吸引。虽然我 8 岁那年因纳粹占领了奥地利，我们全家搬迁到了纽约，我便因此而远离了弗洛伊德，但在那 10 年之后，我却仍然想当一个临床医生，以便把他的观点用于帮助病人。正是这种对心理动力学理论的兴趣，给予了我学习临床心理学的动力。”（珀文，2001，第 85 页）

我自己也亲身感受过榜样在群体中传递创新精神的强大作用。从 1978 年上大学算起，我在北京林业大学已待了近 30 年，北京林业大学为什么会成为全国林业的排头兵？院士数量不仅在全国林业院校最多，而且与很多综合性大学比起来也不算少，各项工作也走在全国前列。我总结这是“北林精神”代代相传的结果，它体现在：脚踏实地、吃苦耐劳、坚忍不拔、不畏权威、敢于创造等等，这一精神在教师和学生身上默默传承，在细微之处反映出来。

“文化大革命”期间，北京林业大学被发配云南，整整流浪了 10 年，从北京—昆明—下关—丽江—大理—思茅—昆明秋木园，最后又回到北京。整个学校大搬迁，条件艰苦，完全失去了办学和科研的条件。云南老乡有一句顺口溜：“有一群人，远看像逃难的，近看像要饭的，一打听才知道是北京林学院的。”可就是在这样看不到希望的艰苦条件下，北林的教师并没有放弃。

森林培育学教授沈国舫院士偷偷利用空闲时间，不仅自学英语（他原来学的是俄语），还逐字逐句读完了世界林学名著《实用育林学》《森林生物地理群落学原理》，通读了一大批俄文、英文的文学名著。刚一改革开放，国家需要派一批既懂专业，英语又好的人去国外学习时，他便脱颖而出，别人都知道他俄语好，没想到他英语同样棒。由于一直没有放弃专业，在短短的十几年时间内，厚积薄发，成果丰硕，很快在同行中处于领先地位（铁铮，2002）。

水土保持学科的关君蔚院士，由于有留日经历，更是首先受到冲击，在云南被分到新平林场。开始他被分配去烧水，是个轻活。可他不干，主动要求到艰苦的采伐队去，理由是，烧水这么关键的岗位，让我去干，别人喝了闹肚子怎么办？其实别人哪里知道，他是想在林子里继续搞专业。劳模徐师傅收留了他，派给他的活儿是把伐到木的树皮刮下来。他整天泡在林子里，不仅把森林的情况搞清了，还发现伐到的树木被硬拉下山，在林地上留下了深深的痕迹，这不就是水土流失的隐患吗？他就和工人师傅一起，琢磨不破坏林地植被的方法，研究出了架空索道运材的新技术。六七十厘米粗的大树干从空中稳稳当当地滑了下来，距离有几里地长，不但不需要动力，还能把需要运上山的物品带上去。大家看他干得踏实，要选他当劳模，可是上边哪敢同意呢，结果，不但他没有当成，老劳模徐师傅也因同情他而落选了（铁铮，2002）。

老师们言传身教，将“北林精神”传给了学生，77、78 届学生感受最深。我是 1978 年上的北林，在昆明秋木园待了一年，1979 年搬回北京。刚到北京时条件十分艰苦，学校校舍被外单位占着，我们只能在木板房里上课。冬天没有暖气，寒风凛冽，窗户也关不严，冻得老师写黑板的手都在发抖，仍然坚持讲课。有的同学住大礼堂，没有暖气，晚上忘了倒洗脚水，等到第二天一看，全结冰了。就是在这样的条件下没有任何人提出来不上课或逃课。

大学毕业留校后，我参加的第一个科研项目是到大兴安岭漠河县，对口技术支援火灾区的森林恢复重建。苗圃课题组负责人宋庭茂教授，白天带领我们在地里工作，可到了晚上常常是腰痛难忍，记得我还曾经脱光了脚，上他背上去踩，也算是按摩了。有一次我同尹伟伦院士一起从大兴安岭返回北京，由于车票紧张，没有买上卧铺，一天一夜的路程也只得坐硬座。两人的座位，尹老师坐在靠窗的位置，我靠过道。夜里两三点钟时，大部分人已睡着了，我也处于半醒半睡状态，突然感觉有人挡住了我头上的亮光，睁眼一看，一个人正把手伸向尹老师的上衣口袋，我一惊，这不是小偷吗！便迅速抬手将小偷的手打开，小偷转身跑了。

现在想来，同老师的接触也都是些点点滴滴的小事情，没有什么惊天动地、轰轰烈烈的壮观场面。可是就是这些不起眼的小事，我感受到了吃苦耐劳、脚踏实地、坚忍不拔、不畏权威、敢于创造的北林精神在师生之间交接与传承。

三、如何转变观念

现在常说的一句话是：“转变观念”，的确观念决定行动，一个地区、一个单位能否发展起来，观念起着重要作用。我国东西部发展差距、沿海与内陆的差距，都与观念有很大关系。人才以及发展的环境是一个地区、一个产业能否发展的两个关键因素。只有具备所需要的人才和有利于发展的环境，才有可能快速发展，否则即使有了项目、有了资金，同样发展不起来。而制约我们人才和发展环境的最主要因素是观念，落后观念是发展的最大障碍。

我到过很多县，每个县都有自己的县志，县志上都有本县的人物表，反映了人们对本县人才的一种认识。什么才算人才，这里虽没有答案，但是有一种暗示，有一种导向，能上县志人物表的人自然应该与众不同。各县志所列人物虽然不同，但是，有几点是较为普遍的：一是历代科举考试的优胜者，二是历代本县出去当官的人。也就是说，县级人物中一大部分是科举考试的优胜者和当官的，“学而优则仕”的观念根深蒂固。

现在，在人们心目中，考上大学才算有出息，能做大官才算有本事。因此我们的教育成为以考试为目的，学生一切训练都以考高分为目标，中学成了“高考集中营”。对于西部贫困地区的孩子而言，考上大学就意味着他将永远离开生他、养他的这片土地。那么，我们对教育投入越多，走的人就越多，人才永远是负增长。因为，如果有那个孩子读完大学，敢回到原来的农村种地，不要说别人会怎样看，就是他的父母也会感到是奇耻大辱。所以，在北京滞留的本科以上的大学毕业生，据说每年都有五六万以上，即使找不到工作，也不回去。有一个学农业机械化的学子，本科毕业找不到工作后，又考硕士，硕士毕业后还是找不到工作，最后投圆明园自杀，他在遗书中写道：“我曾经是一个令家乡几万人骄傲的‘状元’，父母为了让我上大学，几乎倾出家中的全部，我也努力了。…… 然而现在我除了手中的一张硕士文凭，一无所有。我不可能回到中学时代的选择了，读了大学的人只能往前走，可我的前面是什么呢？我看不见，只看得见这圆明园湖水中的那片天与月……”（何建明，2000）

是谁让他走投无路？是我们的人才观念，把他逼上了绝路，因为他的专业所长恰恰是在农村。他宁死不回，他知道回来面对的将是比死还难受的被人看不起！

是不是就没有人大学毕业回农村吗？可喜的是我国东部的人才观正在悄悄地发生改变。同样是名牌大学毕业生，复旦大学计算机专业学生顾澄勇，2002 年毕业时没有向其他同学那样在企事业单位找工作，而是回农村卖鸡蛋。同样是卖鸡蛋，大学四年的教育使他同其父辈的卖鸡蛋有本质的差别。他给自家的鸡蛋注册了“阿强”牌商标，研制开发了“阿强”鸡蛋的“网上身份查询系统”，这在上海所有农产品中是头一家。只要根据鸡蛋包装盒上的查询号和生产日期，就能上网查到关于这盒鸡蛋的产蛋鸡舍、蛋鸡周龄、蛋鸡品系、饲料饮水、检验结果等信息，甚至还能看到鸡舍及员工消毒、喂养的视频画面，让市民购买“阿强”鸡蛋更放心了，结果 2003 年下半年，仅半年的时间，销量增加好几倍。2004 年他又对产品进行细分，分出了“头窝鸡蛋”，由于“头窝鸡蛋”数量有限，价格比普通鸡蛋翻了一番，这样算下来，单凭“头窝鸡蛋”一年就可多赚几十万元（宋文娟，2005）。

这就是观念差别的结果，发达与落后的差别，生与死的差别。

那么如何转变观念呢？常见的方法是学习别人的新观念，这包括走出去学习，还有请进来学习等等。但是，据我观察，效果都不好。为什么？

要改变观念，首先应该来分析观念是如何形成的。观念是一个人长期在特定环境下工作和生活，对这个环境所形成认识的综合。有什么样环境就会产生什么样观念。观念形成后，就会指导人的行动，使一个人不至于做出违反常规的行为，即使这个人离开了他原来生活的环境，观念也在指导着他按照原来的行为方式来生活和工作。这就可以看出转变观念对于创造是何等重要。但是，我们大多数群体在转变观念上采取的是观念对观念的方法，希望新观念把老观念代替。这是徒劳的，因为老观念是经过几十年，甚至更长时间行为所铸成，包含了大量的能量投入，简单进行观念换位，大多不能成功。那么是不是观念就不能转变了呢？

我们来看看海尔是如何转变观念的，这是一个流传甚广的故事。海尔集团的核心企业是原青岛冰箱总厂，原本是一个六百多人的落后小厂。当时的管理水平可以从 1985 年时的一个文件《十三条》中看出，其内容竟然有“不准在工作时间喝酒”、“不准在车间随地大小便”之类的条文，由此不难想象当时生产现场的脏乱差程度！更严重的是生产出来的电冰箱，许多质量不合格。可是到了 1996 年，1997 年，海尔集团的销售收入就名列中国家电行业第一，以后又成功进入欧美市场。究竟是什么原因，使得一个原本亏损落后的小企业，在短短十几年里，就有如此天翻地覆的改变呢？张瑞敏的回答很干脆：“一句话，观念一变天地变，观念不变原地转。”可是这观念是如何转过来的呢？1985 年，在总厂的产品中有 76 台质量有问题的冰箱，常规的做法是返工修理，或降价出售，这在当时中国老百姓收入不高的情况下，是可行的。当时任青岛电冰箱总厂厂长的张瑞敏，不是考虑具体如何处理这些不合格冰箱的问题，而是从更深层次、更高角度来考虑如何转变全厂职工质量观念的问题。于是一个令所有人意想不到的办法提出来了：令直接责任人自己用铁锤当众把这 76 台冰箱砸毁！随着一声令下，崭新的冰箱变成了垃圾。全厂职工受到了强烈震撼，锤子砸毁的不只是冰箱，更重要的是将顽固的旧质量观念彻底击垮，“产品有点质量问题没有什么大了不起”的思想意识被彻底砸掉了，同时激发了每一位职工的人格力量，既然“高质量的产品是由高质量的人干出来的”，那么谁都愿意这“高质人”也是自己！

这就是海尔人的经验，通过改变行动来改变观念，大能量、强刺激，才能在很短的时间内对长期形成的旧观念上冲开一个缺口，随后配合后续行动，即建立新的规章制度，使新观念巩固加强，最后变成群体中个人的自觉意识。

由此，我体会到转变观念关键在行动，从微小的行动做起，一点一滴做起，就能改变多年形成的习惯和观念。2005 年我在贵州省毕节地区遇见一位从深圳到毕节市挂职的副市长，交谈中我们都感到观念差别对一个地区发展的重要性。我问他，您从我国最发达地区到最落后地区来任职，您如何转变当地人的观念？他说："我是分管招商引资的，改善引资环境是我的责任，我从开会不抽烟这样的小事开始来改善引资环境。"的确就是这些不起眼的小事，反映出是观念的落后，通过从小事情改起，最终将彻底改变旧观念。行动就是能量投入，只有用更多的能量才能消除过去能量积累所形成的观念。

四、如何构建具有创造力的群体

如何构建具有创造力的群体，这是我们关住的焦点，其中群体领导人负有主要责任。以大学为例，要使学校成为一流大学，首先校长必须是一流教育家。所谓教育家不是简单的大学管理者，他要对大学教育有深刻认识，要有自己的教育理论，要有远见。我认为无论是大学校长还是企业家，要想促进群体创造力提高，其作用主要在两个方面：一是搭建一个平台，二是传播一种精神和文化。

1. 搭建平台

搭建平台就是机构设置和制度建设，合理的机构和完善的制度就像一部调试好的机器，它自己就能很好运转，只要定期保养和监测就行了，没有必要天天盯着。我平时上下班驾驶的是一辆捷达轿车，每年定期保养一次，平时基本不会出什么问题，只管放心驾驶。一个群体同样如此，只要机构设置合理，制度建设完善，群体在没有领导的情况下同样会运转正常。而我们现在一些校长为什么忙得一塌糊涂，关键在学校机构设置不合理、制度不健全和不严格按制度办事。导致应该由各级负责、决策的事情都去找校长，使得校长有时直接管到学科，管到实验室的具体事情，这很不正常，要这样再来十个、二十个校长也不够。通过搭建平台，使各负其责，严格按规章制度办事，才能把校长从替处长和科长决策的事务中解脱出来，腾出时间进行深入的理论学习、研究和思考。

当今世界教育发展突飞猛进，竞争日趋激烈，不大踏步前进就是后退。在这种形势下，校长在重大问题上的决策对学校发展至关重要，可谓重大决策上差之毫厘，在发展上就会失之千里。因此，校领导的水平和远见将决定学校命运。这就要求校领导把相当一部分精力用在理论学习、研究和思考上，并从全局角度，研究教育发展规律和人才培养规律，研究如何才能培养高层次、高水平、有创造性的人才，从社会需求对科技发展要求出发，跟踪世界科技前沿发展动向，促进全校学科交叉，创建新的学科领域，引领科技发展方向。只有这样才能真正发挥校长们的特殊作用，保证我国大学的发展更加符合教育发展规律。

另外，这个平台应该是一个可以变化的平台，可以根据群体所处的社会复杂系统的变化而进行变化，才能保证群体立于不败之地。过去的结构多是金字塔形的垂直结构，信息从基层逐级传达到上层，由上层决策后再逐级传回下级，群体再作出反应。这种结构在变化较慢的农业社会和工业化的中前期是可行而且是十分成功的。但是，在当今的信息社会，科技日新月异，知识爆炸，信息剧增的情况下，社会处于前所未有的快速变化之中，社会需求迅猛多样化。昨天我们还在对企业强调标准化生产，今天，进入后工业化社会的国家已经在强调非标准化生产了，就是不要再按一个模子生产，要根据个性化需求来生产。这是人的个性自由发展、需求多样化的必然结果。在过去，吃不饱、穿不暖的情况下，温饱是所有人共同的唯一追求，而当生活水平达到不愁吃穿，而且还有大量的钱可以随意支配时，需求多样性就会像火山一样爆发，有人想旅游，有人想保健，有人更看重美容，有音响发烧友，还有汽车发烧友。同样是汽车爱好者，有的喜欢小巧别致的QQ，有的喜欢粗犷豪放的吉普，还有钟情高档气派的奔驰、宝马等等。面对这迅速分化的社会需求，金字塔垂直结构的企业明显感到不适应，因为决策者收到的信息越来越多，要求作出的决策也越多，很多是自己所不熟悉的，其结果要么做出错误决策，要么迟迟决定不了，错失良机。对此，托夫勒（1987）在《适应性公司》一书中提出的药方是，“企业不该由传统呆板的各部门组成，而应变成由‘骨架’和‘组合单元’组成的高度灵活的结构。不应把企业看成一个孤立的单位，而应该把它作为有关公司、组织和机构组成的一个不断变化的‘星座’中心所占据的地位来观察它。我相信，其结果是一种适应性组织的有权威的模式。”

确如托夫勒所预言，现在很多公司正朝着扁平化结构发展，很多决策由基层做出。大学同样也可考虑这样的骨架和组合单元结构，大学的院、系是骨架，承担常规的本科教育，而更多的组合单元可以是课题组，这是一些临时性组织，有了大课题，就可以组织形成，课题结束，单元便自动解体。这样大量的交叉学科就可以根据科技发展和社会需求来组成单元，联合攻关，紧跟科技发展潮流，满足社会的各种需求。这种组合灵活多变，对于创造有极大的好处。

蒙牛的例子很能说明问题，据《作家文摘》转载《京华时报》的报道，蒙牛通过赞助“超级女声”使自已2005年的业绩扶摇直上，仅北京一个市场，9月份液态奶（不包括酸奶）销售超过一个亿，成为首个单月单个市场销量超过亿元的乳品企业。然而整个策划过程都是公司液态奶事业部决定的，牛根生作为董事长根本没有参加决策（胡笑红，2005）。1400万元的赞助费，由一个部门说了算，这在中国企业是极为罕见的。可是这种决策机制却能应对千变万化的市场，这是就是企业机构扁平化的成功例证。

2. 传播一种精神和文化

人不是机器，虽然健全的制度和严格的监管机制能够保证一个学校、一个企业正常运转，但却不能保证它们是充满活力、创造力强的集体。一个人如果没有创新精神，技术水平再高，也只是一个工匠；一个学校如果没有创新精神和文化，培养的人就是只会进行技术模仿的匠人。我们现在一个严重问题是“有知识，没文化”，过去高等教育教给学生的仅是专业知识，但是却没有受到文化的全面熏陶。所谓文化是人类在社会历史发展过程中所创造的物质财富和精神财富的总和，特指精神财富，如文学、艺术、教育、科学等。一个学校只有具有了创新精神和文化，学校才会有活力，才能培养和熏陶出我们社会和民族亟需的创造性人才。

传播创新精神和文化是校长、企业家等群体领导人的主要工作，每个学校有自己的特点，我们不可能让全国的学校都是一个模子，各学校应该通过扎实的理论学习和深入研究，凝练出优秀的中华文化精髓、无畏的科学探索精神、开拓创新的人类文明传统，并将其播洒在校园。这种创新精神和文化一旦形成风气，每一个学生都会受到这种精神的强烈熏陶，形成教师和学生的自觉行动，就会像核反应那样释放出巨大能量和创造力。

群体创新精神的传播不是喊几句口号就能解决的，其关键在于文化，优秀群体文化的形成靠领导人身体力行的实践，通过自身一言一行，传给群体各成员，群体成员并不仅是看领导人怎样说，更重要的是看他怎样做。大学文化靠一代一代大学领导人、教师的行为所铸成，这种校园文化熏陶学生的作用远远胜过课堂讲授的知识。

世界上没有万灵的模式，具有创造力的群体是各种各样，各有各的组织形式和文化传统，在各种文化背景下都能产生出具有创造力的群体。美国文化是一个注重个人奋斗、讲究实际的国家，以独立自主和自强自立为原则基础，企业家首创精神被视为自我实现的最终形式。美国企业要开除一个人是很容易的一件事情；而日本企业则很难开除一个人，因为日本文化属东方文化，深受儒家思想影响，在价值观方面推崇坚持不懈、身份地位、节俭和爱面子，在企业中提倡团体精神和忠诚，目的是实现共同利益。美国和日本代表了文化的两个极端，而欧洲则处于这两者之间，由于欧洲社会混合了多种民族、语言和文化，其多样性和复杂性要比美国和日本相对同质的文化繁杂得多。可就是在这种差异巨大的文化背景下，美国产生了微软、通用、福特、波音，日本产生了本田、三菱、东芝，欧洲产生了西门子、宜家、百胜等等极具创造力的全球性大公司。这些公司的组织结构各不相同，文化背景千差万别，可它们都有一个共同之处，都具有创新精神，并且将这种精神融入自己本民族的文化之中。群体领导人的作用就是要传播这种创新精神，并将其融入群体文化，化作群体内个人的自觉行动，当群体中的所有成员向着同一个方向努力时，其能量便不再是各个个体能量的总和，而是群体这个复杂系统的能量，其中已包含了在各个交互点上涌现的创造。

第九章

个人创造力

一、人类创造——意识活动的产物

（一）意识与潜意识

个人创造是其意识活动的产物。近代哲学、心理学等都对意识高度重视，并进行了深入研究。马克思之所以重视德国古典哲学（其奠基人是康德），就是因为它强调认识的能动方面。意识不仅反映世界，而且创造世界——对于辩证唯物主义者来说，这是一条原理（阿尔森·古留加，1981）。

创造性思维贯穿于意识和潜意识中。人的思维在意识状态下进行，思维过程是对概念进行加工。创造思维就是将概念进行分解、重组后产生新概念。有人形象地理解为，在这个过程中概念被分解成许多“概念细胞”，每个“概念细胞”都包含了这个概念的全部或主要信息，思维过程就是这些概念细胞相互碰撞和融合的过程，当两个或多个不同的概念细胞融合后，便会产生新概念，新概念中就包含了所融合的所有概念细胞的主要信息。这就是思维创新。

但在意识状态下概念极不易分解，而且概念细胞组合方式又受到限制。因为人是社会性动物，在自己成长过程中，家庭、民族、社会的生活习惯、行为准则、道德规范、法律法规等等，在人的意识中已经形成一些固有的条条框框，有些东西不但不能去做，就连想一想都会是罪过。所以在意识状态下，思维活动受到强烈束缚，有些概念已是天经地义，根本不可能试图去改变或分解。而且概念的组合方式也受到现实观念的束缚，很难产生大的突变。

一般创造活动是意识与潜意识综合作用的结果，在意识状态下提出问题，进行酝酿，简单问题在意识状态下就可解决。但是对于重大创新和出人意料的创造，常常并不发生在意识状态下。著名数学家庞加莱（又译彭加勒）(1988) 在《数学创造》一文中，将科学创造过程相对地分为酝酿、潜伏、恍然大悟、完成四个阶段。第一和第四阶段是意识活动，第二和第三阶段是无意识心理活动。科学发现的中心环节原来是与不受控制的心理活动相联系。恍然大悟有时是在有意识的思维活动减弱或完全被排除的时刻开始的。

日内瓦大学曾作过调查，69 个被调查的数学家中，有 51 个（74%）回答说，睡梦帮助他们解决了大量问题；有 83% 的人说他们从突然的启发和非理论思考的预感中得到帮助（于海生，2003）。最著名的例子就是化学家弗里德里克·冯·斯特拉多尼斯发现苯环的过程，他已知道苯分子是由 6 个碳原子和 6 个氢原子组成的，但是分子式是如何排列的呢？这个问题困惑了他很久，一直没有找到答案。一次他坐车去伦敦时，他的潜意识突然向他显示：一只蛇咬住自己的尾巴，形成一个环状，并且盘旋运动，像个玩具风车。他的问题就是这样在潜意识启发下解决了（约瑟夫·墨菲，2003）。

可见潜意识对于产生创造性思维具有重要作用，为什么会这样？因为在潜意识状态下，例如在梦中，或长时间研究一个问题之后，将问题搁置，不再考虑。但是，这时虽然意识并没有考虑，可是由意识层面上思考的问题转入潜意识，而潜意识则处于自由想象的活动过程。在潜意识状态下，思维不受限制，概念能完全自由分解。不同概念之间的融合可能性增加，会产生很多跨越时空、跨越道德、跨越民族的怪诞、离奇的组合，这种多种概念的碰撞、组合，便是创造思维产生的前提条件。庞加莱建议把潜意识的诸成分想象为某种“原子”，这些原子在脑力劳动开始之前处于不动状态之中，它们仿佛是“被粘在墙上”，那种把注意力集中到问题上去的最初的有意识的活动使这些原子产生运动。然后，只有意识才有休息的机会，对于无意识的思想过程来说，这里所说的休息只是一种似是而非的东西，而下意识的“原子”活动，在没有找到解决方法之前则是不会停止的。“我们按照我们的意志给原子一个刺激之后，原子就再也不能返回到它们那原初的不动状态中去。他们自由自在地继续跳它们的舞。”（阿尔森·古留加，1981）

弗洛伊德更是开创性地分析了潜意识的作用，为人类认识自我开辟了更为广阔的领域。因为意识和潜意识的比例是1/6比5/6，1/6的意识就像是浮在水面上的冰山一角，而水下的5/6是则是潜意识。这是一个革命性的发现，太惊人了！它说明人类并不了解自己，我们并不了解占5/6的潜意识，这就制约了对潜意识的开发。如今的分析学家们更强调的潜意识被认为是动力潜意识（dynamic unconscious）。它有三个特征。第一，潜意识的操作过程与意识的操作过程有质的差别。意识的认知过程通常是理性的，是按逻辑规则进行的，而我们的潜意识过程常常是无逻辑的。根据精神分析理论，就潜意识的操作而言，任何事都是可能的。例如，在潜意识中相反的东西可以代表同一种东西，不同时间段的事件可以同时存在，不同的空间可以重叠，大的东西可以纳入小的空间。第二，愿望、驱力和动机。即潜意识内容中含有动机的成分。根据心理动力理论，动力潜意识的内容总要寻求得到表现，只有通过一种保护屏障才能使其远离意识。防御代表着保护屏障，它使潜意识中的内容不会进到意识中。第三，潜意识中充满了各种各样的冲突，例如两种希望间或希望与害怕间的冲突是潜意识生活的重要成分（珀文，2001）。

然而潜意识活动如不转化成意识活动，那它对创造就毫无意义。在什么状态下潜意识才闯入意识层面呢？人们常说的恍然大悟、灵感出现、顿悟等等，就是潜意识产生的组合在意识层面引起共鸣，得到意识层次的认可。可是为什么只有极少组合出现？如果仅从组合的数量来看，这个数字是巨大甚至无穷的。我们自然会想到是选择的结果，创造就意味着抛弃那些不合适的方案进行选择，而潜意识的选择是按科学的鉴别力来进行的。对此庞加莱郑重其事地声称："正是这种特殊的审美感，起着微妙的筛选作用，这充分地说明，缺乏这种审美感的人永远不会成为真正的创造者。"（庞加莱，1988，第383页）由此可见，鉴别力或审美感的差别，导致了人与人之间创造力的不同，这一问题将在本章的后半部分详细论述。

（二）激发意识

意识和潜意识的交替作用是个人在进行创造时所必须经历的两种意识状态。我认为还存在另外一种意识状态，即激发意识，它对创造同样起重要作用。所谓激发意识，是指意识处于高度兴奋而且不断受到外来信息刺激的状态。在此情况下，意识处于高能状态，极度兴奋，对外来信息或概念高度敏感，外来概念细胞对自身概念产生强烈冲击，加速概念分解，使不同概念细胞间充分混合，在目标导向的诱导下产生新概念，出现创造。

这是一种在平静状况下不会出现的情况。大量事实证实，很多人在激动状态下会做出平时不可想象的事情，例如过度激动失去理智、在诱惑状态下的激情犯罪、思想碰撞下的灵感闪现等等。都说明意识处于激发状态时和正常状态是不同的两种状态，会对人的行为和思维产生巨大影响。

为什么会出现这种情况？我们来看物质在什么条件下才分解和形成。在常温条件下物质无法分解，也就不容易产生新物质。常常是在高温和高压下，一种物质会转变形成新的物质。例如碳（石墨）在2500℃和200000大气压下可以转变为金刚石。铁在常温条件下是以赤铁矿、褐铁矿、磁铁矿等形式出现，把铁矿石放进高炉，加上焦炭、石灰石（助熔剂）进行冶炼，经过高温（铁的熔点为1535℃，沸点是2750℃），就可使氧化铁还原成含铁90%～95%，含碳3%～4.5%的生铁，以生铁为原料，再进行高温冶炼，去除杂质，使含碳量降低到0.2%～1.7%就成为钢。从整个过程来看，高温使物质溶解，甚至分解成其基本的物质结构，这时如给予不同的条件，如高压，就可能形成另外一种物质。据研究，黄金的形成过程就是由两颗恒星相碰撞，产生几十亿度高温而产生的。

然而通常我们不把意识当成物质，把意识当成是和物质相对立的东西来看待，是看不见、摸不着、来无影、去无踪，只存在于人们的脑海中。可实际上意识是人体复杂系统的产物，是物质的不同形态，它通过引起人的不同行为而表达出来，它同样遵循物质分解和形成的基本规律。意识是人体复杂系统在适应环境过程中，大脑对环境的综合反映，有什么样环境，就会产生什么样意识，环境变化必然导致意识改变。在意识形成过程中，同样体现着能量的作用，是长期的行为，即能量投入，才会形成固定思维模式和特有意识。

为什么我们不可能直接从人脑的解剖结构中找出这种意识差别的答案呢?这是因为人脑是一个复杂系统，其基本构成为神经细胞，即神经元。重约1350克的现代人的脑，所拥有的神经元数目约为1000亿，即在10^{11}这个数量级（正负10倍）。这大致相当于我们银河系的星星数。每个神经元的形态均各不相同，但大都有相同的结构特征。一个典型的神经元有一个直径5～100微米的细胞体，以及由胞体发出的神经纤维（即轴突）和一些纤维的分枝丛（即树突）。通常，一个神经元有多达几百个甚至几千个突触联系。换言之，一个神经元一般可接收几百个甚至几千个神经元传来的信息，同时也把信息传送给另外几百个甚至几千个神经元。因此，人脑的全部突触数目多达10^{15}数量级。而且，突触的连接形式也很复杂，一般是在一个神经元的轴突和另一个神经元的树突间形成突触，但也有的是轴突与轴突间、树突与树突间，以及轴突与细胞体间形成突触。这样，神经元与神经元之间便形成了极其错综复杂的网络联结（傅世侠，1983，第393页）。

当由于环境变化而产生意识变化时，是整个系统产生变化，是综合的变化，这其中可能有结构的变化，也可能只是组合方式的变化，甚至于会出现新的涌现特征。因此，系统变化不可能在解剖结构上找到一一对应部位。对此，Gazzaniga（2002）指出人脑是由许多特化部分集合起来的超复杂系统，它的每个组成部分都是自然选择的结果，以利于物种在各种生态环境中增强繁衍后代的成功率。所以脑的进化功能是明显地适应性调节的结果，其基础在于处理环境和机体内部的信息。对机体来说脑的功能意义并不在于力学的、代谢的或化学的效应，而主要是起信息加工、计算和调节功能。正因为脑的功能主要是信息加工，对它的功能结构也只能用表达信息功能的语言，即认识术语，而不能用细胞学解剖的或化学的术语加以表达。这就如同一个朝代的没落，不是由一个人、一件事引起的一样，它是一个综合作用结果。所以，意识是人脑复杂系统的综合表现形式，是物质的，其外在表现就是人的行为方式。所以，要改变原有意识，产生新的意识，同样需要能量。

在常态情况下，人的意识不容易改变。可是，当处于极度兴奋状态，能量高度集中，人脑复杂系统处于极度不稳定状态，概念就可能产生分化，如果再有外来的、新的概念细胞进行撞击，原有概念细胞就会分化，并重新融合，形成新的概念，新想法、新思想也就随之产生。“头脑风暴”就是激发意识用于团队创造的最好例证。

感动是人的一种状态，在此状态下，大脑同样处于能量高度集中的激发意识，也很容易做出在平常状态下不可想象的事情。例如社会募捐活动常常就是要营造一种令人感动的氛围，人一感动，原有的意识就松动了，就可能会大方地捐出很多钱，可是，有人在回家后，当意识回到正常状态，也许会后悔当时的举动。

二、个人创造力模型分析

什么是个人创造力，具体说是一个人能产生新想法，并且具有将其付诸实现的能力，新想法、新思路越多，而且将其实现的能力越强，创造力就越强。根据这一定义，一个人的创造力同样符合社会复杂系统创造力模型：

$$CI = f\ (e_m,\ e_s,\ d,\ a^{-1})$$

其中 CI 是个人创造力指数，e_m 是物质能量，e_s 是精神能量，d 是性格和思维等方面的多样性，a 是适应性。

（一）能量构成

个体创造力中的能量由生物能量和精神能量构成。作为生物体的人，是一个非平衡复杂系统，必须同其所生存环境进行能量和物质交换，从环境中吸收能量，以维持自身生长和消耗，提供人从事一切活动的能量来源，这是人能够生存的基本要素之一。同时，人又是社会性动物，个体是生活在群体和社会之中，个体同社会进行精神的相互作用，从社会接受精神能量，并形成自己的个体精神，个体精神又反过来影响社会精神。因此，生物能量和精神能量就构成了个体创造力的能量。

对于人的生物能量，在生物学、医学等相关学科中有专门研究，本书不打算在这方面做深入探讨。因为只要是一个身心健康的人，他所具有的生物能量足可以支撑他从事各种创造活动。而从能量角度探讨个体之间的创造力大小，则主要体现在精神能量差异上。

1. 精神能量

自然科学不承认有精神能量，因为不可能用物理仪器对其进行测定，更不能用数学公式进行推导。那么，社会科学是如何看待精神能量的呢？是通过一个人、一个群体、一个社会的行为方式，以及他们所创造的物质和精神财富数量来体现的。例如，两个人每天摄入大致相等的食物，生物能量来源和数量差异不大，但是，他们所体现出来的创造力却相差很大。创造是一个变化的过程，需要能量，甚至需要巨大能量。爱因斯坦对狭义相对论思索了

10年，广义相对论花了7年，统一场花了30多年，如果仅仅从生物能量角度来看，他摄入的能量不可能比其他人多多少，但创造的物质和精神财富却远远超出一般人。为什么？仅仅是因为他的方法更好，或者是知识面更丰富吗？恐怕不全是。在这巨大差异背后，体现精神能量的差异。

精神能量是以生物能量为基础，在特定社会文化背景下，个人复杂系统与社会复杂系统交互作用、相互影响而涌现出来的特征，是大脑复杂系统对社会系统的整体反映，它以意识的形式出现于人脑中。因此精神即意识，创新精神即是创新意识。它虽然不能用物理仪器进行测定，但它调动和指挥人体的生物能量，改变了人体生物能量的释放方式，使得有限的生物能量能够有目的的集中于某一点，完成许多仅靠生物能量所不能完成的事情。

由于精神和意识是大脑系统的综合反映，因此，它就具有非线性特点，具有复杂系统的基本性质。它与简单系统或机械系统最大的不同在于，机械系统可以按照人预先设定好的程序进行运转，可以毫不走样地执行预定计划，我们说它是线性的。而大脑系统或人体系统则不然，它由多层次、多单元构成，每个层次和单元的变化都会引起系统变化，同时又是动态的，与环境随时发生相互作用，不断学习，并不断向更好地适应环境方向发展。所以才会出现同一个学校培养出来的人千差万别，对于同一个命令，即使是纪律最严明的军队也会出现违反纪律的现象。

由于精神能量形成的特殊方式和作用方式，便决定了同样的生物能量就能够产生出不同的精神力量。娇小身材的女性可以统领千军万马，手无缚鸡之力的残疾人霍金能够胸怀宇宙，发现宇宙黑洞的奥秘，靠的便是精神力量。这是因为精神能量不受热力学第一定律（即能量守恒定律）的约束，它来自生物能量，但却控制生物能量的释放方式，从而能超越生物能量。

创新精神是超越的力量，是跨越的力量，是克服因循守旧的力量，它能摆脱一切桎梏。这种力量只能来自复杂系统的非线性特性，正因为人是一个复杂系统，能够产生这种冲破一切阻力、超越一切障碍的精神力量，才使人类得以不断创造和发展，达到今天的繁荣，成就辉煌的人类文明。

2. 精神决定生物能量的使用方式

对正常人而言，生物能量的差别体现在两个方面。一方面是能量的个体差异，有人充满活力，精力旺盛，而有人活力差、精力不济，但是这种差异只是量的差异而无本质区别，主要体现在一个人所能从事体力工作能力的大小。而精神能量差别则是本质的差别，一个人可能身强体壮，但是如果没有精神，照样一事无成。

另一方面是精神决定生物能量的使用或释放方式，至少可以将其分为三类，即能量发散型、能量集中型和居于前两者之间的中间类型。

能量发散型是指一个人在做某一件事时，不能集中精力，很容易受外界因素干扰，或者集中精力的时间不长，一件事情还没有做完就又开始其他工作，甚至同时开始多项工作。就像一面凹透镜，阳光通过镜面后被发散了，不能形成任何有用的能量。这样的人常常看似很忙，可能最后一事无成。或者，有的人干脆什么都不愿意做，吃饱了混天黑，以消遣虚度时光，让生物能量白白浪费。这就是没有精神能量对生物能量进行聚集，使生物能量自由发散。

能量集中型是指能够不受外界干扰，做事时全神贯注，能量高度集中，而且能长时间保持这种能量。就像一面凸透镜，当光线穿透镜面后，被集中到一点，这就有了点燃物体的能量，相同的能量通过不同的透镜却产生两种截然相反的结果。从对创造力影响程度来看，能量使用方式与能量的个体差异同样重要。而要产生这种效果，精神力量起着决定作用，是精神能量将生物能量集中起来，并长期保持其较高的能量状态。

在科学上能做出重大贡献的人，绝大多数都是属于能量集中型。例如，爱因斯坦就是能量集中的典型，他具有超人的耐心和长时间全神贯注于一个科学问题的能力。大的方面，如狭义相对论思索了10年，广义相对论花了7年，统一场花了30多年。小的方面，例如，一次爱因斯坦同一位科学家谈他关于晶体特性的研究，别人介绍了2个小时，他们交谈了9小时，爱因斯坦完全沉浸于自己的思维中，连吃饭都得靠夫人指点，用叉子把各种食物放进嘴里，却似乎并不知道吃的是什么。另据老舍先生的儿子，中国现代文学馆馆长舒乙先生讲，他母亲胡絜青女士，曾拜国画大师齐白石先生为师，有一次胡女士给老师带去了几只活虾，齐白石先生竟一动不动地观察了一个多小时，胡女士这才真正感受到，为什么齐白石的虾画得如此活灵活现。

中央电视台科学教育频道曾在2004年对诺贝尔奖获得者，华裔美籍物理学家丁肇中教授进行过采访，采访的核心自然围绕着他如何获得成功而进行。丁教授将自己的成功归于勤奋和刻苦，可是主持人并没有满足，进一步问道：别人也同样勤奋和刻苦，那么你的勤奋和刻苦同别人有何不同呢？丁教授沉思一下，说出两个字：专注！我年轻时候常常是三四天不睡觉，一直在实验室进行试验，几天不睡觉以后，除了试验和试验数据在我脑子里还清清楚楚以外，其他任何事情已经不知道了。同样在生活当中，处处体现着丁教授这种能量使用上的专注，他谈到自己朋友很少，有人认为他性格有些孤僻，在麻省理工学院工作的几十年中，对于每个月举行一次的教授聚会，他只去过两三次，他从不参加任何评审委员会，也从没有到过任何同事家吃过饭。

还有一种是处于能量发散和能量集中之间的中间类型，就如同平面镜，阳光通过以后，不发生任何改变，也就是有多少能量，做多少事情，这可能是我们大多数人所采取的能量使用方式。

当然，个体之间能量的差别同人的需求有直接关系。根据马斯洛的需求层次理论，人的需求可归纳为五个层次，即生理需求、安全需求、爱的需求、尊重的需求和自我实现的需要。最高一级的自我实现的需要，有赖于前面四种需要的满足。自我实现的需要就是促使他的潜在能力得以实现的趋势，这种趋势可以说成是希望自己越来越成为所期望的人物，完成与自己的能力相称的一切事情。达到这一层次的人具有最充分、最旺盛的创造力（俞克纯，1988，第 12 页）。

然而，对于同样都处在自我实现需求层次的人，其需求的高低差异很大，有的人不愿意冒险，只满足于较低层次的自我实现，安于现状。例如我国的职称评审制度，对激励人才成长起到了积极的推动作用，但是有人将教授、研究员作为自己人生奋斗目标，一旦目标实现，就不愿意再努力，其创造力也减退。而有的人具有高成就需求，挑战性的任务会引起他们的愉快感觉，因此他们会不断寻求有挑战性的工作。

美国哈佛大学教授麦克里兰（David Meclelland）创立的“成就需要激励理论”认为，对挑战性任务感兴趣的人对任务有强烈的完成感，他们的成就动机在动机层次的顶端，只要稍微触动一下他们的期望值，就会竭尽全力去完成任务。有一半成功的机会往往最能激励人们去取得成就，任务成功的几率太低或太高都不太吸引人，不会激励人们去取得成就。麦克里兰认为，具有高度成就需要的人对于企业和国家都有重要作用。企业拥有这样的人越多，发展就越快，越能取得经济效益。国家拥有这样的人越多，就越兴旺发达。据调查，英国在 1925 年时拥有高成就需要的人数在 25 个国家中名列第 5 位，当时英国是比较兴旺发达的国家。第二次世界大战后，1950 年再作调查时，英国高成就需要的人数在 39 个国家中名列第 27 位，这与英国的国情及经济走下坡路是相吻合的（俞克纯，1988，第 52 页）。

的确，目标高低决定成功的程度，但是在决定目标层次背后就是精神在起作用，具有创新精神的人，可能一开始目标并不高。但是，当他完成一个目标后，就会设立下一个目标，不断超越自己，不断升级自己的目标，在每次完成目标过程中，能够集中所有能量，专注于目标。还有的人从一开始就立下大志，不管其间遇到多少困难曲折，也百折不挠，能量始终得以凝聚，试想，没有精神力量，这是无论如何也不能实现的。

所以，生物能量是产生精神能量的物质基础，反过来，精神能量又对生物能量的释放方式起到支配作用。

（二）性格多样性

1. 创造性人物性格的共同特征：复杂多样性

个人对于群体和社会来说是个体，是一个元素，但个体在进行创造时，自成体系，自身实际上又形成一个系统。这个系统同样必须与外界进行物质、能量和信息交换，才能进行创造活动。根据复杂系统创造理论，一个系统越是复杂，越有利于产生创造。

可是在个人身上，多样性是如何体现的呢？我们可以采用个人的性格特点来反映个体的复杂状况。人类个体之间虽然结构一样，但形态和个性却千差万别，世界上没有两个完全一样的人，在决定个人行为方式和思维方式方面，性格起着关键作用。单一性格、简单个性的人，其行为单一，思维方式简单，思维没有交叉，只能简单地处理问题，要产生创造很困难。而性格复杂的人，尤其是性格之中存在着多种既矛盾又统一的对立矛盾性格，就可能使他的行为方式多样化、思维方式多样化，看问题会从多种角度、不同层次来进行。这就有可能看到别人看不到的方面，即产生创造思维。但是从创造的全过程可知，仅有创造思维是不够的，还必须有坚强的毅力和耐心，将创造思维付诸实施，形成创新成果，这需要做出长期艰苦努力。因此，只有那些具备多种性格的人，才能既产生创造思维，又能将其付诸实现，最终完成创造成果。

人们在讨论创造性人格时，一般都会列出很多“优秀”品质，说明其在创造性中是如何重要。但是，从系统观点来看，性格多样性中，不存在“好”性格和“坏”性格之分。钱学森在其《工程控制论》中提出用不太可靠的元器件可以组成可靠的系统的理论，在生物系统中同样适用（陈建新，1994）。对于创造性人才而言，无所谓“好”性格和“坏”性格，关键在于性格的丰富度、矛盾性以及平衡性。性格越丰富，并且相矛盾的性格成对出现，各种性格形成平衡，才有助于提高创造力。

最典型的例子要数天才诗人李白，他为什么会达到古典诗的巅峰，成为“诗仙”，后人无法超越。其中一个重要方面，和他极其复杂多样的性格有直接关系。他兼有游侠、刺客、隐士、道人、策士、酒徒等人的气质或行径，这也决定了他性格和思想的复杂性。一方面他接受儒家“兼善天下”的思想，要求“济苍生”、“安社稷”、“安黎元”，并且认为“苟无济代心，独善亦何益”但是，另一方面他又接受了道家特别是庄子那种遗世独立的思想，追求绝对自由，蔑视世间一切，有时他甚至把庄子抬高到屈原之上："投汨笑古人，临濠得天和。"与此同时，他还深受游侠思想的影响，所谓"以武犯禁"、"不爱其躯"、"羞伐其德"这种游侠精神，也存在于李白身上。创造性天才的这种复杂个性在他身上表现得尤其突出，从而也就造就了他与众不同的行为。所以他敢于蔑视封建秩序，敢于打破传统偶像，轻尧舜、笑孔丘、平交诸侯、长揖万乘。儒家思想和道家、游侠本不相容，但李白却把三者结合起来了。另外李白的思想也有人生如梦、及时行乐的消极面（游国恩，1985）。可以说，正是这种复杂、矛盾的性格，造就了中国文学史上最伟大的诗人。

爱因斯坦同样具有复杂的个性。他时而十分健谈，以独特的智慧的语言引人思索；时而却是坠入童年时代就形成的孤僻，认为"我没有同其他人直接接触的需要"；他对教会和宗教都抱否定态度，但他又怀有独特的宗教感情经常提到上帝；他的思维逻辑性极为严密，但他对美学、文学、艺术又有异乎寻常的兴趣与造诣；在科学上他是当之无愧的改革派，但同时他又十分保守地、不厌其烦地提到物理思想的继承性，在量子理论的形成过程中，他是从反对者角度做出重大贡献的……如此一般，这种种相对的两极却和谐地统一在爱因斯坦身上，构成他复杂的心理与多彩的性格（熊舜时，1992，第123页）。

20世纪英国文化巨匠，西方社会最著名且拥有最广泛读者的思想大师伯特兰·罗素，在哲学、数学、逻辑学、文学、教育等诸多方面都有创造，于1950年获诺贝尔文学奖，他被称为"世纪的智者"。他的作品平易而幽默，影响了无数乐于接受智慧的人，用爱因斯坦的话说"读这个人的作品使我度过了一生中最快乐的时光"。他的巨著《西方哲学史》成为研究西方哲学的丰碑，60年代他还将该书寄赠给中国伟人毛泽东。《罗素传》作者罗纳德·W. 克拉克（1998）在评价罗素时指出：对这个人来说，什么冒险也不算太危险，什么探求也不算太没指望，罗素的一生所有专门性方面就是钻石的不同刻面，从多方面来观察的这个罗素，大于他的组成部分的总和；这是一个充满矛盾的人，热心献身于理智，可有时却把理性争辩到非理性的极端，天生一个感情上的冒险家；一个英雄史诗中的巨人，奋斗一生，一生经历挫折，眼前灾难重重；年轻时，由于自身气质，他是一个对事事抱怀疑态度的人；到老年，有时是具有"永不顺从、永不屈服的勇气"的光辉人物。这就是罗素，一个充满矛盾、具有复杂性格的人，他既具有数学家的严密逻辑和精确推理，又具有文学家的浪漫与幽默；既能埋头做学问，写出著作70多部，内容涉及哲学、数学、自然科学、伦理学、社会学、教育、历史、宗教、政治等诸多领域，又是社会活动家，为和平、民主、自由奔走呼号一生。

类似例子不胜枚举。美国著名心理学家米哈伊·奇凯岑特米哈伊（2001）耗时15年，对世界各地91位被公认为最具创造性的人物进行采访，从中总结出创造性人才的个性特征是复杂多样性。他们具有极端不同的、矛盾的性质——他们不是一个“个体”，每个人都是一个“多元体”。这些性质在我们所有人的身上都存在，但我们通常都被训练发展其中的某一极。我们也许会被教育去发展我们本性中积极进取的、竞争的一面，同时却鄙弃压制懒惰的、合作的一面。但一个有创造性的人却更可能既有进取性又有合作性，根据情况的不同会在不同的时间或同时具有这些不同的性质。具有复杂的个性意味着能把人类潜在的但通常是萎缩的所有个性全部表现出来，因为我们通常认为这些个性中的某一极是“好”的，另一极则是“坏”的。

他归纳了多重性格对立统一的10个方面：

（1）精力充沛，但又很安静，经常休息；

（2）很聪明，但同时又很天真；

（3）能把玩笑和纪律相结合，把有责任和无责任相结合；

（4）既充满想象、富于幻想，又脚踏实地；

（5）在个人性格方面是外向和内向的统一体；

（6）既非常谦虚又特别骄傲；

（7）既有男人的性格又有女人的性格；

（8）具有叛逆性和独立性；

（9）对自己的工作充满热情，但又会对其非常客观。

（10）比较开放、比较敏感，这常常使他们既承受痛苦又感受到极大的愉悦。

至此，我们可以总结出，性格复杂多样是创造性人物的一个共同特征。但应该注意的是，人格复杂多样性如不能很好地形成和谐统一，人是会出问题的，如同人格分裂一样的精神问题便会产生。如果这种情况出现，不要说创造，就连生存都无法维持下去。

2. 复杂性格有利于形成强大的自我调节系统

个人的自我调节能力是将潜在创造能力变成现实创造力的重要方面，很多情况下要做出重大贡献、有重大创造，需要长期积累和持续不懈努力。绝大多数人对于复杂的长期目标在没有外部支持情况下很难坚持下来。只有那些既能够树立长远目标，又具有执行长期计划的能力的人，能够抵抗各种诱惑，即使遇到挫折仍坚持不懈，能够在追求目标的过程中对自己进行调节，才有可能成就大业。

美国现代心理学家米谢尔因此提出自我调节系统的概念，主要强调那些复杂的长期目标在没有外部支持情况下是怎样形成的，以及这种目标是怎样长期保持不变的（珀文，2001，第83页）。

著名数学家陈景润从高中时代就立下大志，要摘取“皇冠上的明珠”，当时陈景润就读于福建的英华学校。有位数学老师给他们讲过一道著名的数学难题，即哥德巴赫问题，老师把哥德巴赫问题比喻为“皇冠上的明珠”。老师的话深深地印在陈景润的脑海里，他立志要摘取这颗科学的明珠。1950年他以同等学力考进厦门大学数学物理系，1956年就职于中国科学院数学研究所华罗庚麾下，正式开始数学研究，经过整整10年不间断地积累、准备和研究，到1966年陈景润终于在哥德巴赫问题的研究上取得了前人未曾取得的成果，成功地证明了“任何一个大偶数都可以表为一个素数和不超过两个素数乘积之和”，即证明了（1+2）。1966年5月，陈景润在《科学通报》第十七期上以简报的形式公布了这一结果，但尚未公布他的证明。因为证明过程太长，全部手稿厚达200多页！运算方法太复杂，必须加以改进。又经过7年极其艰苦的岁月，1973年2月，陈景润终于完成了（1+2）的新证明。同年《中国科学》发表了陈景润新证明的著名论文《大偶数表为一个素数及不超过两个素数的乘积之和》。论文发表后，国际上反应非常强烈，当时英国著名数学家哈伯斯丹和德国数学家李希特的名著《筛法》一书正在印刷所校印，他们见到陈景润的论文后，要求暂不付印，并在这部书里特地增添了一章：第11章“陈氏定律”。他们将此誉之为“筛法的光辉顶点”。一个英国数学家在给他的信中还说：“你移动了群山！”

整整17年时间，陈景润是在十分艰难困苦的环境下完成这一世界性课题的。“文化大革命”中他受到批判，当成资产阶级科研路线的“安钻迷”（安心工作、钻研学问、迷于专业），赶进了专政队伍。从专政队出来后，陈景润虽然可以看书，但是，总有人不放过他，他房间里的电灯被铰了，开关拉线也剪断了。没有电灯，他买来了一盏煤油灯，害怕煤油灯光外露就用报纸将窗子糊上。可就是在这种情况下，他又开始向数学理论的高峰冲击，他运算的稿纸竟然装了整整两麻袋。而且，这时的陈景润已是疾病缠身，他像搞地下工作似的在他6平方米的蜗居里进行着神奇的数学运算，“我知道，我的病已经严重起来。我是病入膏肓了。细菌在吞噬我的肺腑内脏，我的心停不下来，我不能停止。”1973年，在陈景润终于完成了他新证明论文的写作后，身体几乎已垮到了衰竭的地步。新华社记者采访他后，发出了紧急呼吁：陈景润“疾病严重！生命垂危！”（陈建新等，1994，第275页）

可见，除了陈景润在数学上的天分以外，超人的自我调节系统也是他取得成功的重要方面。只有排除一切干扰、调整自我，向着目标奔跑的人，才有可能到达光辉的顶点。

在形成强大的自我调节系统方面，性格多样性起着十分关键的作用。面对各种难以想象的困难，性格单一、思维简单的人，要么简单行事、鲁莽行动，结果被碰得头破血流，落得个“出师未捷身先死”；要么逃避现实、从此沉沦，原有的雄心壮志也烟消云散，只好出家隐居。而性格多样的人，遇事豁达、能屈能伸、能上能下、灾难来了能承受，灾难去了又能重新扬起希望的风帆，继续朝着既定目标前进。

（三）适应性——适应与不适应的和谐统一

1. 鉴别力

从以上两个条件看出，具有一定能量和多样性，就会产生不同组合。由于客观事物的复杂性，这种组合数量是巨大和无穷的，但绝大多数组合毫无意义。如何从无穷组合中识别出完美组合，是影响创造力的关键。对此庞加莱（1988，第377页）在他的《科学的价值》一书中谈到数学上的发明时指出：“数学创造实际上是什么呢？它并不在于用已知的数学实体作出新的组合。任何一个人都会作这种组合，但这样作出的组合在数目上是无限的，它们中的大多数完全没有用处。创造恰恰在于不做无用的组合，而做有用的、为数极少的组合。发明是识别、选择。”

鉴别力是从相同事物中找出不同的能力，是辨别好坏和对错的能力。它是如何形成的？它是人对外界事物在内心中产生感受的积累和升华。从生物学角度看，每一个人都具有自己独特之处，不同基因组合，加上千差万别的成长环境，使每个人对外界事物的内心感受存在差异。正如休谟（2002，第38页）指出：“美不是物自身里的性质，它只存在于关照事物的人心之中，每个人在心中感受到的美是彼此不同的。对于同一对象，一个人可能感受的是丑，而另一个人却感到了美；各个不同的人都应该默从他自己的感受，不必去随声附和别人的看法。”

人对事物的感受经历，不是简单积累过程，实际上其中包含了丰富想象，例如，当我们看到一位漂亮姑娘时，会情不自禁地说她同花一样美丽；当品尝到很甜的食物时，会把它同蜂蜜进行比较。这就是感受过程中的想象。想象力大小程度，决定对事物感受的敏感和细微程度。

大科学家的鉴别力包含了丰富想象，完美组合，高度和谐统一。例如牛顿万有引力定律：$F = m_1 m_2$。两个物体之间的引力，与两物体质量的乘积成正比，与它们之间距离的平方成反比。这四个因素经如此严密组合、秩序井然，将浩瀚太空天体之间引力关系如此简单而完美地表达出来，这是何等博大精深，何等壮美瑰丽。再有，许多科学家、哲学家更是将爱因斯坦的相对论称为“一件伟大的艺术品”。质能关系式 $E = mc^2$，即能量等于质量乘以光速的平方，具有囊括物质世界的完美性，可谓千古绝唱的好诗。几乎所有的科学公式，以极为精美的形式，把几个不同种类的现象罗织成一贴锦绣，把似乎各不相关的因素巧妙地组合为一个严密的统一体，从而揭示出自然中和谐的关系，协调的结构，既给人以深刻的知识，又给人美的享受（熊舜时，1992，第 117 页）。

人的这种鉴别能力，这种特殊的审美感，在进行创造时起着非常重要和微妙的筛选作用。庞加莱（1988，第 383 页）就曾说过：“缺乏这种审美感的人永远不会成为真正的创造者。”自然界是高度和谐统一的，各种事物之所以成为今天这样的结构和组合，并不是偶然和随机形成的，是经历了无数变化和适应过程。那些不适应、有缺陷的被淘汰了，只有完美组合，符合自然规律，适应其生存环境的事物保存了下来。以打水漂这件极其普通而古老的运动为例，法国科学家使用高速视频照相机等设备不断试验，发现石块入水时与水面的角度以 20 度为最佳，可以产生最多次数的跳跃，“20 度简直是个不可思议的角度，这个角度下，石块在第一次跳跃时能量损失最小”。为什么不是 19 度或 21 度？为什么万有引力恰恰与两物体质量的乘积成正比，与他们之间距离的平方成反比？无数例子这说明自然是何等高度统一和完美。因此要认识自然规律，就必须要具备这种起重要选择作用的鉴别力，要有重要发明和创造，这种鉴别能力和审美感更是要在一般人之上。

鉴别力，从字面意义上理解是辨别（真假好坏）能力。我们可以进一步引申，它是从一般之中看到特殊，从简单之中看到复杂或从复杂之中看到简单，从相同之中看见不同，从不同之中看到相同等方面的能力。它是一种综合分析和辨别能力，主要由想象力和审美感构成：

（1）想象力

想象力是在知觉材料的基础上，经过新的配合而创造出新形象的能力（中国社会科学院语言研究所词典编辑室，1993）。其在个人创造力中的重要性已被广泛认同。爱因斯坦（1976，第 284 页）认为：“想象力比知识更重要，因为知识是有限的，而想象力概括着世界上的一切，推动着进步，并且是知识进化的源泉。严格地说，想象力是科学研究中的实在因素。”

既然想象力在创造中起如此重要的作用，那么，它是如何影响着鉴别力的呢？想象力的关键作用在于，它使人的鉴别能力立体化，即不是从一个角度、一个层面静态而平面地看问题，而是把问题置身于一个三维甚至四维立体空间，从多角度、多层面、多时空立体地看问题，动态地看问题。毫无疑问，处于立体空间观察同平面观察的结果肯定相去甚远。因此，想象力越强，观察问题就会越仔细和全面，鉴别能力就越强。庞加莱（1988，第 271 页）指出“虽然人的想象可以变化，但是自然的变化更加丰富多彩。为了追求她，我们必须选取我们忽略了的道路，这些道路往往能把我们引向绝顶，我们从那里将会发现新的疆域。”想象力就是我们选择忽略道路的一条有效途径，没有想象力，我们只能看到大家都走过的路、普通的路，只有丰富的想象力能带领我们寻找到那些常人无法想象的路。

想象力是人脑复杂系统对客观事物综合反映的有规律的运行，这种综合反映就如同在大脑中形成了一个与客观世界相应对的虚拟世界，这个虚拟世界的运行可以不受客观世界的制约，想象力就是驱动这个虚拟世界超越现实世界运行的能力。在这个虚拟世界中，可以跨越时间、空间，可以忽略现实世界各种清规戒律，可以无中生有，可以异想天开，任何毫不相干的事情都可以联系起来，也可以把现实物质拆分成任意部分，所以想象力能够穿透一切。

只要是人就具有想象力，但是各人的想象力大小又不相同。决定想象力大小的因素在我看来主要是三个方面，一是精神能量，二是知识多样性，三是综合交叉能力。

精神能量决定敢不敢想象，敢不敢让大脑这一复杂系统自由驰骋。因为每个人不是生活在真空中，而是生活在现实世界中。现实世界的自然规律，社会的法律法规、道德规范等等，实际上就给人的想象力划定了范围，规定了框框，束缚着想象力的自由发挥。这就是为什么小孩的想象力比大人丰富，因为孩子还没有被现实世界的清规戒律所固化，所思所想不受其制约，想象力可以自由飞翔。而成人长期受现实世界熏陶和制约，很多曾经由想象力营造的虚拟世界被现实世界无情摧毁。如此这般，人们也就认识到，有的东西根本不用想，没戏！有的甚至连想一想都是罪过。久而久之，人的想象力就逐渐萎缩，最后，再也逃不出现实世界的制约。而精神力量强、具有独立思考能力、不受条条框框羁绊的人，则敢于想象，敢于冲破现实世界的清规戒律，敢于让想象力飞翔。

敢于想象，就为想象力解开了绳索，想象力便可以自由驰骋。但是，同样是敢于想象，有人想象力就是比别人强，这又是为什么呢？这就是影响想象力的第二方面，知识多样性。想象力空间的大小，由一个人的知识和经验决定。我们都有过亲身经历，有的事情，没有经历过就很难想到，长期从事某一专业的工作，就很可能“三句话不离本行”，其想象力自然被限定在本专业知识范围之内。而多一方面知识，就多一个想象支点，多一个想象空间。显然，拥有知识越丰富、多样，想象空间就越多、越大。

敢于想象并具有丰富知识，为形成丰富想象力提供了条件，但是，也还有这样的情况，有的人知识丰富，但是想象力却不行。最根本在于抓住事物本质的能力，因为想象力并不是胡思乱想，而是跨越时空、超越一切限制，从不同的事物之中找到相同规律，善于把不同事物联系起来，把看似没有关系的各个方面组合起来等等。这是决定一个人想象力最重要的方面。在生活中，一个好的比喻，就是想象力的体现，因为好的比喻就是找到了两个不同事物的内在联系。因此有人说，比喻是天才的能力，也就是这个道理。

对于因大陆漂移学说成为现代地学之父的魏格纳来说，想象力是他成功的关键。他是一个普通的气象学家，为什么能在地质学上建立这样一座万世敬仰的丰碑？依靠想象的魅力，竟然成为现代地学的开创者。他虽然只是气象学家，但是绝不局限于狭小的学科范围，而是吸取了天文、地理、生物、地质、地球物理、大地测量等看来各不相干的丰富养料，加以综合升华。他是自然科学家，却充分运用了形象思维。从气象学上瞬息万变的云图，转到大西洋两岸惊人的相似性，在头脑中形成具有丰富想象力的大陆漂移图。这种对自然规律的惊人预见，建立在他的独特的科学想象之上。所以，“想象力是自然科学理论的设计师”（李安瑜，1986）。

（2）审美感（品味、直觉）

审美感则是对事物整体美的感悟，是对事物本质的整体把握。

有人把这种审美感称为品味，杨振宁就十分重视品味在科学发现中的作用。他在1995年与上海大学生谈治学之道时，就非常强调品味：“一个做学问的人，除了学习知识外，还要有‘taste’，这个词不太好翻译，有的译成品味、喜爱。一个人要有大的成就，就要有相当清楚的taste。就像做文学一样，每个科学家，也有自己的风格。我在西南联大6年，对我一生最重要的影响，是我对整个物理学的判断，也有我的‘taste’。”

我认为这里的品味就是美感，就是对事物的判断力。它甚至比知识和技术还要重要，尤其是在对一些理论问题，或者靠逻辑推理无法解决的问题方面，对于如何抓住问题的本质具有重要作用。例如对于解决复杂系统问题，就不是靠逻辑推理，或者靠还原论的方法把各部分分解开来分析就能解决的，而这时往往靠体现审美感的品味或直觉，便能做出正确选择。

庞加莱（1988，第202页）更是明确指出，直觉才是发明的工具，而逻辑只能是证明的工具：“对于发明家来说，这种集合物的观点是必不可少的；

无论谁想真正了解发明家，同样也少不了它。逻辑能够把它给予我们吗？不能；数学家给它起的名字足以证明这一点。在数学中，逻辑被称为解析，解析意味着分解、分析。因此除了解剖刀和显微镜外，不会有其他工具。这样一来，逻辑和直觉各有其必要的作用。二者缺一不可。唯有逻辑能给我们以可靠性，它是证明的工具；而直觉则是发明的工具。"

狭义相对论的基础就只有光速不变原理和相对性原理两个假设，它们并不是逻辑推理的产物，而是爱因斯坦的科学审美直觉"领悟"出来的。正是靠着这样的审美直觉，法拉第提出了电磁感应理论，波尔提出了原子结构理论，海森堡建立了矩阵力学，沃森和克里克发现了 DNA 双螺旋结构。

那么为什么审美感、品味或直觉如此重要呢？因为自然规律是物质之间相互适应的结果，很多不适应的、不美的形式在自然界的相互作用中被逐渐淘汰，只有最适应的形式才能保存下来，形成规律。这些自然规律本身就是高度和谐统一，具有至美，只有那些具有高度审美感的人才能感悟与发现。

2. 适应性

有了鉴别力，只能说明有创造潜力，有可能会选出具有创造性的组合，要使创造思维闪现的火花变成现实，产生真正创造，还有一个关键问题，就是看其适应性如何。实际上，从创造力角度看，一个人的鉴别力是以适应性的方式表现出来的。然而以往对于个人创造力的研究多注重个人品质、个人教育、个人实现等方面，关于适应性问题则很少涉及。人是一个复杂系统，他生活在社会复杂系统和自然环境复杂系统之中，他必须协调自身与社会和环境的关系。适应性是一个复杂系统对其所处环境的适应程度，只有适应才能生存，只有首先适应才能有所创造、有所创新。一个人不管多么特立独行，不管有多少新颖想法，如果无法适应社会，再好的想法也只能保持在想法层次，不可能成为创造。而创造不仅仅是有新想法，而是要使想法变成现实，被社会认可，最终成为社会文化的一部分。

既然创造是生命的本质，那么，每个人都具有创造能力，只不过存在创造力大小的差别。正如英国著名哲学家罗素（1983，第 177 页）指出"最低级的动物与思想深刻的哲学家之间并没有一道分明的界线"一样，人与人之间创造力的差别是没有本质区别的，只是程度不同而已。然而，不是每个人的创造力都能得到表达，有人先天条件并不好，但是其创造力得以充分发挥，作出惊人创造；而有人先天条件很好，却不能很好发挥创造力，以至于一生平平。有人把这种现象归结为没有机遇，环境不好等等，但是，在这些客观条件背后，实际上体现了个体适应性。自然法则是适者生存，首先必须适应所处的社会和自然环境，才能生存，才有发展和创造的空间。

然而，具有创造力的人对环境的适应不是被动的，不是随波逐流；相反，具有创造力的人常常显示出对社会的某种不适应。的确，当一个人完全适应社会，社会的一切行为规范都内化成其自己的行为准则，个人的行为完全与社会风气、社会动向不差毫厘的时候，这个人便不可能做出任何创造，因为这样的人便失去了个性，失去了个人性格中的多样性，便失去了创造的条件。

我们都有这样的感受：一个未失童真的孩子是天真的，他对什么都感到新鲜、感到新奇，他会不停地问为什么，这似乎是人类与生俱来的天性。可是随着孩子进入幼儿园、小学、中学、大学，然后进入社会，并对社会越来越适应以后，这种天真、新鲜感便逐渐丧失，当生活中再也没有任何问题可问，大部分人一切都在按部就班地遵从社会常规进行生活和工作时，我们不能指望这样的个体会做出创造性的事情。只有少数人保持了这种孩提时的纯真，他们即使成年后，还保持着新鲜、直率、询问的生活方式。大量研究证明，很多具有创造力的人恰恰在一生中都或多或少地保持了这种天真。

那么，我们的天真，乃至我们的创造力是如何丧失的呢？这实际上是一个适应性问题，长期以来，我们都在强调适应性，动物只有适应环境才能生存，因此，达尔文将“自然选择，适者生存”作为动物进化的动力。在人类社会中，民族也好，个体也好，越适应自然环境和社会，生存同样才越容易。可是，适应是一个被动过程，是改变自己适合环境的过程，是一个抹杀个性、消灭创造的过程，如果自然进化的动力真是“适者生存”的话，就不可能进化出人类，因为，人类在早期既没有尖爪利齿攻击猎物，又无厚皮硬壳防护自身，也不像马那样擅长奔跑，根本不是很多猛兽的对手。而真正适应环境的是细菌和一些低等植物，它们才应该是自然选择的对象，因为它们具有适应各种难以想象恶劣环境的能力，这是人类所无法相比拟的。可是进化的结果却恰恰选择了人，人成为地球主宰。这说明，我们过去对“适者生存”没有真正理解。导致地球生物由低级到高级、由简单到复杂的上升的进化，不仅与适应有关，更与不适应有关，是适应与不适应引导了进化方向。一定适应保证生物能够生存，同时，又表现出某些不适应，迫使生物不断变化和创造，以求得更适应，同时生物的变化也使环境向着对生物有利的方向发展，这才保存了各种生物的多样性。因此是不适应改造了环境，不适应才是变革的力量，适应是被动地变化，而不适应则引起革新。人类社会要是对奴隶社会完全适应，就不会发展出封建社会、资本主义社会，就是因为不适应才有了求变的内在动力，才有了创新，从而推动社会向前发展。

人从出生开始，就在不断地接受适应社会的训练，学习各种知识和技能，从事各种爱好，以及文化的熏陶等等。而人的个性本能却又如此微弱，以至于很多人的自我本能、个性在尚未表现之前就被社会文化、教育所湮灭了。相反，少数人由于对社会不适应，没有完全适应社会常规训练，保留下来了一些自我的个性或儿时的童真，这些东西便成为创造的源泉，因为它们与社会常规不同。

因此，对个人而言，完全适应社会意味着失去自我，不可能会有什么创造；而完全不适应社会，要么无法生存，也谈不上任何创造，要么产生重大创新，彻底改变社会，让社会来适应自己。可以说，毛泽东就是十分不适应旧中国的现状，才带领中国共产党推翻了国民党统治，创新了中国社会制度。当然，这样的人是极少数，更多的创造者是那些对社会既有一定适应，又表现出某种不适应的人，他们把适应与不适应这对矛盾和谐地统一在自己身上，他们表面上可能与其他人无任何差异，也无太多异常举动，但是，他们内心却是自由的，较好地保持了自己个性和独立性，不为社会的赞扬和批评所动，而是寻求自我肯定，与社会文化保持相对独立性。相反，在他们做出一些重要贡献后，社会倒反过来适应他们，这就是创造的实现。因此，创造产生于适应与不适应之间，适应有利于生存，而不适应则导致创造。

创造性人才的适应性体现了矛盾对立统一，一方面他严格遵守法律，这保证他能够在社会上生存。另一方面，又不墨守成规，不拘泥于社会的行为规范和道德习俗，敢于坚持自己不适应社会的方面。美国著名心理学家马斯洛（1987）把这种现象称为对文化适应的抵抗："从赞同文化和融合于文化这个意义上说，自我实现者都属于适应不良，虽然他们在多种方面与文化和睦相处，但可以说他们全都在某种深刻的、意味深长的意义上抵制文化适应，并且在某种程度上内在地超脱于包围他们的文化。"

把前面分析的想象力和审美感组成的鉴别力与适应性联系起来，我发现，个人想象力越丰富、审美感越强，他对于社会的适应性就会越低。因为社会是按照大多数人的想象力和审美感来运作的，可以说是一个大平均。这对于大多数人而言，可能会感到很适应，因此，也就没有强烈的求变和创造的欲望。然而，想象力和审美感都远远超出社会平均水平的人，对社会平均状况很不适应，这就促使其进行创造，以求得自我实现。

这种个体对社会的不适应，增强了个体创造力。从社会角度而言，增强社会的包容性和多样性，能够为不适应者提供生存环境，也为创造性人才成长提供各种条件，社会才能成为创造力强的社会。

例如 18 世纪英国著名女作家，《傲慢与偏见》的作者简·奥斯汀，以其对人性的深刻描述征服了全世界，显示了极大创造力。最近对英国女性进行的一项问卷调查中，有一个问题是："你最愿意约会的男性是谁?"回答最多的是《傲慢与偏见》中的达西先生，而不是007，可见作者的影响力。但是，作为一个女人，在当时的社会风气下她却是一个失败者，因为，当时英国社会，女孩子的成功标志就是嫁给一个有钱的男人，过上体面生活。而简·奥斯汀一生未嫁，以写作为生，这无论如何是与社会风气相违背约。所以在她41岁病逝以后，家人只能在其墓碑上写道：这是一个温柔善良的女人。而对她那成为世界文学经典的6部小说只字不提。

再如我国清朝时期的曹雪芹，其《红楼梦》的艺术成就达到了我国古典小说的最高峰。然而在一个以科举考试为选拔人才手段，以当大官为男人成功标志的社会风气下，曹雪芹是无能的，因为他对科举考试不屑一顾，对仕途更是无动于衷，虽穷困潦倒，但整天还在埋头写他的《红楼梦》，他只能靠朋友施舍过日子，以至于妻儿皆死于无钱治病。

这两个例子说明，他们要是完全适应当时的社会，也就不会有此创造。正是个人对社会一定程度的不适应，引发了巨大创造。这并非极端例子，这个星球上的一切伟大人物，如米开朗琪罗、贝多芬、伦勃朗、巴赫、毕加索、安徒生等等，都对他们自己有深刻的不满。亨德里克·威廉·房龙（2004）说得好，一切智慧，都与这种深刻的不满相关，一切伟大的艺术，都与这种深刻的不满相关。我要说，一切伟大创造，都源自这种深刻的不满和不适应！适应性在创造中起到了关键的选择作用。

第十章

提高个人创造力的途径

对于如何提高个人创造力这样一个题目，一般人们会期待有一种好方法，照此去做就会很快提高自己的创造力，现在市场上介绍提高人们创造能力的各种书籍实际上就是在方法上做文章。然而，方法的作用只能保证不犯错误或少犯错误、少走弯路，却不能保证一个人的创造力能明显提高，也不能保证采用了这种方法就能产生原始创造。

我非常同意林毓生（1988）的观点："许多人认为方法是有利的工具，所以研究学问或从事创造必须先把方法弄通，这样不但能够顺利进行，而且还可以事半功倍。其实这种看法犯了形式主义的谬误。为什么呢？首先，如果对于经验事实做一番历史的考察，我们会发现在人文研究与创作的领域（其实在自然科学的领域也是一样），有成就的人都不是先把方法弄通，或先精研逻辑与方法论，然后才获致重大成就的。莎士比亚并不是先学了'戏剧写作法'，司马迁也不是精研了'历史研究法'，才动笔的。孔子与柏拉图更不是研究了'哲学方法'以后才能思索问题的。"

所以，这里讨论的是如何提高人的创造力，而不是提供去进行创造的方法。当一个人创造力提高以后，他自己就会找到进行创造的方法，甚至会创造新的方法。以下根据创造力模型，来探讨提高个人创造力的途径。

一、如何增加精神能量与树立创新精神

人的精神能量不是凭空产生的，是在人体物质能量基础上，经过社会生产实践活动而产生。人与人之间这种物质能量的差异并不很大，但是精神能量的差异却很悬殊。这就造成具有创新精神的人创造力巨大，而没有创新精神的人，客观物质条件再好，也不可能做出创新成果。

前面分析了社会文化对创新精神具有重要影响。从大的方面说，文化是全部生活方式的总和，精神能量就是在生活方式、行为方式的影响下产生的，有什么样的生活方式和行为方式，就会产生什么样的精神。当一个人、一个群体缺乏创新精神，我们必定能从其文化背景、生活方式，以及其行为方式中找到其相关原因。

找到了创新精神产生的土壤，我们来看看如何培养创新精神。虽然对于创新精神没有统一界定，但是存在一些共同的特征，例如第五章中总结的崇尚自由，不畏惧专制，敢于解放；心胸开阔，不迷信权威，敢于创造；独立思考，不盲目跟风，敢于自立；脚踏实地，不投机取巧，敢于求真；自强不息，不故步自封，永不满足等等。那么在生活中，哪些活动或行为有利于形成创新精神呢？

1. 以自由精神培养独特个性，用不断创造追求人生理想

人是一个复杂系统，人的创造力是复杂系统的涌现特性。要提高个人创造力，根本在于使这个复杂系统具有自由精神、独特个性和对理想的不断追求。否则一切努力就可能是“治标不治本”，即使掌握一些创造技巧，也无法从整体上提高个人创造力。

精神自由并不是说无法无天，想干什么就干什么，为所欲为的自由只能使人堕落。真正精神自由是一个人可以自由地追求自己的理想，那么作为一个人的最终理想应该是什么呢？作为不同个体的人是否具有共同理想呢？平常我们每个人都会把自己的理想说成想当一名医生、教师、科学家、政治家、歌星、电影明星等等，的确这些也可以是个人理想，但是，这些都是表面现象，是理想的具体体现。真正的理想应该是：“使天赋我们灵肉两部分的势力，尽情地发展，趋向最后的平衡与和谐。”这是徐志摩（2001）以诗人的浪漫和深刻，表达出来的人类理想，他揭示了个人理想的本质。的确如此，一个人对物质的追求，以及所从事的行业，只是实现其理想的手段或途径，而不能把它当成最终理想。比如有人将财富作为自己的理想，可是当他成为富翁时，才发现这原来并不是自己所追求的最终理想。所以职业不是个人的真正理想，只是达到个人最终理想的手段和途径。

人的真正理想应该是使个人在肉体和精神方面的潜能得以充分发挥，最后达到身心和谐与平衡。当这一理想实现时，幸福、快乐的感觉会油然而生，至于从事哪个行业、搞什么工作、地位高低都不是本质东西。

如何才称得上是潜能得以充分发挥呢？创造，只有不断创造，才能使潜能得以充分发挥。人既然是复杂系统，每个人都具有了产生涌现的特性，也就是说每个人都有创造力，只不过有创造力大小之分。但是，有了创造力并不能保证就一定能产生创造，因为创造力是一种潜力，而创造则是潜力的实现。只有不断追求理想，将理想付诸实现，才能产生创造。

人一生都是从生到死，开始和结果都完全一样。人与人的差别体现在生死之间过程不同，过程又是通过有没有创造来反映。社会之所以能够进步，就是因为有了广大劳动者各种各样的创造。有一种争论，“是英雄创造历史，还是人民创造历史”。我认为这种争论毫无必要，因为英雄也是人民中的一员，他们之间只有创造成果大小差别，而无本质差别。当一个人的创造发生在社会发展的临界点上，对社会发展产生重大影响时，这个人就成了英雄。然而，如果没有广大默默无闻劳动者的创造，社会也就不可能达到这一临界点，英雄也就无法产生。

人总是要死的，死并不可怕，可怕的是人在一生中没有任何创造！因为，人死实际上就是个体复杂系统分解，其中物质部分分解后进入自然复杂系统，参与物质大循环。而精神部分也就是个体生前的创造进入社会复杂系统，成为社会文化一部分，随社会发展而发展。可是，如果生前没有任何创造，就不可能进入社会文化精神大循环，那就是真的死了。这对于本身就具有创造潜力的人来说，无异于天大的憾事。因为你只是参与了物质大循环，这和动物、植物没有任何区别。

当然这里的创造是广义的，并不是说只有大人物才能创造，只有搞出了重大发明得了大奖才叫创造。一个教师能讲好一门课，使学生从中获益是创造；一个工人改进一项技术，提高工作效率也是创造；一个拾荒者，他养育了对社会有贡献的儿女，同样是创造。

自由精神和独特个性是保障创造得以产生，理想能够实现的前提。怎样才能形成自由精神，培养出独特个性呢？不去管它，让其自生自灭行吗？肯定不行。因为完全自由、没有经过教育，就会无知；无知就不了解自然规律，就会惧怕自然，精神当然不可能自由。因此，教育是形成自由精神、培养独特个性的必由之路。但是，教育又是一把双刃剑，应试教育、功利教育不但形不成自由精神，而且会泯灭自由精神，扼杀个性发展。想一想我们自己从小到大所受教育：小学的目标是上中学，中学的目标是上重点高中，高中的目标是上重点大学，大学的目标是找一个好工作。这样一来，我们实际上是把手段当成了理想，而把真正的理想撇在了一边。教育自然就成了背书、做题、考试，考高分成为唯一目标。

应试教育中，以统一标准答案的考试本质是什么？我认为是因循守旧，是抑制自由精神形成，是扼杀个性发展，是反对创造。为什么这么说，我们来分析一下：上课是老师讲解各种知识，学生的任务则是理解这些知识；关键是要记住，考试则是把记住的东西写下来，而且必须同标准答案一致，否则就是错！在标准答案面前，是不允许有任何创造的，任何创新都是错误。曾经有一个小学生，在考试时遇到一道题“雪化了是什么”？我们大家都知道标准答案，可是这个小学生的答案则是“雪化了是春天”！多么富有诗意和想象力，然而对于标准答案来说，毫无疑问，这绝对是错的。人的可塑性很强，就是在标准答案一次次“纠正”下，想象力没有了，自由精神丧失了，个性被标准化了，学生不断增长的是旧知识，不断降低的是想象力和创造力。

因此，我认为，应试教育方式下培养的学生，成绩越好，想象力丧失就越多！

那么，什么教育才能形成自由精神，培养独特个性呢？首先，没有统一方法，但统一原则是有的，就是要给学生自由想象、自由发展、自由创造空间和时间，其中关键在于引导。

林巧稚是我国著名的妇产科大夫。有一次当学生来协和医院妇产科见习时，她要求每个学生完成10例产妇分娩全过程的观察，并用英文写出完整的产程报告。学生仔细观察和记录了分娩过程，他们的作业交到了林巧稚手中。林巧稚一份份看过后，只在一个学生的作业本上批了“Good”，其余的全部退回重做。于是，这些同学找来“Good”的作业，对照之下才发现，那位同学的产程记录上，只比他们多写了一句话“产妇的额头上冒出了豆粒大汗珠”。林巧稚看出了他们对此不以为然，严肃地说：“你们不要以为这句话无关紧要，只有注意了这些细节，才会懂得怎样去观察产妇，才能看到在正常的产程中，常常会发生个体的、种种预料不到的变化。”（张清平，2005）

这就是引导，让你不要被标准答案所限制，而更重要的是有自己的观察、自己的发现。自由精神和独特个性就是在这种鼓励和引导的环境下培养出来的。

2. 目标明确、聚集精神

有目标不一定能成功，但是没有目标一定不会成功。目标能够聚集能量，明确的目标是对自我能量的最好激励。同时，理想只有分解成各种不同的具体目标才能容易实现。科学合理地设定目标，对于保持创造活动的能量具有重要意义。班杜拉对此有精辟论述：“自我激励通过一系列最近的下属目标得以最好的维持，而这些下属目标按等级序列组织以保证成功地达成上级目标……假如把难以应付的目标分成有挑战性的、通过额外努力明显可以达到的下属目标，追求它可以维持高的动机水平。追求不可能实现的目标会导致自己的巨大失败。”（珀文，2001）

一个人可以有长远目标，需要几年甚至几十年才能达到。但同时又必须将长远目标分解转化成短期能够实现的中期或近期目标，形成具有不同等级的目标体系。每完成一个近期目标就是向长远目标前进了一步。近期目标的实现是对自我的最好鼓励，同时又进一步激发实现下一目标的动力。

然而目标确定不合理，或者只有远大目标而不将其分解成为近期目标，会使人在很长时间内缺乏自我不断激励的机制，很快失去信心和耐心，创造能量减退。曾有记者采访过一位奥运会马拉松冠军，问他成功的秘诀何在，他的回答是自己采用了分阶段目标实现的方法，把马拉松全程的总目标分成各个阶段，每个阶段都尽全力努力实现，每完成一个小目标就感到向总目标前进了一大步，自我动力不断得到激励，最终赢得了冠军。

因为目标明确可以聚集人的精神，如同凸透镜，把人的精神能量高度集中，就可以完成各种目标，随着每个目标的达到，精神能量也在增长。相反如果没有目标，精神能量如凹透镜一样发散，无法集中，人的精神不但不能增长，反而会减少，最后是干任何事都打不起精神，必定是一事无成。

人格科学中的目标理论认为，人的行为是按目标而组织起来的，即个体的行为是围绕着对期望的目标的追求而组织起来。目标理论将动机概念置于人格心理学家所关注领域里的中心地位。研究认为，人们所追求的目标在类型上、方式上（策略和计划）有着个体差异。在众多的目标研究里提出了至少五种目标类型：

（1）放松/娱乐型（渴望享受）

（2）攻击/权力型（自作主张和支配）

（3）自尊型（自我发展和保护）

（4）情感/支持型（渴望交往、亲和）

（5）焦虑/威胁降低型（避免压力）

可见正向的接近目标和回避目标都包含在其中，即一个目标既可以是某种我们努力寻求去获得的东西，也可以是某种我们努力试图回避的东西。几乎任何事情都可能成为目标，要么是想获得，要么想回避。对一个人是很重要的目标，对另一个人可能只是次要的。两个或更多的目标可能很协调地整合在这个人身上，但在另一个人身上却可能是相互冲突的。以下是几个在研究中得以证实的观点：

（1）人们会更多地去从事那种目标价值高、实现可能性大的行为，而不去作那种目标价值低、实现可能性小的行为。

（2）朝向目标的进展与积极情感相联，而背离目标的行动与消极情感相联。

（3）目标系统的功能与主观幸福感和健康有关，目标明确并不断实现目标的人拥有更好的健康状况和较高的主观幸福感。

（4）目标系统的功能与个体行为的稳定方面和变化方面都有关。（珀文，2001）

就我自己感受来看，我没有太远大的目标，而只有近期（一两年）和中期（五六年，最多十年）目标，在目标确定后，我会集中能量，全力来完成。当目标达到后我又会寻找新目标。我提出“复杂系统创造论”用了十年，在这十年中我只能业余时间来进行，因为我的专业是林业，在工作时间我要搞关于森林培育的科研和教学。但是不管怎么忙，创造力问题始终萦绕在我脑海之中，即使在做别的事情，我的潜意识也在思考创造力问题。现在回过头来看，我这十年的行为实际上就是按这个目标组织起来的。

3. 体育锻炼，自由竞争

2005 年下半年，在北京林业大学开展的共产党员先进性教育活动中，要求大家给校领导提意见和建议，我给两位副校长提了“加强体育锻炼”的建议，很多人不理解，认为这和先进性教育没有关系。可是，在我看来，体育锻炼不仅增加人的物质能量，更重要的是增加人的精神能量，是培养创新精神的重要途径。体育，尤其是竞技体育，提供了一个平等和自由竞争的环境，在这个环境中，任何人都是平等的，要想取胜，就只有一条路，刻苦锻炼。

以篮球为例，来看一下在训练与比赛整个过程中，人的精神是如何得到增强的。我从小学到大学，学习上从来不是班上最好的。但是，我的体育，尤其是篮球，一直是全校最好的球员之一，我从中学到大学，一直到毕业留校，都是校篮球队队员。有一年林业大学举行全校学生篮球运动会，最后根据个人得分多少，评出三个神投手，我是其中之一。

篮球是激烈对抗项目，全场一个多小时都处于不停的奔跑运动当中，要求运动员有良好体力和耐力，因此，在平时训练过程中，长跑是必不可少的。耐力训练实际上就是意志品质和吃苦耐劳精神的训练，长期训练就会养成吃苦耐劳、脚踏实地的作风。投篮命中率是篮球取胜的关键之一，练投篮要的是长期全神贯注，甚至到达入迷状态，才能把看似单调的投篮动作每天进行成百上千次的训练。我在中学时早上天不亮就起来练，先是长跑，然后是练步法，下午放学后练投篮和配合，晚上睡觉之前，还要手拿砖头练跳投姿势几百次，最终达到固定手型，成为神投手的地步。南方冬天的气候阴湿寒冷，我的手经常是一道道裂口、出血，但是专注和入迷以后就根本感觉不到这些，所以我的专注就是这样练出来的。还有，比赛中五个队员必须积极配合，才能赢得比赛，这对于培养团队精神十分有利。在比赛中战胜对手，精神能量就会得到提高，而且，对手越是强大，战胜对手所提高的精神能量就越高，一种不畏权威、敢于挑战的精神就会油然而生，自信心，探索和冒险精神也随之增长。

奥林匹克运动是古希腊人对人类文明的一大贡献，它是希腊人重视身体价值的一个生动证明。然而，人们只从增强体魄的角度来理解体育，机械地认为体育运动只是对肉体的训练，这实在是对人这一复杂系统的简单理解。的确，人进行体育锻炼后，看得见的直接效果是体质增强了，但同时精神能量也增加了。公元前 430 年，雅典在其鼎盛时期人口最多不过 23 万人（包括奴隶在内），却产生了苏格拉底、柏拉图、亚里士多德，以及大批的建筑家、雕刻家和戏剧家，他们的成就至今还是不可企及的（古希腊被称为世界智慧的作坊），他们的思想影响着后人，并最终成为现代世界文明的主脉。可以肯定的是这样的奇迹必定含有体育的作用，奥林匹克运动不仅锻炼了希腊人体魄，同样锤炼了他们的精神。罗素（2004）就明确指出："希腊思想家与我们现代社会那种继承了中世纪学究传统的象牙塔里的知识分子有着本质的区别。"苏格拉底就是一个很好例子，"他很容易进入失神状态，会在某个地方突然停住，有时陷入沉思达数小时之久。同时他又有着强壮的体格，据说他在服兵役期间，比别人更能忍受严寒和酷热，也更能忍饥耐渴。他在战场上很勇敢，有一次冒着极大的危险救了他朋友的命。无论是在战争期间还是和平时期，他都是一个无所畏惧的人。"从苏格拉底身上我们能够看到体格训练所产生的精神力量。

然而，令人担心的是我们的下一代却离体育运动越来越远。据中央电视台焦点访谈栏目（2005 年 4 月 8 日）在沈阳一些中学采访报道，中小学生在身高、体重等指标上比十年前有了明显提高，然而肺活量、1000 米跑、跳远等体育项目成绩却明显下降，学生参加体育锻炼的时间越来越少。现在关心下一代的人更多的只是从身体角度来考虑，其实，学生在体质下降的背后，更让人揪心的是精神力量萎缩。

4. 勇于挑战、敢于冒险

人生于自然，生活于自然，自然现象是人所必须面对的。但自从人产生意识后就不再被动地受制于自然的束缚，而是不断地同自然进行较量，这种较量过程实际上就是精神能量得到锻炼，得到提高的过程。我们都有过类似经历，面对波涛汹涌的大海、排山倒海的海啸、威力无比的飓风、能量巨大的电闪雷鸣，狂暴肆虐的火山，人的力量是何等渺小，自然的威力似乎随时都可以轻易地把我们毁灭。然而，当人们在这些灾难中保住了自己和他人生命、保住了自己财产，并从灾难中再次站起来时，人的精神就得到了锻炼，得到了升华。不管是直接经受灾难还是间接感受，其精神都能够从战胜困难中得到洗礼，人类就是在同自然的不断挑战中逐渐壮大。

当然，作为锻炼，我们不能拿生命去直接面对灾难，做无谓的冒险和牺牲。但是，我们可以在保证自身安全的情况下去感受自然，去与自然较量。用康德（2000）的话说则是："假使发现我们自己却是在安全地带，那么，这景象越是可怕，就越对我们有吸引力，我们称呼这些对象为崇高，因它们提高了我们的精神力量越过平常的尺度，而我们在内心里发现另一种抵抗的能力，这赋予我们勇气来和自然界全能威力的假象较量一下。”

的确人的精神能量同物质能量一样，是通过锻炼来得以增强，通过与困难较量、与可怕事物挑战，使人的精神超越平常尺度，实际上就是大自然的威力把人的精神带到一个无法想象的高度，困难越大，事物越可怕，精神力量提高也就越大。

中国共产党为什么能够战胜国民党，夺取天下，创建了新中国？对此我有自己的感受。我老家在云南省威信县，这是红军长征经过的地方，并在此召开了具有重要意义的扎西会议，会址就在我上小学（扎西小学）的地方。据说当年红军是从离县城十几里远的两合岩进入县城——扎西镇。两合岩地势险要，在两面绝壁悬崖中间是一条河，奔腾的河水顺坡而下，河一侧的悬崖上凿出一条羊肠小道，这就是红军的必经之路。小时候每次去两合岩，就会想，如果当年有国民党军队在此镇守，红军也许就不来威信了，因为太困难了。两合岩成为我理解“一夫当关，万夫莫开”最形象的例子。长大后对红军的故事知道得越来越多，特别是看了美国作家索尔兹伯里的《长征：闻所未闻的故事》一书，我坚信：中国共产党之所以能够最终取得胜利，是和长征分不开的，长征的艰难困苦锻炼了红军的精神力量，闻所未闻的苦难，练就了无人能比的精神。从红军到八路军再到解放军，长征精神一传十、十传百，成为一股无坚不摧的精神力量。这让我懂得一个道理，一切人间奇迹都是由精神力量创造，而精神力量又都是磨炼出来的！

除了挑战自然以外，挑战权威也同样需要勇气，而且更能培养创新精神。胡适指出：“一切主义，一切学理，都该研究，但是只可认作一些假设的见解，不可认作天经地义的信条；只可认作参考印证的材料，不可奉为金科玉律的宗教；只可用作启发心思的工具，切不可用作蒙蔽聪明、停止思想的绝对真理。如此方才可以渐渐养成人类的创造的思想力，方才可以渐渐使人类有解决具体问题的能力。”在现实生活中，我们常常被权威所吓倒，这就是缺乏精神力量的表现。只有不断向权威挑战，才能不断增强精神能量。

5. 脚踏实地、摒弃浮躁

曾经有一个公司给我寄来一本名叫《一夜间成就卓越》的书，封面红底白字，十分抢眼。刚打开邮包的一瞬间，我为之一振，太好了！这正是我所需要的。马上翻开一看，却是一本无字书，从头到尾全是白纸。我的心马上就凉了，顺手就准备把书扔进纸篓，这时脑子里突然出现一个问题：为什么是无字书？策划者想表达什么意图？思绪的闸门随之打开。一个题目、一摞白纸，竟然让我有了如下的感悟：首先，世间本来就没有一夜成就卓越的事情。有一夜成名的，但那也是长期努力的结果，而且成名并不一定卓越，就如同名家不一定是大家，有名不一定有水平一样，所以要一夜成就卓越是不可能的，因此只能是无字书。其次，成就卓越的路有多条，但不管是哪条路，都包含“脚踏实地、摒弃浮躁”的精神。最后，无字书是告诉读者，要成就卓越只有靠你自己，当你脚踏实地，一步一个脚印地奋斗过来以后，无字书就会变成你心中的万言书，成就卓越的道路自然就会清晰地展现在你面前。真心感谢这个公司，我至今还在阅读这本无字书。

老子在《道德经》中指出“常无欲也，以观其眇；常有欲也，以观其徼”，是说，如果一个人经常保持宁静无欲的状态，就可以深入观察到天地万物的微妙之处；如果欲望太多，就只能看到天地万物表层的东西。那么为什么欲望太多只能看到表面的东西呢？

我的理解，这是因为人是复杂系统，天地万物也处于各种层次的复杂系统之中，也就是说都处于不停的运动之中。一个系统要观察另一个系统，就必须使自己处于相对静止状态，不然就无法做到全面深入的观察，也就发现不了其中的规律。以观察树木生长规律为例，就需要长期、定时、定位观察，为了获得树木年生长规律，就要在一年当中每隔十天半月观察一次，为获得整个生命过程的生长规律，则至少每年要观察一次，更好一点可以每年春、夏、秋、冬各一次。由此就可绘制出年生长曲线和整个生命过程曲线，树木生长规律自然从曲线中就可反映出来。在这个观测过程中，树木不停的长，而观察者定时定位观察就是一种相对静止。如果欲望过多，人就会为满足欲望而分散精力，也就无法保证长期定时观测，数据不全，自然就得不到真正的树木生长规律。

脚踏实地、摒弃浮躁，就是要使人保持宁静无欲的状态，使自己处于相对静止中，只有如此，才能观察到天地万物的微妙。

法拉第在物理与化学等多方面都做出了巨大成就，一个人，若有其中任何一项成就都足以名垂青史，而这一切都集中在他一人身上，这绝非偶然和上帝恩赐，是他在科学与财富间作出抉择后建立的。1825 年法拉第担任皇家学院实验室主任职务，此时他已是久负盛名的化学家，他研究合金钢、光玻璃，制造各种尺寸的透镜，担任技术顾问，许多厂家竞相酬谢，学院的财富不断增加，他个人的收入也颇为可观，到 1830 年已达 1000 英镑，是薪金的 10 倍。若继续干下去，他每年的收入可达 5000 英镑以上。但这些“生意上的事物”占去了他许多时间和精力，使他不能致力于研究。“鸟翼系上了黄金，鸟就飞不起来了。”法拉第深深感到财富与学问两者之间常常不可兼得。为了从事“哲学探索”，法拉第在“一方面可以得到 15 万英镑的财富，一方面是完全没有报酬的学问”两者之间选定了后者，遂穷困以终。然而这却使英国的科学声誉高于各国之上，达 40 年之久！1831 年，皇家学院终于同意免除法拉第的商业性技术工作。法拉第获得了自由！从此便全心全意地投入了电学实验研究（曾晓萱，1992）。

康德为了能够静下心来研究哲学，多次拒绝许多学校的高薪聘请。一次是哈勒大学答应付给他 800 塔列尔（康德当时的薪俸是 236 塔列尔，增加了两倍多），而且还答应给他以宫廷顾问的官衔，并认为他到哈勒大学更能发挥作用，因为在这所大学里聚集着最优秀的师资队伍，是日耳曼的学术中心！气候也比波罗的海好，在哈勒学习的一千多名大学生希望他能成为他们的导师。这是一件名利双收的事情。但是康德固执己见，他既不需要更多的金钱，也不需要荣誉和御前高位。诚然，同哈勒比较起来，哥尼斯堡是个偏僻的地方。可他习惯这里的一切，迁居别的城市只会对他的工作有害（那时正在写作《纯粹理性批判》一书），至于说到给大家带来普遍好处，那么他正绞尽脑汁地撰写这本著作就是这个目的（阿尔森·古留加，1981）。

爱因斯坦就曾说过：“当我孤独地生活在乡间时，我注意到单调的清静生活怎样激起了创造性的心理活动。”他还天真地想到，可以让带有数学或者哲学性质问题的青年人去从事像看守灯塔或者灯塔船之类的职业，这样他们就有更多的时间进行思考。因为有这种抱负的青年，即使在他们一生最多产的时期，也很少有几个能有机会有一段时间不受干扰地专心致志于科学问题。一个青年人即使非常幸运地得了一种有一定期限的奖学金，他也总是被迫要尽快地得出确定的结论。这种压力，对于从事纯粹科学的学生只能是有害的（爱因斯坦，1979，第 119 页）。

无需再一一举例，只有脚踏实地、摒弃浮躁，才有可能做出真正的创造。

二、如何增加自身多样性

1. 发掘和培养多种性格

性格是一个人思维方式和行为方式的综合体现。上一章讨论了复杂多样性格是具有较高创造力人才的一个重要特征。那么，如何增加性格多样性就成为提高个人创造力的一个重要方面。然而，现实生活中，人们常常简单地把性格分为“好”和“坏”两种，鼓励形成“好”性格，力图避免“坏”性格。这实际上是把人简单化，在这种思想指导下，我们的教育体系培养出来的是千篇一律的标准化人才，缺乏个性，没有了个性也就失去了灵性，创造力也就随之消失。

对于创造性人才来说，性格无好坏之分，在一个人身上性格越是多样，性格差异越大，相矛盾的性格成对出现，越有利于创造。因为性格多样的人，在考虑问题时，自己就可以从各种不同的方面来思考，就像多个人进行讨论一样，就能看到别人看不到的方面，产生创造。那么如何培养多种性格呢？

实际上人是一个复杂系统，本身就具有形成多种性格的潜力，单一性格的人实际上很少，甚至没有的。我们常说，“男人的一半是女人”，是说男人性格中也包含了女人性格，同样女人性格中也有男人的成分，只不过社会规范了男人只能是什么性格，女人必须是怎样性格，因此，男人和女人各自向着社会规定的方向发展。即便如此，现实生活中大多数人的性格仍然是处于两者之间，你中有我，我中有你。

形成多种性格的关键是转变观念，常言道“江山易改，本性难移”，人们根深蒂固的观念就是，性格是天生的，不可能更改！但是请注意，我这里强调的是要增加性格种类，而不是改变原有性格。只要在生活中注意培养，从小处一点一滴积累，性格是可以拓展的。性格内向的人，注意多培养外向性格，当你鼓起勇气在众人面前侃侃而谈或引吭高歌时，你就会有一种全新感觉；性格容易冲动的人，注意培养安静沉稳的方面，就能发现过去所忽略的东西；细心的人注意在有些方面不妨大意一些，你会发现有时粗心也是一种艺术和境界；一向谦虚的人，不妨表现一下骄傲的一面，自我感受一下高人一头是怎样感觉。总之，发掘和体验你所没有表现的性格。

通过转变观念，认识到性格是可以拓展以后，就要采取行动。因为只有行动，才能真正拓展性格。例如，勇于承担过去认为不适合自己的工作，有意开展与现有工作跨度较大的工作，尝试自己不熟悉的领域。不要总是按照自己熟悉的工作方式工作，要经常改变工作方式和行为方式。还可以根据环境采取相应的性格反应方式，在热闹场合就表现外向性格，该打闹就打闹；在安静场合就表现内向性格，躲进房间埋头看书，几天不与人说话也能乐在其中；增加自己的爱好和兴趣，兴趣越广泛，越有利于形成多种性格，因为兴趣多样性本身就意味着行为多样性。

随着性格多样性不断增加，其包容性就会越来越大；过去不能理解的行为会突然感到能与之相通，过去所理解不深的知识会突然发现其内在规律。

就我自己而言，我是属于内向性格，不爱说话。高中毕业二十多年之后回母校与同学聚会，一位与我从幼儿园、小学、中学到高中的同班女同学对我说：“我们同学多年，可是现在却没有同你一起说话的记忆，只记得你整天抱着篮球在球场上跑。”这就是我儿时的真实写照：爱运动，不爱说话，当众说话就紧张、脸红。可是上了大学后，我喜欢上了一件事：对著名配音演员乔榛、丁建华等人的翻译台词十分着迷，我就开始模仿他们在电影中的对白，常常是自己说话、演讲，不仅说，而且还手舞足蹈。有趣的是，同班一个要好的同学也喜欢这事，我们俩经常扮演电影中的两个角色进行对话，这对拓展我的外向性格起了积极作用。当大学毕业论文答辩时，在听完前一位同学的答辩过程后，我非常自信，我一定会比他强，结果我得了优秀。同学说，别看他平常不说话，但讲得还挺好！留校任教后，我更注意讲话的目的性，要么不讲，要讲就要有自己的观点，要有新意。记得1999年我所在的资源与环境学院公开竞聘副院长，我只上台讲了4～5分钟，就改变了人们平时对我的印象，至今还有人清楚记得我当时竞聘演讲的最后一句话。2004年10月，在中央统战部召开关于贵州毕节地区教育发展规划评审会，在会上的自由发言中，我慷慨激昂地阐述了自己的观点，没想到会议主持人胡德平副部长带头为我鼓掌，下来后北京大学厉以宁教授握着我的手说："讲得好！"这对我是极大鼓舞。

我就是这样不断地扩展着自己的性格，在我安静内向的性格背景下，不断做出让很多人感到吃惊的举动。2005年年底，我所在的森林培育学科举行师生联欢会，我上台气势磅礴地唱了一首"中国功夫"，然后把话筒往地上一扔，来了一个二踢腿，接着一个马步，大喊一声"哈"！这一连串举动，让研究生院的一位老师感叹："令人吃惊，这哪像平时的刘老师！"这就是我的亲身感受，性格是可以丰富的，性格多样性是可以增加的，只要从一点一滴的小事做起。到如今，我自己感到，我既可以不说话，躲进安静地方看书学习，几天甚至几个月不见人！也可以和同学朋友一起唱歌跳舞，打打闹闹。开会时可以一言不发、始终沉默，也可以语惊四座，令人难忘；平常非常谦虚，可有时却十分自信和骄傲，甚至说大话，在2004年12月30日学校举行的新年招待会上，我代表党外人士做了3分钟讲话，我大声疾呼要凝练"北林精神"，用她来鼓舞教师和学生，我们的目标不仅仅是林业行业的排头兵，而是要和清华、北大竞争，反响强烈，领导和同事纷纷来向我敬酒，我心里非常清楚，这是我性格的另一面在起作用。

2. 兴趣广泛而又专一

兴趣是增加一个人多样性最好的老师，世上没有学不会的东西，关键看你有没有兴趣，兴趣广泛则知识丰富。科学、艺术等等很多创造也都是兴趣所致，很难想象，一个人能在他不感兴趣的领域有大创造。当前大学生选择专业的一个重要依据是毕业后好不好找工作，以及追逐社会上时髦专业，而恰恰忽视了自己的兴趣和爱好。对此胡适的经历值得借鉴，胡明（1996）在《胡适传论》中讲了一个关于胡适的故事。胡适刚到美国康乃尔大学留学时，他二哥（几乎就是他家长，因他父亲早死）要他选铁路工程或矿冶工程，不要学他爱好的文学、哲学、历史等，认为文科没有价值。但胡适不愿意，妥协的结果，他学了农学。但是他对农学并不感兴趣，最终决定放弃农学是在一次“果树课”的实习后。那次实习，每个学生分得大约 30 ～ 35 个苹果，要根据一本培育学指南上所列举的项目，把这三十来个苹果进行分类，包括茎的长短、果脐的大小、果上棱角和圆形的特征、果皮的颜色光泽，以及切开后所测出的果肉的韧度和酸甜的尝试、肥瘦的记录等等。这对于美国学生来说太容易了，因为他们早就吃过，很熟悉，再根据指导上的要点很快就检索完了，最后拣几个大的苹果塞入大衣口袋，扬长而去。而对美国苹果无感性知识的中国留学生来说，便觉得很头疼。胡适与其他二三位中国学生费了半天劲，还是错误百出，成绩很差。为此，胡适后来写下了一段很实际的感慨：

“在这些实验之后，我开始反躬自省：我勉力学农，是否已铸成大错呢?我对这些课程基本上是没有兴趣，而我早年所学，对这些课程也派不到丝毫用场，它与我自信有天分有兴趣的各方面也背道而驰。这门果树学的课——尤其是这个实验——帮助我决定如何面对这个实际问题。我那时很年轻，记忆力又好。考试前夕，努力学习，我对这些苹果还是可以勉强分类和应付考试的，但是我深知考试之后，不出三两天——至多一周，我会把那些当时有四百多种苹果的分类，还是要忘记得一干二净。我们中国实际也没有这么多种苹果。所以我认为学农实在是违背了我个人的兴趣。勉强去学，对我来说实在是浪费，甚至愚蠢。因此我后来在公开讲演中，便时时告诫青年，劝他们对他们自己的学习前途的选择，千万不要以社会时尚或社会国家之需要为标准。他们应该以他们自己的兴趣和禀赋作为选择的标准才是正确的。”

年轻胡适的这一关键学业选择与事业选择不仅对他本人，实际上也对中国现代的学术文化、思想潮流与政治理论结构发生了巨大影响，他从人文学科里散发出来的文化生命的火光，实际上照亮了中国 20 世纪前半叶的整个新文化史。

可是，兴趣广泛而专一本身是一个矛盾的命题。然而，恰恰是这一对矛盾成就了无数伟大科学家、艺术家。没有广泛兴趣不能形成多样的知识，进行创造的预制件就少，不利于创造。然而广而不专，则各方面仅停留在表面，无法深入，也不可能有大成就。只有广泛涉足以积累丰富知识，一旦选定方向，则能深入进去，忘掉其他一切，甚至达到忘我境界，才能有大的创造。

但要注意，兴趣广泛不是说在同一个时间内干很多事情，由于人的精力和时间所限，不可能在同一时间段内开展太多项目，否则能量发散，最终一事无成。这就要求把兴趣广泛同专一、专注结合起来，在一段时间内专注于某一个兴趣，养成长时间专注一个问题的习惯，将它踏踏实实地做好后，再将兴趣转移到别的方面，这样逐渐积累，兴趣和知识越来越丰富，而且在面对一个问题时也能养成集中能量、长期专注的习惯。

这种将广泛兴趣同专注思考有机结合的人常常是最有创造力的。因为在面对一个问题时，广泛兴趣所积累的知识有利于联想，产生知识交叉而提出意想不到的解决办法。同时能长时间专注一个问题，在面对难题时会表现出锲而不舍、专心致志，甚至达到忘我境界，这种“无我”境界最有利于刺激灵感、产生顿悟。因为，在正常状态下，人必定受自己习惯和知识的束缚和局限，各个学科或领域界限，无时不在限制着人的思维范围，无数定律和规律告诉你，这不可能、那也不可能。可是当你入迷，进入无我状态，学科界限也就消失了，知识障碍也没有了，只有思维任意驰骋，甚至只在梦中才会出现的潜意识也会参与进来，灵感、顿悟常常也就是在这种状态下产生。

而在我们的教育中，其重点是在培养意识层次的理性思维，相对来说这是比较容易的方面，因为它可以采取课堂讲授和自我阅读的方式直接传授和学习，但是这只能解决增加知识。可是如何提高悟性，则不是一件简单的事，这是属于最高层次、最高境界的培养。因为悟性不是随叫随到，想使它产生就产生的，它既需要知识，又不完全依赖知识，既靠训练又不完全如此。但是，悟性的提高同生活中能够长时间专注一个问题的习惯有直接关系。在这方面，佛教和道家都有一些可以借鉴的东西。

按佛家看法，人要想脱离苦海，想要成佛，只有一条路，就是修行。修行就其性质来说，就是忘掉一切杂念，专注于对佛的体验，这是一种心灵准备。例如释迦牟尼六年苦行修炼、达摩禅师十年面壁等等。但是仅靠这样渐进积累不足以成佛。成佛还要有一个心灵的顿悟感应，就好像人突然跳过深渊，由此岸达到彼岸，跳过去则成佛，跳不过就还是凡人，这中间道路是没有的。人一旦“顿悟”，现实世界就成为佛的世界，这就是中国佛教里常说的“迷则为凡，悟则为圣”。对于人的创造来说同样如此，知识积累是必须的，但是仅仅是机械地积累知识，无法产生创造，“顿悟”是将积累的知识融会贯通之后，产生认识突变，才会出现创造。

当禅僧在顿悟前夕，特别需要有师傅帮助，但这种帮助不是长篇大论地讲解要如何如何才能会出现顿悟，因为顿悟是个人的领悟，无法替代。师傅常常是一个动作、一句话语，甚至“一声棒喝”等等，如果时间恰到好处，徒弟往往因此而得到顿悟。冯友兰在《中国哲学简史》中就讲了两个有趣的故事。

有一个禅师，每当被问到佛教的“道”如何解释时，他便竖起大拇指，一句话不说，只是让人看他的大拇指。服侍他的小和尚也学会了这一招。一天，禅师看到小和尚也这样做，他飞快地拿刀砍掉了小和尚的拇指。小和尚哭着跑开去，这时禅师喊住他，他刚回头，禅师又竖起了自己的大拇指。据说小和尚就此得到了“顿悟”。

另外还有一个关于王阳明弟子的故事。这位弟子有一次半夜里捉到了一个小偷，便对小偷讲说“良知”的道理。那小偷笑着问道：“请问，我的良知在哪里?”当时天气很热，王阳明的这个弟子就请小偷脱掉外衣，随后又请他脱掉内衣，小偷都照办了，接下去请小偷脱掉裤子时，小偷犹豫说，这恐怕不妥吧。王阳明的弟子便对小偷说：“这便是你的良知!”

这个故事没有说，小偷是否在这次谈话中得到顿悟，但是，这两个故事都使用了禅师启发禅僧顿悟的方法。

在研究生培养中导师就如同禅师一样，主要是通过启发使学生顿悟，而不是什么事都手把手教，没有自己的顿悟，学生无法将所学知识融会贯通，悟性也无法提高。这其中个人修行是最为重要的方面。另外，在积累大量知识和经历后，个人在没有别人点化情况下，经长时间专注思考，同样也可能达到顿悟。

王阳明是明朝一位杰出的哲学家，他从 11 岁开始就有了成圣成贤的生命志向。早年追随程朱理学，并且专心依照朱熹的思想，不断以向外“格物”的方法来提升自己的精神境界，甚至花费了七天七夜专心致志地求竹子之理，结果毫无所悟，他不禁感叹“圣贤是做不得的”，于是不得不放弃了“格物”这条路。后来在 1508 年，他 36 岁的时候得罪朝廷权贵，被贬贵州，经过千辛万苦的长途跋涉，终于躲脱了宦官刘瑾一路派人追杀的生死险境，到达了他的谪居地——贵州龙场驿（今修文县）。生活在原始落后的山区，与过去的生活环境有着巨大反差，日夜端居静默，希望自己不仅从世俗外部的得失荣辱中超脱出来，而且从生命内部的生死存在困扰中解脱出来。有一天晚上忽然大彻大悟，“不觉呼跃，从者皆惊”，对《大学》的主旨有了新的认识，由此而对《大学》有了全新的诠释，完成了心学的思想体系（冯友兰，2004）。这便是历史上有名的“龙场悟道”的故事。

3. 提高综合能力

个人的多样性增加后，如何把多样性集中在创造上，形成多而不散、整体大于各部分之和的效果，这对于提高创造力来说非常重要。沃森、克里克的高度综合能力，是他们发现 DNA 螺旋结构的关键之一。这首先表现在分析的基础上善于综合各门科学、各种学派的多方面成果，把它们糅合在一起，当时主要是把信息学派、结构学派和生物化学对遗传学的问题探讨结合在一起。这些成果中主要有：威尔金斯的X射线衍射资料、布拉格父子的X射线结晶技术、马丁和辛格的色层分离法、查加夫的碱基规律、鲍林的蛋白质螺旋结构、格里菲斯对碱基的计算结论和多诺休对碱基配对的分析等。

沃森、克里克的这种综合能力，也正是他们的同行所欠缺的。例如，鲍林是结构化学的权威学者，在DNA结构的探索中，他从化学角度解决了许多问题，认识到了它的多键、氢键等等。但由于没有运用生物学的原理，而在碱基互补等问题上束手无策。弗兰克林在发现DNA结构上做出了重要贡献，可以说大部分工作是由她完成的。然而，早在1951年沃森就察觉到她的弱点，即她以为“建立DNA结构（模型）的唯一办法是使用纯结晶手段”。因而在两个关键性问题（即碱基配对和双股键的反走向）的认识上，失去了综合分析能力。威尔金斯在结晶学方面的成就居于世界前列，1951年他已认识到DNA的螺旋，并计算过其螺距及直径。但是，也正如沃森所说，他的“主要目的是研究分子本身的结构；他并未打算在他的结构理论中考虑通过任何实际的途径去说明生物（遗传）的功能”。因而不能像沃森那样运用生物学上对称现象去思考问题，误认为DNA分子结构是单链的，工作进展不快（李难，1987）。

没错，科学的重大发现常常就是综合的结果，丹皮尔（1975，第20页）指出：“知识的大综合是时常进行的。字谜画中的各个方块突然配合起来了；不同的孤立的概念由某一个伟大的科学家融合起来了，这时就会出现壮观的盛况——牛顿创立天体演化学，麦克斯韦把光和电统一起来，爱因斯坦把万有引力归结为空间和时间的一个共同特性，都是这样的情况。一切迹象都说明，还会有这样一次综合。在这样一个综合中，相对论，量子论和波动力学可能会归入到某一个包罗万象的、统一的、单一的基本概念里去。”胡适更是明确提出：“学问的进步有两个重要方面：一是材料的积聚与剖解，一是材料的组织与贯通。前者需靠精勤的功力，后者全靠综合的理解。”

如何才能提高个人的综合能力呢？首先是增加包容性，因为综合的前提是必须要有多样的可综合的东西，包容性越大，可综合的材料就越多，才有可能综合出符合实际的理论。在复杂系统中，起作用的是多种因素，任何结果都不可能是单一原因造成，仅根据单一原因得出结论常常与复杂系统实际不符。实际上各种观点都有其合理的一面，即使是谬误，如果利用得好，也同样可以产生意想不到的启迪。因此包容性越大，综合的基础就越牢。然而在实际工作中，很多人恰恰缺乏包容性，只认为自己观点正确，别人都不对，固执己见，看不见别人长处，这样的人永远不可能站在科学最高峰。

怎样提高自己的包容性？我们来看看自然界中包容性最大的是什么？也许能从中得到一点启发。从地球生态系统来看，包容性最大的便是大海，俗话说："千条江河归大海"就充分体现了海的巨大包容性，由于有海纳百川的胸怀也才能够孕育地球上最为丰富的生物多样性。那么，大海为什么会有如此大的包容性呢？最根本一点，就是它地势低下。反映在人身上，则是谦虚和不带偏见，只有谦虚才能看到别人优点，只有不带偏见才能容纳别人缺点。而在一个复杂系统中，缺点和优点都是相对，没有绝对的优点，也没有绝对的缺点，两者相辅相成，共同作用才形成了人这个复杂系统。

其次，有了包容性，就会有很多可综合的材料；但很多材料之间并无直接联系，甚至毫不相关，如何将其关联起来，这就要培养把看似不相关的事物联系起来的能力。对此，诗、词、对联、音乐等等都有奇妙的作用，学习欣赏多种形式的文学、艺术，就可以大大提高自己这方面能力。

大文豪苏轼就具有把毫不相关的事情联系起来的能力。他称自己是东坡居士，就是佛教的俗家弟子，带发修行。他还经常和高僧谈经论道，甚至开玩笑，有一次和一个和尚坐船游览，看见岸边有一条狗正在啃骨头，就对和尚说，我们用当前的景物对一个对子，但不能说话，只能做动作。和尚说行啊，你出上联吧。于是，苏东坡就把手指向河岸上那条正在啃骨头的狗，这就是上联。这个出家人一看就明白了，想了想，就把手中的扇子仍到水中，苏东坡也明白了，哈哈大笑起来。原来上联为"狗啃河上（和尚）骨"，下联则是"水流东坡诗（尸）"，因为纸扇上有苏东坡题的一首诗。

我为了提高自己这方面能力，经常用人名来写诗，当作游戏来做。记得是2005年我给北京林业大学草业专业的同学上课，在实习结束的讨论会上，我发现这班同学的名字很有趣，就用全班27个同学的名字写了一首打油诗。没想到同学们特别喜欢，并把它当成了班歌，在参加全校优秀班集体评选中还成为他们班的亮点。以下就是这首诗：

草上飞

彭程带起庄千燕，飞过宋之梁。
寅寅丽丽陈巧玲，在化黄嫄岩。
小梅方君皆由英博，晓如舒藜更劲键。
王乔二磊护翁帅，子文宇博保何平。
孔晨起床胡望舒，国华更鲜艳。
金鹏展翅草上飞，却原来，草业03一勇军！

最后，必须站在更高的高度进行概括，才能达到很好综合。俗话说："站得高，看得远。"实际上不仅看得远，更重要的是能够看得更全面，看到事物本质。这里的站得高，可以从高维空间来理解。高隆昌（2004，第186页）在其《大自然的复杂性原理》一书中，将此总结为只有"高维"空间才能认识低维空间的问题，他举的一个例子很能说明问题。如图10-1（a）在一维空间的点人A是无法宏观地看到线段*ab*的，只有到二维空间（图10-1（b））才能完全看清线段ab；同样，二维空间里的"平面人"A却无法宏观地看到在二维集子P（平面）的，只有站在三维空间里的人*A*才可以一眼看完平面块*P*（图10-1（c）），但是却又不能一眼看完三维集子*B*，同样，也只有到四维空间才能完全看完一个三维体（图10-1（d））。

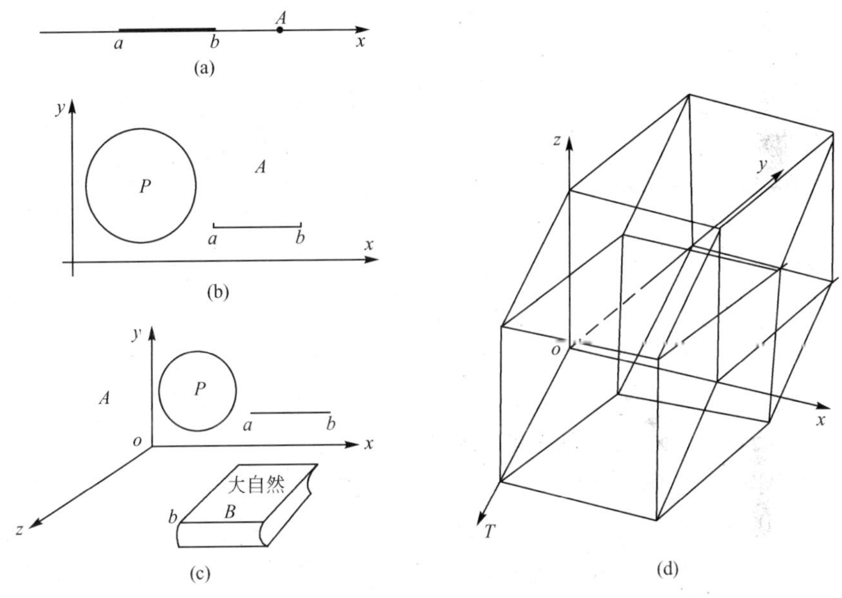

图10-1　空间维度与观察的关系（高隆昌，2004，第186页）

生活中同样如此，当我们身在其中时，常常看不清问题的本质，只有跳出本体，站在更高位置，问题也就一目了然。正所谓"不识庐山真面目，只缘身在此山中"，就是这个道理。然而物理上的更高比较容易，只要"更上一层楼"即可，但是思想上如何才能站在更高位置、更高维度来看问题，就不是一件容易的事情了。

可是，怎样培养一个人站得更高的能力呢？我以自己的经历来谈这个问题也许更直观。我的专业是森林培育，博士论文研究苗木质量的形态、生理及活力基础，这是一个很窄、很深的范围。论文答辩以后，我的导师沈国舫院士对我讲了一句话："你要做到既能钻得进去，又能退得出来。"这句话影响了我后来的发展。导师又把我推荐到《世界林业研究》刊物当编委，当时我刚三十出头，在所有编委中是最年轻的。这个刊物综合性强，主要介绍国内外林业发展情况，这使得我要站在更高的角度来看待林业。现在回想起来，之所以有今天的见解，十分感谢导师，他使我跳出了专业局限，站的位置越来越高。可是，导师并未告诉我要退多远，而我自己这一退便没有停止，一直退到了复杂系统的高度，才有了如今的理论。

当然，个人的经历和感受不同，没有统一道路。对此，道家有其独到的理解，可以借鉴。在庄子看来，要成为圣人必须做到"无知之知"，就是在学习知识后又"忘"掉知识，进入"无知"状态，其目的并不是真正要忘掉知识，而是不为各种知识所局限，忘掉的只是各种知识的局限性。在做决策、看问题时，不以某一方面知识片面地解决问题，而是在更高层次，在所有知识之上来看问题。因为人是有局限的，人在看问题时常常从各自的局限性出发，因此其观点就有局限性和片面性，但是大多数人并不认识到自己的局限性，往往只认为自己对，别人错。这样一来，"我"的意识越强，局限性就越大。

道家使自己站得更高的办法就是"无我"，忘掉自我也就去除了限制，也就进入了"无知"状态，这种状态才能真正达到"天人合一"的境界。对于做学问来说，在广泛涉猎知识的基础上，达到"无我"与"无知"是一种最高境界。世界上很多深刻的道理，很多自然的奥秘，很多变化的规律，只有在无我的状态下才能被理解和发现。

可怎样才能达到"无我"境界呢？我认为学习哲学可以达到这个目的。哲学是一切科学的母科学，哲学的功能不是增加各种各样的知识，而是站在各种知识的基础上对人生进行系统反思，从而增加人的智慧，提升人的心灵，超越现实世界。柏拉图曾说："哲学就是练习死亡。"当然，这不是提倡自杀，而是要练习减少身体的控制程度，让身体的惰性无法对个人产生影响力，就好像死亡一样。因为人活着必定受到身体控制，身体的各种需求决定了人的行为方式。"人为财死，鸟为食亡"这句俗话就深刻体现了人和动物被其身体控制的事实。难怪苏东坡在他的词《临江仙》里感叹："长恨此身非我有，何时忘却营营！夜阑风静縠纹平。小舟从此逝，江海寄余生。"由于受到身体的控制，就无法站得更高，达到"无我"境界。

谈到哲学，一般人认为是高深莫测、晦涩难懂、枯燥无味，与现实生活差得太远。其实不然，哲学不仅离我们的现实生活很近，而且对于每个人而言都是必需的，因为人类天性之中就有一种哲学倾向——每个人内心都希望自由，希望能够做自己，能够摆脱各种限制与压力（傅佩荣，2005）。

在我看来，哲学是通过抽去事物的具体内容，从本质或者说是从最高层次来把握复杂系统，一旦对复杂系统的根本运行规律有了清楚认识后，这一规律就可适用于包括人、社会、生态，甚至整个宇宙等在内的复杂系统，也就可以用一种系统的现象去解释另一种系统的现象。当一个人达到这样的境界，在他身上所表现出来的，就是站得更高，不受学科或知识局限，并且想象力十分丰富！

总之，保持谦虚和不带偏见，才能增加包容性；欣赏和从事多种形式的文学艺术有助于培养把不相关事物联系起来的能力；学习哲学使人站得更高。这样一来，在创造活动中，包容性使得可综合的材料更多，通过把这些看似毫不相关的事物联系起来，就找到了它们的内在规律和共同之处；最后，站在更高的位置，看得更全、看到本质，融会贯通达到综合再创造，就能极大地提高一个人的综合能力。

三、如何在适应与不适应之间保持平衡

根据复杂系统创造力模型，适应性越低，创造力越强，也就是说，正是因为不适应，才引发了创造。可是，对于个人而言，如果对社会完全不适应，连生活都无法保障还谈何创造呢？这实际上是在适应与不适应之间保持一种平衡的问题。对于很多具有创造力的成功人士来说，其策略是在生活上保持极强的适应性，而在思想上、工作上、学术上等自己所追求的方面保持了不适应性。

春秋战国时期的思想家庄子，就是在适应与不适应中找到平衡的典范。在生活上庄子可以说对简单贫困的生活表现出惊人的适应性，他曾一度靠编织草鞋为生，还当过漆树林的护林员，住的是破屋子，经常食不果腹、衣不遮体，去见魏王时穿的就是一身破衣烂衫，鞋子都是脱帮的，不得不用带子绑了。一次家中断粮，庄子去向监河侯借，却被取笑说等秋后打下了粮食再借给他。面对这些物质生活上的贫困，以及精神上的刺激，庄子坦然接受，其最高境界表现在当他妻子死后，其好友惠子前去吊唁，不但没见他哭，反而见他“箕踞敲盆而歌”，这是他把人的生死看成如同春、夏、秋、冬四季变化一样正常，对这种自然变化十分适应，活着的人之所以对死去的人感到悲痛，其根源是期望人不死，则违反了自然法则，他倡导“天人合一”，就是要增加人对万事万物的理解，便可以减少由感情造成的痛苦。

正是这种对生活现状的适应，使庄子有充足时间和精力来进行自己的学术研究。与对贫困的适应截然不同的是，在学术上，在对自己目标的追求上，

庄子表现得极不适应。他不满足于前人的思想、理论，不适应前人对事物的观察和描述。他当护林员不仅仅是挣钱来养家糊口，再顺便逛逛山林，看看美景，而是仔细观察并总结出“螳螂捕蝉，黄雀在后”、“如胶似漆”等等对事物入木三分的刻画，当他看到泉水干涸、鱼在无水的情况下苦苦挣扎时，不是欢天喜地把鱼拿去煮了吃，而是细心观察鱼的表现，写出了“泉涸，鱼相与处于陆，相呴以湿，相濡以沫”这样的千古名句，以至于两千多年后的今天，当我们描述感情深厚的老夫老妻时，再也找不到比“相濡以沫”更好的词句。虽然，现在我们对“相濡以沫”的用法与庄子当时的涵义不完全相同，但是他对现象入木三分的描述，使人叹服。就是这种对现实的不适应，成就了庄子，有人做过统计，薄薄的《庄子》一书为中文提供了200多条成语，被中华书局《古今成语辞典》收录的就达170条之多（亦歌，2005）！

适应与不适应，这对矛盾在庄子身上是多么和谐统一，作为复杂系统的人就具有将多样性集中于一身的潜力。然而，这种潜在多样性需要我们去开发，哪些该适应，哪些不该适应，是决定我们在那些方面有所建树的关键。如果庄子对简单贫困的生活不适应，他就会想办法去改变它，他就不会拒绝楚威王要聘他做宰相的愿望。人的精力有限，当在物质享受方面不断追求时，即使还在学术方面也不满足，但是所投入的精力和能达到的深度就大打折扣了。

所以，我提倡提高生活上的适应性，而保持学术上和工作上的不适应性。降低对生活的要求就能提高其适应性，而在学术和工作上要独立思考、不断学习、永不满足，逐步提升追求目标，随着鉴别能力和学术品味的逐渐提高，这种不适应性会越来越强。

那么在学术、事业上如何保持不适应呢？其中一个重要的方面是提高自己的美学修养。上一章得出结论，即个体的想象力越丰富，审美感越强，他对于社会的适应性就会越低。因为社会是按照大多数人的想象力和审美感来运作，可以说是一个大平均。这对于大多数人而言，可能会感到很适应，因此，也就没有强烈的求变和创造欲望。然而，想象力和审美感都远远超出社会平均水平的人，对社会平均状况很不适应，这就促使其进行创造，以求得自我实现。

在提高人的美学修养方面，文学、音乐、体育和美术有着重要作用。以音乐为例，音乐最基本要素是节奏和旋律，节奏快、慢，旋律高、低，组成了抑扬顿挫、快慢舒缓的乐曲。它是如何影响人的呢？人是一个复杂系统，其系统的运动是一个整体行为，当脑神经受到音乐刺激，整个系统就会随着音乐旋律而运动。优美抒情的音乐把系统带入自然美景之中，欢快的音乐使系统产生高兴的感觉，气势恢宏的音乐让系统产生崇高感受，例如贝多芬第九交响曲中的《欢乐颂》，让人感受到人类皆兄弟的大同；命运交响曲使人感到人类精神的不屈，不向命运低头的精神。

这种感受通过想象、联想而营造出来，这就是整个复杂系统在旋律带动下不断想象，不断涌现新的特性。久而久之，想象力会得到增强，涌现新特性能力会不断增加，人脑复杂系统就会越来越和谐，对美的感受会越来越敏感，审美感便得到提高。

因此，我非常同意著名钢琴艺术家刘诗昆的观点，对大多数儿童来说，学钢琴不是简单地增加一个高雅的业余爱好，也不是让每个孩子将来都成为钢琴家，而是对孩子进行美学教育，美学教育是一个人全面发展不可替代的方面。我们过去只提德、智、体，这是不全面的，还应该有美，即德、智、体、美四个方面。我们的教育同发达国家教育的差别，在美育上反映得尤为突出。

1979 年 6 月，中国曾派一个访问团，去美国考察初级教育。回国后访问团写了一份三万字的报告，在见闻部分中，有一些描述美国学生的文字，如“小学二年级的学生，大字不识一斗，加减乘除还在掰手指头，就整天奢谈发明创造，在他们手里，让地球调个头，好像都易如反掌似的；重音、体、美，而轻数、理、化。无论是公立还是私立学校，音、体、美活动无不如火如荼，而数、理、化则无人问津……”。最后的结论是：美国的初级教育已经病入膏肓，可以那么预言：再过 20 年的时间，中国的科技和文化必将赶上和超过这个所谓的超级大国。在同一年，作为互访，美国也派了一个考察团来中国。他们在看了北京、上海、西安的几所学校后，也写了一份报告，在见闻录部分，对中国学生的描述有：“中国学生喜欢早起，七点钟之前，在中国的大街上见到最多的是学生……中国学生有一种作业叫‘家庭作业’……中国把考试分数最高的学生称为学习最优秀的学生……”最后的结论是：中国的学生是世界上最勤奋的，在世界上也是起得最早、睡得最晚的；他们的学习成绩和世界上任何一个国家同年纪学生比较，都是最好的。可以预测，再过 20 年的时间，中国在科技和文化方面，必将把美国远远地甩在后面。20 多年过去了，美国“病入膏肓”的教育制度培养出了五六十位诺贝尔奖获得者和二百多位知识型的亿万富豪，而中国还没有一所学校培养出一名这样的人才。两家的预言都错了（许进良 2006）。

错在哪儿？值得每一个中国人深思。我以为，美国看似“糟糕”的初级教育，通过如火如荼的音、体、美活动，恰恰保留甚至激发了学生的想象力，提高审美感，进而促进了创造力。而中国看似世界“最好”的初等教育，则以应试、以标准答案为目标，音、体、美成为最不重要的课程，虽然学生的数理化知识增加了，但想象力却丧失了，创造力下降。这太惊人了！这说明孩子们越努力、越勤奋，想象力丧失得越多，这与我们的真正目标背道而驰。

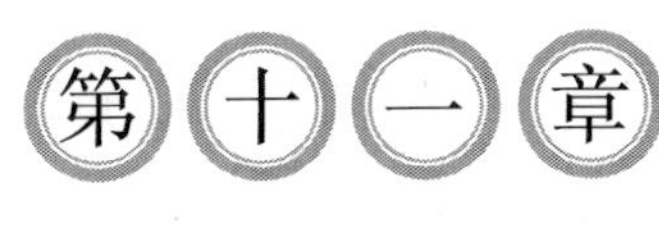

将创造力化为创造

一、怎样把创造力化为创造

经过前面十章从生命诞生和生物进化的角度，构建了复杂系统创造力模型，即复杂系统创造力与其所具有的能量（e）和多样性（d）成正比，与适应性（a）成反比，如果以创造力指数（CI）来反映复杂系统创造力，则可用一个关系式来表达：$CI = f(e, d, a^{-1})$。并从社会、群体和个人角度进行了深入分析和论证，结果表明，自然和人类复杂系统在创造力方面有着共同的规律，复杂系统创造力模型可以解释为什么不同复杂系统在创造力上具有差异。从而为探讨提高社会、群体和个体创造力的途径提供了科学依据。

这便是我的成果。然而，这一成果对别人来说只是知识。从我本意来说，本书主要目的并不是在已有很多知识的基础上再增加一门知识，因为，多一门知识和少一门知识只是数量上的变化，而不是质量的变化。另一方面，如果按照前几章的方法去努力，必然会对你的创造力有一定提高，但是创造力只是潜力，它与创造之间还有关键的一步之遥。

我想要质的变化，就是说当你看完本书后，不仅仅是了解了我的研究成果，更重要的是增加你的智慧，增加你的力量，并且要知道如何将创造力化为创造这一关键一步！可是，“智慧是必须由自己觉悟而来，不能由别人给你。别人给你的只是可以表述的知识，这种知识没有太大的价值，因为我们不去实践。真正的智慧是自己觉悟与体验到的，所以能够引发实践的行动，并且终其一身坚持不移。”（傅佩荣，2005）

那么，如何才能达到质变呢，如何从创造力跨越到创造呢？我们来分析一个问题，培根的名言“知识就是力量”是否有前提条件？从“知识就是力量”所包含的信息来看，应该是知识越多，力量越大。可实际情况并不完全如此，以历史上一个典型人物为例，袁世凯是行武出身，读书不多，但是其办事能力和掌控全局的能力非常强，人们戏称他为“不学有术”。相比之下，很多学者知识比袁世凯丰富得多，但其力量却无法同袁世凯相比。可见知识越多，越有智慧，力量越大，这个推理显然不成立，否则就不可能有所谓的书呆子。刚刚去世的我国著名物理学家、中国固体物理学和半导体物理学的奠基人黄昆先生，曾经对他的学生说：“学习知识不是越多越好，越深越好，而是应当与自己驾驭知识的能力相匹配。”老子更是明确指出“知者不博，博者不知。”明白道的人不一味地追求知识的广博，知识广博的人不一定会有深刻的见解。

因此，在我看来，“知识就是力量”这句名言应该有前提条件，即知识必须形成体系，才有力量。不成体系的知识，零散的知识，不但形不成力量，有时反而会形成偏见，甚至出现邪恶的力量。

当各方面知识在人的头脑中有机地形成一个整体、体系时，它就会变成知识的复杂系统！复杂系统的根本特点是创造、创新、涌现，整体大于各部分之和。也就是说人的判断力、智慧和力量就会大大增加，创造就会不断涌现，创造力便化为创造，这就是我希望看到的质变！

弗兰西斯·培根是近代归纳法创始人，“知识就是力量”由他提出，绝非偶然，他一定是通过归纳法，将所获得的知识形成了体系，才真正体会到知识的力量。因此，他告诉我们如何整理科学必须依据的观察资料。他说：我们既不能像蜘蛛，从自己肚里抽丝结网，也不可像蚂蚁，单只采集，而必须像蜜蜂一样，又采集又整理。

孔子为什么会成为“万世师表”的圣人？启发了历代千千万万读书人，难道仅仅是知识渊博吗？《论语》中有一段非常有意思的对话，孔子问他的学生子贡：“你以为我是博学广记之人吗？”子贡答道：“是的。难道不是吗？”孔子说：“不对。我只是以一个中心将各种知识贯穿起来。”至于这个中心是什么，孔子没直说，实际上“礼、仪、道、德”就是孔子知识系统的中心，他围绕这一核心形成了知识系统——知识的复杂系统，将知识系统化成为一个有机整体，这个系统自己就具备了创造能力，他感到了知识的力量。因此，他能够以此解释世间一切。

两千多年前的老子和庄子，为什么会在中国人甚至全世界人的心中留下深深的记忆，就是因为他们以“道”为核心，使自己的知识成为一个复杂系统。这一复杂系统一旦形成，他们就能用它来解释万物。“道”可以是个人修身养性的警句，也可以是治国安邦的大道理，还可以是治理环境的原则。美国总统里根有一次在发表国情咨文时就用了老子的一句话“治大国若烹小鲜”。就是说，治理一个国家，如同煎煮一条小鱼，如果很认真地不断翻来翻去，可能鱼还没熟之前就翻烂了；相反把鱼放在锅里不去理会，过一会儿鱼自然就会熟。这就是无为而治的思想。用在治理国家上，如果政府非常强大，不断地发号施令，其结果就同不断地翻鱼，“文革”期间不断的政治运动，不就是把国家翻烂了吗？

还有，老子“顺其自然”的思想，指人的发展要顺乎天性、合乎自然。而我们现代人也重新感受到了古人关于“天人合一”的思想光辉，把它当成环境保护原则，这实际上就是因为人类社会、个人、群体还有生态系统等等，都是复杂系统，都有相同的规律，老子以“道”形成的知识复杂系统，就可以很好地解释两千多年以后的事情。知识的力量穿越了时空。

所以，知识必须在一个人头脑中形成体系，人才能成为具有知识的复杂系统，智慧才能增加，力量才会显现。然而我们现代社会的困惑则是把知识当成了智慧，以为增加知识便是增加智慧，更糟糕的是现在又把信息当成了知识。一位诺贝尔奖获得者对此感叹：

“智慧在哪里？
我们在知识中湮没！
知识又在哪里？
我们在信息中迷失了自己！”

二、思考！ 让知识成为复杂系统是创造力化为创造的关键

可是，如何使知识形成体系呢？

思考！思考！再思考！只有思考才能使所学的知识成为体系！

“我思故我在”，笛卡儿的名言告诉我们，不思考连自己是谁都不知道。

思考什么？当然是思考问题，那么问题从哪里来？等着别人提出问题来思考吗？肯定不是，关键是自己提出问题，自己思考，自己解答。越是原始性问题，通过思考形成的知识体系，其力量就越大，就越会孕育重大创造。

奥地利物理学家埃尔温·薛定谔（2005）于1943年写了一本《生命是什么》的书，该书整整影响了一代人，并且为分子生物学的诞生做了概念上的准备，很多后来的分子生物学家，是在读了他这本书之后，才开始走上生物学的。作为量子力学奠基人之一，他提出的波动力学成为量子力学的标准形式之一，为此而获得诺贝尔奖。他就是从物理学家的角度来思考生命是什么这一个原始问题，并形成了这方面的知识体系，这才有了知识的巨大力量，推动了整个分子生物学的诞生。

再如，中国两千多年前的《孙子兵法》，为什么经久不衰，成为兵法的最高宝典，历来被称为“武经”？如今美国科技如此发达，武器装备无人能比，可是在它的军校里为什么还把《孙子兵法》作为必读课本？其根本原因在于，孙子将关于战争问题的知识通过思考形成了体系，我认为他对战争的认识，是把战争当成两个复杂系统之间的激烈碰撞来看待的，站的高度非常高，所以《孙子兵法》开篇就说：“兵者，国之大事，死生之地，存亡之道，不可不察也。”作为军事家们，并不是上来就打仗，而是首先要对战争事态进行正确认识，必须认识五件事，“一曰道，二曰天，三曰地，四曰将，五曰法”。道是指国家的整体状况，方针政策，社会是否稳定，人民是否和君主一条心，等等，因为打仗表面上好像只是前方十几万人的事情，但是后方可能有七八十万人不能正常生活，全国为之躁动，是整个社会复杂系统处于一种非常状态。天，天气情况如何；地，地形地势怎样；将的能力水平如何，

军队的纪律法规如何等等。这就是复杂系统，只有对敌我双方的复杂系统都充分了解，才能取得战争主动权。所以有“知彼知己，百战不殆；不知彼而知己，一胜一负；不知彼不知己，每战必殆”。

《孙子兵法》全书不过六七千字，把它背得滚瓜烂熟，能成为军事家吗？肯定不能，兵法是死的，而复杂系统是活的，它不停地变化。因此，《孙子兵法》的“势篇”指出：善于出奇兵的人，其战法的变化，如同天地运行一样变化无穷，也像江河流水一样永不枯竭；终而复始，就像日月运行；衰而复盛，就像四时更替。如何才能做到，实际上就是将关于战争的基本理论和实践，通过思考，在人的脑子里形成复杂系统，就活了，就会有创造，就会出奇兵。这就如同：“声不过五，五声之变，不可胜听也；色不过五，五色之变，不可胜观也；味不过五，五味之变，不可胜尝也。”

释迦牟尼如何能成为佛祖，他的力量从何而来？英国作家亚当斯·贝克夫人（2002）的《释迦牟尼的故事》给我们提供了答案。王子出身的悉达多因肯于思考、善于思考，想度一切苦恶，于是放弃了王位，舍弃了美女如云的宫殿。面对人类生、老、病、死这些原始性问题，王子在远离人间的森林中苦行6年。由于进食极少，有时一天才吃一粒米，最后是皮包骨，几乎死去，但是仍然没有找到答案。就在感到自己快要死的时候，他反思自己6年的苦行道路，虽然采取的是比别人更为残酷的苦行，可还是并没有看到希望，需要另找出路。于是，他接受了牧羊女献给的食物，结束苦行。身体恢复后，在菩提树下经过七天七夜的思考，产生了顿悟，这是他把当时所能掌握的知识结合原始性问题进行思考，使知识融合成为了体系，产生了突变，力量由此而生，成为一代佛祖，创造了佛教。

知识因成为体系而爆发出无法想象的力量，这是因为知识在人脑的思考中，不断产生创造，这些创造将知识连成了一个复杂系统。所谓的融会贯通，实际上就是以一个问题为核心，通过思考，产生创造，将知识之间的间隔连通起来，把知识之间的隔阂打通。

对于个人而言，在将知识连成复杂系统的前夜也许是创造成果最丰富的时候，因为这时是知识快要达到重大突变的时刻，开始可能只是小的突变不断涌现，知识间的连线越来越多，当知识完全融合，重大突变就会产生，知识由原来相互独立、互不相连的每个个体，连成了一个整体，整体特性大于各部分特性之和，知识的复杂系统由此而形成。对于佛教来说，这就是跳过了“悬崖”，从普通人变成了佛。当这个复杂系统一旦形成，它就会自我不断运行，各种创造也会随之产生。

实际上，创造并不神秘，世间的伟人、大家，有重大创造的人，大多经历了这样一个过程。思考，使知识成为体系就是创造的秘密！然而，对普通人来说，创造不是一件容易的事情，重大创造更不是凡人能做的。为什么会产生这样的感觉？是因为思考过程看不见、摸不着，这就容易使人产生神秘感，最终把创造性人物神化。把普通人神化的实质，是我们自己趴在地上仰视伟人，因此伟人更高大，我们自己更渺小！

可是，如何才能破除神化？如何增强自己的自信心，如何让自己的创造力迸发？我以前也知道这个道理，也不想趴在地上看，也想站起来，同伟人平起平坐。但我做不到，因为我感到没有这个力量。而今天，我可以说，我能够站起来了，我不再仰视伟人，那么，我是怎样做到的？

在我40岁以前，干什么事情都是懵懵懂懂，只知其然，而不知其所以然，甚至破格晋升为教授都是稀里糊涂的，很多问题根本看不透。现在来分析原因，是因为知识学了不少，但是，没有在自己头脑中形成体系，看待任何问题和现象，总感到好像隔着一层窗纱，抓不住问题的本质。本科写毕业论文时，老师怎样教就怎样写，只是感受了一次不完全的研究过程，没有创造的感觉。硕士研究生阶段也差不多，课题是导师指定的，方法是现成的，只是研究过程更完整了，自己独立性更强了。直到博士研究生阶段才有了一点创造的感觉，因为题目是自己定的，整个研究过程是自己设计的，在将研究结果总结成结论的时候，体验了一下把知识经过思考形成体系的感受。发现，同样的试验结果，让不同的人来思考，会得出不同的结论。真正让我感到知识就是力量的是近十年来对创造力的思考，可以说，正是对“创造力”这个原始性问题的思考，我把自己以前所学的知识全都贯通，亲身感受了顿悟是如何产生的，体验了知识如何形成体系的全过程。这就如同一个巨大电网，各个节点上有许多灯泡，但是原来只有零零星星的灯在亮，很多灯是不亮的。经过长期思考，当对创造力是什么形成自己的完整见解后，所有的灯都亮了。那种感觉美妙之极，真正体会到了什么是脱胎换骨的感觉，理解了为什么说创造的喜悦是人生最大的喜悦！更重要的是我感到了一种从未有过的力量充满我身心，我可以站起来，平视伟人了！

因此，知识因思考而成为有机整体，成为知识的复杂系统，成为创造的源泉。思考将别人的知识转化为自己的知识，否则，如果大脑只是一个知识库，用到哪一方面知识就去拿的话，就不可能产生创造。而对每个人来说，生命是有限的，知识是无限的，以有限的生命对无限的知识，就如同无穷小对无穷大的关系。但是将知识形成系统（复杂系统）就具备了创造能力，就可以用有限来解释无限，就可以预测未来把握自己。读书的目的不是为了念更多的书，而是通过读书，启发自己形成自己的知识复杂系统，系统一旦形成，你就有了大智慧，知识就是力量也就能真正显示出来了。

到此为止，我的经历和理论就介绍完了。用一句话来进行总结：复杂系统创造力模型是想让你知道影响创造力的关键因子，以及这些因子之间的相互关系。如果照此去做，定能在一定程度上提高你的创造力，而要将创造力变成创造，对自然系统来说是自发的；对人而言，则是有意识的思考，思考能使你的知识成为复杂系统，一旦达到这种境界，想不创造都难！

我用10年思考和一本20万字的书回答了学生给我提出的一个问题，不知道他们是否满意这一回答。但可以肯定的是，他们（以及读者）还会提出更多问题，那太好了！让我们每个人抓住一个问题，思考、思考、再思考！当以问题为核心，把各自的知识融会贯通起来，成为知识复杂系统之时，就是我们全社会创造力迸发之日！

主要参考文献

阿尔弗雷德·阿德勒．陈太胜，陈文颖译．2000. 理解人性．北京：国际文化出版公司，3～4

阿尔森·古留加．贾泽林，侯鸿勋，王炳文译．1981. 康德传．北京：商务印书馆

阿尔文·托夫勒．伍仁译．1987. 适应性公司．北京：中国展望出版社

埃尔温·薛定谔．罗来欧，罗辽复译．2005. 生命是什么．长沙：湖南科学技术出版社

爱因斯坦．许良英，范岱年编译．1976. 爱因斯坦文集（第一卷）．北京：商务印书馆

爱因斯坦．许良英，赵中立，张宣三编译．1979. 爱因斯坦文集（第三卷）．北京：商务印书馆

奥托·卡尔特霍夫，野中郁次郎，佩德罗·雷诺．赵楠，方小菊译．1999. 光与影——企业创新．上海：上海交通大学出版社

柏拉图．王晓朝译．柏拉图全集（第1卷）．北京：北京人民出版社

北京师范大学历史系中国现代史教研室．中国现代史（上）．1983. 北京：北京师范大学出版社

贝塔兰菲．秋同，袁嘉新译．1987. 一般系统论．北京：社会科学文献出版社

伯兰特·罗素．何兆武，李约瑟译．2003a. 西方哲学史（上卷）．北京：商务印书馆

伯兰特·罗素．何兆武，李约瑟译．2003b. 西方哲学史（下卷）．北京：商务印书馆

伯兰特·罗素．亚北译．2004. 西方的智慧．北京：中国妇女出版社

蔡维钧．2004. 企业的整体运作——一本开启市场和企业管理智慧的书，广州：广东经济出版社

车宏安．2000. 关于系统理论发展的几点认识和思考．见许国志主编，系统科学与工程研究．上海：上海科技教育出版社，196～210

陈建新，赵玉林，关前主编．1994. 当代中国科学技术发展史．武汉：武汉大学出版社

陈禹．2000. 层次——系统科学的一个重要范畴．见许国志主编，系统科学与工程研究．上海：上海科技教育出版社，100～109

成思危．2000. 复杂科学，系统工程与管理．见许国志主编，系统科学与工程研究．上海：上海科技教育出版社，12～23

褚君浩．1976. 能量．上海：上海人们出版社

达尔文．谢蕴贞译．1972. 物种起源．北京：科学出版社

戴汝为．2000. 系统科学与复杂性科学．见许国志主编，系统科学与工程研究．上海：上海科技教育出版社，1～11

丹尼尔·J. 布尔斯廷．汤永宽等译．1997. 创造者．上海：上海译文出版社

丹皮尔．李珩译．1975. 科学史．北京：商务印书馆

迪亚库，霍尔姆斯．王兰宇译．2001. 天遇：混沌与稳定性的起源．上海：上海科技教育出版社

杜美．1990. 德国文化史．北京：北京大学出版社

恩格斯．1971. 自然辩证法．北京：人民出版社

冯天瑜，周积明．1986. 中国古文化的奥秘．武汉：湖北人民出版社
弗洛伊德．杨韶刚等译．2003. 弗洛伊德心理哲学．北京：九州出版社
傅佩荣．2005. 哲学与人生．北京：东方出版社
傅世侠，罗玲玲．2000. 科学创造方法论．北京：中国经济出版社
傅世侠．1983. 论脑和意识．见傅世侠主编，科学前沿的哲学探索．沈阳：辽宁人民出版社
高隆昌．2004. 大自然复杂性原理．北京：科学出版社
高山．2004. 量子．北京：清华大学出版社
何建明．2000. 中国高考报告．北京：华夏出版社
亨德里克·威廉·房龙．周英富译．2004. 艺术的故事．北京：中国妇女出版社
胡明．1996. 胡适传论．北京：人民文学出版社
胡适．1998. 问题与主义．见胡明主编，胡适精品集1，问题与主义．北京：光明日报出版社
胡笑红．2005. 牛根生：出生寒微的草原英雄．作家文摘，12月26日
纪江红主编．2004. 奥秘世界百科全书（下）——动物·植物·悬疑．北京：北京出版社
翦伯赞．1983. 中国史纲要（上册）．北京：人民出版社
蒋有绪，王伯荪，臧润国，金建华，廖文波等．2002. 海南岛热带林生物多样性及其形成机制．北京：科学出版社
金耀基．2004. 学术自由、学术独立与学术伦理．见刘琅，桂苓主编，大学的精神．北京：中国友谊公司，109～115
康德．宗白华译．2000. 判断力批判（上卷）．北京：商务印书馆
李安瑜，杨泰俊．1986. 新科学之父．南京：江苏人民出版社
老子，庄子．2002. 老子·庄子，北京：中央民族大学出版社
李难．1987. DNA分子结构的发现．钱时惕主编，重大科学发现个例研究．北京：科学出版社，311～330
李群．2004. 我在美国当市长助理．北京：新华出版社
李振宇，解焱等．2002. 中国外来入侵种．北京：中国林业出版社
李政道，柳怀祖．2000. 科学与艺术．上海：上海科学技术出版社
李宗伟，肖兴华．2000. 天体物理学．北京：高等教育出版社
林非．1990. 鲁迅和中国文化．北京：学苑出版社
林汉达．1962. 东周列国故事新编．北京：中华书局
林毓生．1988. 中国传统的创造性转化．北京：生活·读书·新知三联书店
刘家和主编．1984. 世界上古史．长春：吉林人民出版社
刘念才，刘莉，程莹，赵文华．2002. 名牌大学应是国家知识创新体系的核心．高等教育研究，23（3）：10～15
刘永佶．1994. 中国官文化的奠基者与批判家——孔子与毛泽东．济南：山东人民出版社
刘祚昌，光仁洪，韩承文主编．1985. 世界史（近代史）．北京：人民出版社
罗长海．1999. 企业文化学．北京：中国人民大学出版社

罗长海．2004．微软文化．北京：清华大学出版社
罗纳德·W·克拉克．葛伦鸿等译．1998．罗素传．北京：世界知识出版社
罗启义．2001．企业生理学．北京：新华出版社
罗素．张金言译．1983．人类的知识——其范围与限度．北京：商务印书馆
马斯洛．许金声，刘锋译．1987．自我实现的人．北京：生活·读书·新知三联书店
梅贻琦．2004．大学一解．见刘琅，桂苓主编，大学的精神．北京：中国友谊公司，32～40
米哈伊·奇凯岑特米哈伊．夏镇平译．2001．创造性——发现和发明的心理学．上海：上海译文出版社
米歇尔·沃尔德罗普．陈玲译．1997．复杂——诞生于秩序与混沌边缘的科学．北京：生活、读书、新知三联书店
尼古拉·别尔嘉耶夫．张百春译．2002．精神与实在．北京：中国城市出版社
欧金尼奥·加林主编．李玉成译．2003．文艺复兴时期的人．北京：生活·读书·新知三联书店
欧阳莹之．田国宝，周亚，樊瑛译．复杂系统理论基础．上海：上海科技教育出版社
裴新澍．1998．生物进化控制论．北京：科学出版社
彭加勒（今译庞加莱）．李醒民译．1988．科学的价值．北京：光明日报出版社
珀文．周榕，陈红，杨炳钧，梁秀清译．2001．人格科学．上海：华东师范大学出版社
普利高津．1998a．结构、耗散和生命．见湛垦华，沈小峰主编，普利高津与耗散结构理论．西安：陕西科学技术出版社，23～64
普利高津．1998b．时间、不可逆和结构．见湛垦华，沈小峰主编，普利高津与耗散结构理论．西安：陕西科学技术出版社，65～114
饶毅．2003．中国科技文化中的非科学因素．光明日报，5月9日
任俊华．2001．易学与儒学．北京：中国书店
荣格．刘国彬，杨德友译．2005．荣格自传．北京：国际文化出版公司
沈小峰．1983．试论耗散结构理论中的哲学问题．见傅世侠主编，科学前沿的哲学探索．沈阳：辽宁人民出版社
沈银柱，王正询，李晓晨，黄占景．2002．进化生物学．北京：高等教育出版社
施捷克里．侯焕闳译．1986．布鲁诺传．北京：生活·读书·新知三联书店
司有和．1984．重视青年人才做出第一流成果．李政道教授在中国科技大学访问时谈话纪事．科学学与科技管理，第9期，第27页
斯图亚特·考夫曼．池丽平，蔡勖译．2004．科学新领域的探索．长沙：湖南科学技术出版社
宋文娟，宋燕．2005．名校生靠理念卖鸡蛋走上致富路．作家文摘，6月18日
孙时进．2003．社会心理学．上海：复旦大学出版社
孙有中．2002．美国精神的象征——杜威社会思想研究．上海：上海人民出版社
铁铮．2002．探索终生．见吕焕卿主编．祖国以你为荣．北京：中国林业出版社
托马斯·H·黎黑．李维译．1998．心理学史．杭州：浙江教育出版社

汪子嵩，张世英，任华等．1972. 欧洲哲学史简编．北京：人民出版社
王春良，祝明主编．1985. 世界现代史．济南：山东人民出版社
王国维．1997. 人间词话．见王国维学术经典集．南昌：江西人民出版社
王极盛．1986. 科学创造心理学．北京：科学出版社
王小宁．2005. 剑桥学者马伯英．人民政协报，12 月 12 日
威廉·狄尔泰．童奇志，王海鸥译．2002. 精神科学引论．北京：中国城市出版社
魏殿生等．2003. 造林绿化与气候变化——碳汇问题研究．北京：中国林业出版社
魏磊．1998. 中国人的人格．贵阳：贵州人民出版社
吴彤，曾国屏．2000. 自组织思想：观念演变、方法和问题．见许国志主编，系统科学与工程研究．上海：上海科技教育出版社，85 ～ 99
雾灵叟．1989. 易经探微——六十四卦经解读．北京：气象出版社
西格蒙德·弗洛伊德．林尘，张唤民，陈伟奇译．1986. 超越唯乐原则．见弗洛伊德后期著作选．上海：上海译文出版社
欣华．2004. 诺贝尔奖何以青睐美国人．北京晚报，10 月 6 日
熊舜时．1992. 哲学·科学·创造．上海：上海社会科学院出版社
熊卫民．2004. 自由之精神，独立之人格——访邹承鲁院士．科学文化评论，1 卷 1 期，122
休谟．2002. 鉴赏的标准．见瑜青主编，休谟经典文存．上海：上海大学出版社
徐志摩．2001. “话”．见徐志摩散文经典．北京：印刷工业出版社
许进良．2006. 颠倒的预言．百姓，第 2 期
雅各布．布克哈特．何新译．1979. 意大利文艺复兴时期的文化．北京：商务印书馆
亚当斯·贝克夫人．赵炜征译．2002. 释迦牟尼的故事．西安：陕西师范大学出版社
杨柳．1996. 先秦游士．北京：中国当代出版社
杨建邺．2004. 杨振宁传．长春：长春出版社
杨士尧．1986. 系统科学导论．北京：农业出版社
亦歌．2005. 庄子和他的成语．文汇报·笔会，2 月 22 日
应星．2004. 塑造中国大学精神的现代实践——以蔡元培 1917 ～ 1923 年对北京大学的改造为中心．见刘琅，桂苓主编，大学的精神．北京：中国友谊出版社，48 ～ 73
游国恩，王起，萧涤非，季镇淮，费振刚主编．1985. 中国文学史．北京：人民文学出版社
于海生．2003. 看不见的命运之手——潜意识在左右你的人生．长春：吉林文史出版社
俞克纯，沈迎选．1998. 激励·活力·凝聚力——行为科学的激励理论与群体行为理论．北京：中国经济出版社
约翰·霍兰．陈禹译．2001. 涌现——从混沌到有序．上海：上海科学技术出版社
约瑟夫·墨菲．沈健韫译．让奇迹在你生命中发生——潜意识的奥妙和力量．深圳：海天出版社
曾谨言．2003. 量子力学教程．北京：科学出版社
曾晓萱．1992. 伟大的足迹——世界科学家传记．北京：清华大学出版社

詹姆斯·格雷克．2004. 混沌——开创新科学．北京：高等教育出版社
张建树．1998. 混沌生物学．西安：陕西科学技术出版社
张迈曾，李明德．1998. 创新知识经济的灵魂．西安：陕西科学技术出版社
张清平．2005. 林巧稚．天津：百花文艺出版社
张惟杰，吴敏，刘曼西．1999. 生命科学导论．北京：高等教育出版社
张文新，谷传华．2004. 创造力发展心理学．合肥：安徽教育出版社
张昀．1998. 生物进化．北京：北京大学出版社
赵磊．2005. 读了博士之后．作家文摘·社会，4 月 26 日
智效民．2004. 清华大学与通才教育．见刘琅，桂苓主编，大学的精神．北京：中国友谊出版社，83 ～ 91
中国历史博物馆编著．2002. 中国历史博物馆——华夏文明史图鉴．北京：朝华出版社
中国农业全书总编辑委员会．1999. 中国农业全书．北京：中国农业出版社
中国社会科学院语言研究所词典编辑室．1978. 现代汉语词典．北京：商务印书馆，第 165 页
中国社会科学院语言研究所词典编辑室．1993. 现代汉语词典．北京：商务印书馆
中国自然资源丛书编辑委员会．1995. 中国自然资源丛书．北京：中国环境科学出版社
朱光潜．2004. 西方美学史．北京：人民文学出版社
朱寰主编．1985. 世界中古史．长春：吉林人民出版社
Blaxter M. 2003. Two worms are better than one. Nature, 426, 395 ～ 396
Buckling A., Wills M. A., Colegrave N. et al. 2003. Adaptation limits diversification of experimental bacterial populations. Science, 302, 2107 ～ 2109
Drake J. A., Hewitt C. L, Huxel G. R and Kolasa J. 1996. Diversity and higher levels of organization. In Biodiversity a biology of numbers and difference (eds K. J. Gaston). pp. 158 ～ 159. Blackwell Science Ltd.
Elena S. F and Sanjuan R. 2003. Climb every mountain? Science, 302, 2074 ～ 2075
Fine P. V., Miller Z. J. Mesones I. et al. 2006. The growth-defense trade-off and habitat speciation by plants in Amazonian forests. Ecology 87 (7): Supplement S150 ～ S162
Gallagher R., Appenzeller T. 1999. Beyond reductionism. Science, 284, 79
Gazzaniga M. S. 沈政译．2002. 脑为何而存在．见罗伯特·索拉索编．朱滢，陈烜之等译．21 世纪的心理科学与脑科学．北京：北京大学出版社
Gove P. B. and the Merriam-Webster editorial staff. 1976. *Webster's Third New International Dictionary of the English Language Unabridged* (G., C. MERRIAM COMPANY, publishers
Harley C. D. G. 2003. Abiotic stress and herbivory interact to set range limits across a two-dimensional stress gradient. Ecology 84: 1477 ～ 1488
Hawking S. 1998. A brief history of time, Banam Books
Hawkins B. A., Porter E. E. and Diniz-Filho. J. A. F., 2003. Productivity and history as predictors of the latitudinal diversity gradient of terrestrial birds. Ecology 84 (6): 1608 ～ 1623
Hawkins B. A., Field R. and Cornell H. V., et al. 2003. Energy, water, and broad-scale geo-

graphic patterns of species richness. Ecology 84 (12): 3105 ~ 3117

Herz A. V. M. Gollisch, T. , Machen C. K. , Jaeger D. 2006. Modeling single-neuron dynamics and computations: a balance of detail and abstraction. Science, 314: 80 ~ 84

Hubbell S. P. 2001. A Unified Neutral Theory of Biodiversity and Biogeography. Princeton University Press, Princeton, NJ

Jack McClintock . 潍 编译 . 2005. 蚂蚁的秘密宫殿，新京报，2 月 27 日

Kerswell A. P. 2006. Global biodiversity patterns of benthic marine algae. Ecology 87 (10): 2479 ~ 2488

Krebs C. J. 2001. Ecology: The Experimental Analysis of Distribution and Abundance (5 edition) . Benjamin Cummings

Krebs C. J. 2003. Ecology: The experimenal analysis of distribution and abundance (Fifth Edition, 影印版) . 北京：科学出版社

Lovelock J. E. 2003. The living earth. Nature, 426: 769 ~ 770

Manuel C. and Molles Jr. 2002. Ecology: Concepts and Applications (second edition), Beijing: Higher Education Press and The McGraw-Hill Book Co. Singapore

Mittelbach G. G. , Steiner C. F. and Scheiner S. M. et al. 2001. What is the observed relationship between species richness and productivity? Ecology 82 (9): 2381 ~ 2396

Root T. 1988. Energy constraints on avian distributions and abundances. Ecology 69 (2): 330 ~ 339

Scheibe J. S. 1987. Climate, competition, and the structure of temperate zone lizard communities. Ecology 68 (5): 1424 ~ 1436

Schmitz O. J. 2006. Predators have large effects on ecosystem properties by changing plant diversity, not plant biomass. Ecology 87 (6): 1432 ~ 1437

Spurr S. H. and Barnes B. V. 1980. Forest Ecology (Third Edition). John Wiley , Sons, Inc. 38 ~ 39

Turner J. R. G. , Lennon J. J and Lawrenson J. A. 1988. British bird species distributions and the energy theory. Nature 335: 539 ~ 541

Willis K. J. and Whittaker R. J. 2002. Species diversity-scale matters. Science 295: 1245 ~ 1248